叢書・ウニベルシタス　87

ミニマ・モラリア

傷ついた生活裡の省察

テーオドル・W. アドルノ
三光長治 訳

法政大学出版局

マックスに

感謝と約束をこめて

目次

献辞

ここにわが友に献げるのは憂鬱な学問(一)の一端であり、その関わるところは、いにしえ哲学の本来の領域と見なされていた正しい生活に関する教えである。しかしこの分野は、哲学が変容して方法化して以来、知性に無視されて気ままな格言類の縄張りとなり、はては忘却されるにいたった。かつて哲学者たちの考察の対象であった人生は私生活となり、昨今では、たんなる消費生活ということになった。そしてこの消費生活なるものは、自律性もなければ固有の実体もない、物的生産過程に引きずられる一種の付けたりでしかないというのが実情である。身近な生活の真相を知ろうとする者は、その疎外された姿を見極めなければならない、言い換えるなら、個人生活をその隠微な襞にいたるまで規定しているさまざまの客観的な力を探究しなければならない。身近な生活について無媒介に語ろうとすれば、へたな小説書きと同様の弊に陥ると言っていいので、この手の小説家は、操り人形のような自作の人物を昔風の情熱のまがいものでごてごてと飾り、厖大な機構の歯車でしかない彼らに主体性を持った人間のような行動を取らせ、彼らの出方次第で事態が変化するような印象を読者に与えているのである。人生観などというものも昨今ではイデオロギーの類に堕しているのであって、このイデオロギーはすでにその名に値する生など存在しないのに、その点について人を欺いているのである。

もっとも、人生を事実上生産のはかない現象形態に貶めている両者の関係が理不尽をきわめていることは論を俟たない。ここでは手段と目的の関係が本末顚倒している。ばかげた取り違え quid pro quo が行われているという漠とした感じは、まだ完全に人生そのものから抹殺されてはいない。切下げられ格下げされた本体《ヴェーゼン》が、たんなる外観《ファッサーデ》にすり変えられることには執拗な抵抗力を発揮するわけだ。生産関係の改変ということも、生産のたんなる反映形態であり、真実の人生のカリカチュアにすぎない「消費面」で起っていることに、突き詰めるなら、個々人の意識と無意識のうちで生じていることに、相当程度依存している。より人間にふさわしい体制を招来するためには、当の人間たちが完全に体制に組み込まれていないこと、生産に拮抗する力を失っていないことが必須の前提である。生の仮象は消費面でのまことにあやしげな理由づけによって辛うじて保たれているのが実情だが、この仮象が完全に抹殺された暁には生産至上主義の害毒が恣に猛威をふるうことになるだろう。

そうは言っても、個人を足がかりにする考察には、ちょうど生が仮象となった事実に見合うだけの虚妄がついて廻ることも否めない。変転たえまない歴史の現段階にあって、その動向の圧倒的な客観性がもっぱら個我の解体に如実にあらわれ、しかもその過程から新しい個我の誕生を見るにいたっていない現状では、個人的経験は古い個我、歴史から見切りをつけられた、対自的にはまだ存在を保っているけれども即自的にはすでに存在していない個我を拠《よりどころ》にせざるを得ない。この個我はまだ自身の自律性に自信を持っているけれども、強制収容所が個々人に対して例証して見せた個人の空しさはすでに主観性の形式にも及んでいるのである。いかに研ぎすまされた自己批判を内に秘めていても、主観的考察には感傷的な時代錯誤めいたところがつきまとうのだ。いわば世の成り行きを慨歎するような調子がそこにまつわりつくわけで、その種の慨歎を斥けなければならないのはなにも世の中が丸く納まっているからではない、そうやって慨歎しているうちに当人が自分の殻に閉じ籠ってしまい、結局、世の成り行く法則を側面から裏書きすることになりかねないからである。自分本位の意識と経験に対する忠義立ては、反面において個人をこえつつその実体をあからさまにそれと指弾する洞察などは頭から否定する嫌いがあるわけで、一種の不実に堕する危険にたえずつきまとわれているのである。

たとえばヘーゲルは、――彼の方法は本書の方法の手本になっているのだが――対自存在の域にとどまる主観性に対してはその全段階にわたって反論を加えた。何にせよばらばらに存在するものを好まない弁証法理論は、現にアフォリズムをそのままの形では認めることができない。精一杯好意的なところで、『精神現象学』の用語にいう一種の「会話」として大目に見るのが関の山だろう。しかも会話の時代は過ぎ去ったのだ。にもかかわらず本書は、自身の埒外にとび出すことを許容しない体系固有の全体性への要請を銘記しつつ、なおかつその要請に逆らおうとする。ヘーゲル自身、彼がつね日頃熱っぽく説いている要求、すなわち事柄に打ち込み、「いつもそれを乗りこえて」しまうような行き方を改めて「事柄の内在的な内容に没入する」という要求に、個我（主体）が問題になる場合は従っていない。今日個我が消滅に瀕しているのは事実であるにしても、まさに「消滅するものも本質的なものと見なさ」なければならぬという教えに忠実なのがアフォリズム的考察である。それは、ヘーゲル流の行き方に反対しながら、なおかつ彼の思想を徹底した形で否定性に固執しようとする。「精神は絶対的分裂のうちに身を置くことによってのみ、自らの真理を獲ち取ることができる。精神にかくも威力がそなわっているのは、否定的な事態から目をそらす肯定的なものであるからではない。否定的な事態から目をそらすというのは、わたしたちがつね日頃何かあることについて、それは間違っているとか、何物でもないとか称して、さてそれでけりがついたということでその問題を離れて別の問題に移っていくようなやり方を言うのだが、そうしたやり方ではなく、ひとえに否定的な事態に目をすえ、それにかかずらうことによってのみ、かかる威力が精神にそなわってくるのである。(二)」

個人的なことを扱うヘーゲルには、彼自身の知見に反しいつも軽くあしらうような身振りが見られるが、この身振りは、まさに逆説的ながら彼が自由主義的な考え方に捉われていることに起因しているのであり、彼の捉われにはそれなりの必然性があった。彼には敵対関係を孕みながらも調和している全体性という観念があるために、一面では彼自身が過程の原動力と規定している個体化に、全体の構成の中では低い地位を与えざるを得なかったのである。前史 Vorgeschichte(三) の段階では、客観的趨勢が人間の頭越し、どころか個人性を蹂躙することによって貫徹されるという事実、概念的考察の中で構想された普遍と個別の和解が歴史の現実においては成就されていないという事実が、ヘーゲルの思想に歪んだ形で現われているのだ。超然たる冷ややかさで彼は個別的なものの解消に肩入れするのであり、全体の優位を疑う気ぶりなど彼のどこにも見られない。反省する個別態から栄えある全体性にいたる移行には、現実の歴史においてもヘーゲルの論理においてもある種のいかがわしさがつきまとうのだが、現状の正当化を旨とする哲学はことほど左様に、客観的趨勢の勝利のパレードにつらなろうとして躍起になるものだ。社会における個体化原理が進展して宿命の勝利を招いたために、哲学としてはそうした方向に突き進むきっかけに事欠かない。ヘーゲルはブルジョア社会もその基本カテゴリーである個人もひとしく実体化しているのであり、その意味では両者の間に働く弁証法に徹底して耐え抜いたわけではなかった。たしかに彼は古典経済学とともに、成員同士の相反する利害が関連して全体性が生み出され、再生産されることを認めている。しかし個人そのものは、おおむね、まさに彼自身が認識論の分野で解体してみせている還元不可能な所与と見なしているのであって、ナイーブの譏りを免れない。個人主義社会においては、個々人の力が協同して働くことで普遍が実現するばかりでなく、社会そのものが多分に個人の内実と化しているのが実情なのである。

したがって社会を分析する場合もヘーゲルが認めていたよりはるかに多くのことを個人の経験から引き出せるのであって、逆に大まかな史的カテゴリーの方は、それらを使っていろいろと良からぬことが行われた過去の実績に照らしてみても、欺瞞の嫌疑を免れないのである。ヘーゲルがその体系を構想してから流れた百五十年の歳月のうちに、抗議の力の拠となる多くのものがふたたび個人の側に移った。ヘーゲルが個人を扱うさいに見せる著しい特徴は昔風の切り詰めたつましさだが、そうしたつましさに比べるなら、個人はその間に——一面では社会の手で行われる社会化によって弱体化され、空洞化されつつ——ちょうどその分だけ豊かになり、多様性と能力を増した。解体期に遭遇した個人が自分自身と自分の身に生ずることについて重ねる経験は、ある種の認識に資するところがあるのであり、そうした認識は、個人が支配的カテゴリーとして幅を利かし強気一点張りに自身を解釈していた間は、かえって当の個人によって蔽い隠されていたのであった。差異の撤廃を直ちに有意義なことのように言い立てる滔々たる風潮から推しても、解放にいたる社会的な力までが、ここ当分はある程度個人的なものの領分に収斂したと見ていいかもしれない。そうした領分にかかずらう批判的理論は、あながち良心に疚しさを覚えるばかりでもないのである。

もっとも、だからと言ってこの種の試みに伴う難点を頭から否定するつもりはない。わたしは本書の大半を、戦争中、観想者の立場に身を置いて書いた。わたしは理不尽な力に追放されていたために、それを十全に認識することも妨げられていた。言語に絶したことが集団の上に起っている場合に個人の問題を口にする者は、必然的に共犯の罪を免れないのだが、わたしは当時まだ自分にそうした罪があることを認めていなかった。

本書を構成する三部のいずれにおいても、亡命下の知識人の身辺にまつわることが冒頭に置かれている。それに続くのがもっと範囲の広い社会や人間にかかわる省察であり、その対象領域は、個人との関係において見られた、心理学、美学、学問一般である。それぞれの部を締めくくるアフォリズム群は、主題的にも哲学の領域に通じているが、最終的な結論のような体裁にはなっていない。そのいずれもが、問題の所在を示唆したり、将来の本格的な思索のためのモデルを示す意図の下に書かれている。

執筆の直接の機縁になったのは、一九四五年二月十四日に満五十歳を迎えたマックス・ホルクハイマーの誕生日だった。実際に筆を進めたのは、わたしたちが外部の事情を考慮して共同研究を打ち切らざるを得なかった時期に当っている。本書は不本意な中止を肯んじない筆者の心意のあらわれであり、かねてまた友に対する感謝と変らぬ友情の証しである。本書は元来筆者が友と交した会話を文書化したものであって、この中に出て来る発想《モチーフ》は、どれを取ってみても暇を見てそれを言辞に定着した筆者の占有物ではなく、もともとホルクハイマーのものでもあった。

共同の哲学に含まれる契機を個人的経験の側面から描き出そうとする試みが本書の独自の端緒をなしていたわけだが、そのため本書に収められた片々たる章句は、それ自体哲学の端くれであるのに、必ずしも通常の哲学の要求を充たしていないという結果になった。この点は、アフォリズム特有のてんでんばらばらの纏りのなさ、あからさまな理論上の脈絡を断念していることにも現われている。同時にこの禁欲には、本来なら二人がかりでしか成就できないことをそのうちの一人が単独でやりあげた不当さを幾分でも償いたいという気持も働いているのであり、わたしたちとしては共同の仕事を今後ともやめるつもりはないのである。

ミニマ・モラリア　第一部（一九四四年）

人生が生きていない

フェルディナント・キュルンベルガー(四)

1

マルセル・プルーストのために――裕福な家に生まれた子弟が――才能によるか、好きでそうなったかはともかく――いわゆるインテリの職業を選んで芸術家や学者になった場合、同僚というい やな名前で呼ばれている仲間うちでひと一倍苦労しなければならない。なに不自由のないその身分を妬まれたり、本当にやる気があるかどうかを疑われたり、体制側からひそかに送りこまれた人間のように勘ぐられたりするのだが、それぱかりではない。そうした疑いは同僚たちのやっかみの現われであるにしても、たいてい事実の裏づけに事欠かぬであろう。本当の抵抗は、実はそうした面にあるのではない。精神的な事柄とのかかわりは、いつしかそれ自体が「実際的《プラクティッシュ》」になり、厳密な分業やさまざまの部門や員数割当《ヌーメルス・クラウズス》などを伴う、一つの商売になってしまった。物質的に不自由がなく、金もうけの汚辱に染まりたくないためにこの世界に入った者はこうした趨勢を認めたがらぬであろう。そのために彼は罰せられるのである。彼は「プロ」とは見なされない、どんなに自分の専門に通じていても競争仲間のヒエラルヒーのなかではしろうと扱いを免れず、栄達を望むなら、もっとも頭の固い専門家も顔負けするほど専門馬鹿に徹しなければならない。彼は内なる衝動に駆られて分業制の掟を破る、また彼の経済状態は一定の範囲内でそうしたことを可能にするのだが、そのことがとりわけ胡散臭い目で見られる。なぜならその裏には、社会の命ずる営み《ベトリーブ》を認めたがらぬ気持がひそんでいると見られるのであり、権限を笠に着たその筋はそうした個人的好悪など許容しないからである。精神の部門化は、その営みが公に ex officio 委託で行われる場合をのぞいて、精神の存在の余地をなくしてしまうための手段となっている。この手段がいやが上にもその効力を発揮するのは、おしなべて分業の掟を反古にする人間が——自分の仕事が楽しくてしかたがないという人間もそのなかに含まれよう——分業制の尺度に照らして見ると八方隙だらけであるためだが、反面そうした隙は彼が同僚に優越している点と不可分なのである。こうして秩序は御安泰という仕組みが出来上っているわけだ。つまり、片手には同調しなければ生きていけないから同調せざるを得ない連中がおり、そうしなくても生きていける他の連中は同調の意志がないという理由でのけ者にされてしまうのである。その有り様《よう》には、自立したインテリ逃亡者の出身階級が、彼らが逃げ場とたのむ世界でも否応なくその要求の横車を通すことでまんまと復讐をとげているという感がある。

2

芝生のベンチ——親との関係は、もの悲しい、幻影じみたものになり変りつつある。親たちは経済的に無力となり、それによって往年のおそろしさを失った。かつて反抗期のわたしたちが目の敵《かたき》にしたのは、現実原則を楯にとる彼らのかたくなさ、わたしたちが諦めて引き退らぬと見るや、たちまち激怒にうって変る彼らの分別臭さであった。ところが今日わたしたちの相対しているいわゆる若い世代なるものは、心の動きのはしばしにいたるまで、親たちの世代に比べてもまったくいやになる位ずっと大人である。彼らは葛藤を生ずる前にはやばやと諦めてしまっているのだが、彼らの力の拠もまたそこにあって、梃子でも動かぬごりごりの権威主義が彼らの身上である。親たちの世代も彼らの体力が衰えるにつれて非力化し無害な存在になってしまう、しかしその時には早くも次の若い世代の脅威が迫っている、というのはおそらくいつの時代にも見られた世代交替の図であろう。敵対関係から成り立つ《アンタゴニスティッシュ》社会においては、世代間の関係も競争のそれなのであり、ひと皮むけばむき出しの力関係である。しかし今日におけるそれは、エディプス・コンプレックスはともかく、現実に父親殺しの行われていた状態に後戻りしはじめている。ナチスは高齢者たちを殺しているが、それはナチスの行った象徴的な犯罪の一つである。こうした風潮のさなかにあって、経験によって目を開かれた遅まきの了解が親たちとの間に成立するのだが、それはいわば宣告を受けた者同士の間の了解であり、そこに一点の曇りがあるとすれば、わたしたち自身無力だから、かつて親たちがなにがしの財産を持っていた頃わたしたちのためにしてくれたほどには老後の彼らのためにしてやれぬかもしれない、という不安だけである。いま彼らの上に加えられている暴力は、かつて彼らのふるった暴力を忘れさせる。今となって見れば彼らのもっともらしい我田引水、自分たちの個別的な利益を公益であるかのように言いつくろっていたごまかし、つまり当時のわたしたちの憎悪の的であったものすら真理の予感を含んでおり、葛藤の和解に至ろうとする熱意を秘めていたのだが、現実的な次代はこの葛藤そのものをてんから認めようとしないのである。前の世代の自信と一貫性を欠いた朦朧たる精神でさえ、若手のぬけ目のない愚鈍さよりはものに感じ易いところをもっていた。また昔の大人たちの神経症的な異常や欠陥でさえ、病的な健全さ、規範に祭り上げられた幼稚症に比べるなら、まだしもれっきとした人格の現われであり、人間性の成果であったと言えよう。かつて彼らが世間の代表者であるという理由から親たちに楯ついたとき、悪い世界に反対するつもりで実はもっと悪い世界の代弁者の役を演じていた場合の多かったことにいま思い当り、愕然とせざるを得ないのである。ブルジョア家庭からの非政治的な脱走の試みは、多くの場合ますます深くその罠にからめとられて終るのが落ちであり、ときには社会の呪わしい細胞である家庭が、同時に新しい社会を目ざす非妥協的な意志をはぐくむ細胞の役を演じているように思われるのである。体制が存続する一方で家庭は消滅した。それによってブルジョアジーのもっとも有効な出先機関が失われただけではない、個人を——生み出したとまでは言えぬにしても——圧迫しつつ鍛えていた抵抗も失われた。家庭の消滅は、それに反撥する力の方も殺《そ》いでしまうのである。あらたに迫りつつある集産主義的な社会制度は階級のない社会のポンチ絵でしかない。それはブルジョアとともに、かつて母親の愛情によって養われていたユートピアをも粛清してしまうのである。

3

水中の魚——高度に集中化した産業の広汎な分配機構が流通面に取って代るようになって以来、流通面は奇妙な死後の生存を営みはじめている。仲買人という商売の経済的な基盤が消滅する一方で、おびただしい人間の私生活が代理人《エージェント》や仲買人の生活に染まりつつあるのだ。それどころか私的なものの全領域が何やら得体の知れぬせわしなさに侵食され、べつだん取引の材料があるわけでもないのに、商業につきもののあらゆる様相を呈し始めているのである。失業者から雇われ重役にいたるまで——彼はいつなんどき投資者たちの不興を招かぬともかぎらない——戦々兢々、ひたすら相手の顔色を読んだり、かいがいしく立ち廻ったり、いたるところに出没するとされている敏腕家の手練手管に見習ったり、要するに商売人じみたさまざまの特技を発揮しなければ自分を売り込めないと思いこんでいるのだ。あげくには、あらゆる人間関係 Beziehung がつて Beziehungen を目的に結ばれるようになり、心の動きまでが、世間の心証を損わぬようにいちいち事前の検閲を受けることになる。仲介と流通のカテゴリーであるつての概念は、本来の流通面たる市場で存分に発揮されたことはいまだかつてないのであって、むしろ閉鎖的かつ独占的なヒエラルヒーのなかで繁昌してきた。社会全体がヒエラルヒーと化した現在、かつては自由の見かけがまだ残っていた場所にまで陰気な縁故関係がのさばるようになった。体制の不合理は、個々人の経済的運命ばかりでなく、その寄生者的心理にも同じくらいはっきりにじみ出ている。ブルジョア的ということで評判の悪い、職業と私生活の分離がまだ幾分か見られた当時、——いまとなってはその状態が恋しいくらいなものだが——私生活の領分で一定の目的を追求する人間は不信の念をもって見られ、不作法な侵入者と見なされたものだ。ところが今日では、私的関係に立ち入りながらなんら目的追求の気配を見せぬ人間がいたりすると、そんな人間の方が、なまいきだ、ここの水になじまぬよそ者だ、という風に受け取られるのである。何も「望ま」ぬ人間は、ほとんどそれだけでもう胡散臭いのだ。うまい汁にありつくときに助けてくれたのに、反対給付を要求しないなんてどうもおかしい、というわけである。おびただしい人間が職業の廃絶によって生じた状態から自分たちの職業を作り出している。彼らはひとに親切であり、だれとでも仲よくやっていく人気者であり、どんな卑劣な行為もあたたかく許してやり、規範にしたがわぬ感情の動きはセンチメンタルであるとしてすべて断乎斥ける正義の士である。権力のあらゆる裏口や抜穴に通じているため、彼らは無くてはならない存在であり、権力の極秘の決定を察知し、すみやかにそれを通報することによって生計を立てている。こうした人種はどの政治陣営にもいるもので、体制を拒否することが自明の理とされ、そこからたるんだすれっからしの、一種独特の順応主義を作り上げている側にも彼らの姿は見出せるのである。彼らはしばしばある種の人の良さ、他人の生活に寄せる同情の念によってひとを籠絡するのだが、これはいわば思惑から出た無私とも言うべき特性である。彼らは利口であり、機知があり、ものに感じやすく、その反応は機敏である。彼らはいつも少しずつ時期おくれの心理学の成果をとり入れて、むかしながらの商人根性にみがきをかけたのである。なんでもござれの彼らは恋愛の能力さえ持ち合わせているのだが、裏切りもお手のものである。もっともそれは衝動からではなく主義から出た裏切りである。彼らの目から見れば彼ら自身が一種の利潤なのであって、これを気前よくひとにくれてやることはないというわけだ。彼らと精神の間は親和力と憎悪によって結ばれている。彼らの存在はものを考える人間にとってひとつの誘惑である、と同時にもっとも悪質な敵である。なぜなら彼らこそは、抵抗の最後の拠点たる、社会機構《マシーネリー》の要求に拘束されていない私的な時間に隠微な干渉を加え、これをかたなしにしてしまう張本人だからだ。彼らのおそまきの個人主義は、かろうじて残っている個人の端くれをも毒してしまうのである。

4

最期《いまわ》に明らかになったこと——あるとき新聞の死亡広告に次のような文面が出ていた。亡くなったのはさる実業家である。「彼の良心の広大さは、彼の心の善良さといずれ甲乙をつけがたいものがあった」。

服喪中の遺族たちは、こうした時のためのとっておきの高尚な言い廻しを用いながら、思わず筆をすべらし、心ならずも善良なる故人が非良心的であったことを認めているわけで、これによって故人の柩は最短コースを通り、真理の国に運びこまれたのである。年輩の人間についてひときわ円熟した人柄が称賛される場合など、その生涯は破廉恥行為の連続であったと考えてまちがいない。何事にまれ興奮するような習慣をとっくに彼は卒業してしまったのだ。広大な良心は偏見のなさを衒い、何事もあまりによく理解できるものだから、すべてを赦してしまうのである。自分の罪と他人の罪の間の見境もはっきりしなくなり、そのこんぐらかり quid pro quo は、相手よりうまいことをした彼の側に罪はなかったことで結着がつく。長い生涯の間には、だれがだれに何をしたのか、自分がしたのかされたのか、とんとけじめがつかなくなってくるのである。またこの世は不正にみちみちていると抽象的に考えていれば、具体的な責任は片端から解消してしまうのだ。悪党はていよく不正の被害者になりすまし、したり顔に、お若い方、人生がどんなものか、あんたにはまだ分っておらん、などとうそぶくのだ。ところで壮年のさなかにあって早くもひと一倍心が広いとされている人間は、多くの場合、いま言った円熟の境地にはやばやと手形を振り込んでいる連中である。悪に染まらぬ人間は円熟などしない、一種特別な内気さのうちに気むずかしく不寛容に生きているものである。彼は適当な対象がないために、不適当な対象に対する憎悪というかたちでしか自分の愛情を表現できない。もちろんそれによって彼自身が憎悪の対象に似てくるということにもなる。ところがブルジョアというものは寛容である。あるがままの世人にむけられたブルジョアの愛情は、正しい人間に対する憎悪から出ているのである。

5

ドクトル、ご親切にどうも――いまは罪のないよしなしごとというものの有り得ない時代だ。一見責任をもって考えなくてもよいように思われる生活面のちょっとした喜びなどでもそうである。冷酷に頬被りしてわざと馬鹿を装うといった風がそこに認められるだけでなく、喜びそのものがそれと正反対のものに奉仕する結果になっているのである。花ざかりの樹木でさえ、恐怖の影を知らぬげな花見の対象となった瞬間に嘘の塊りとなるのだ。なんてきれいなんだろうという罪のない嘆声でさえ、実体はそれどころでない生存の汚辱に対する言いのがれとなるのであり、いまは戦慄すべき現実を直視し、それに耐え、否定性の十全な意識のうちによりよき世界の可能性を見失わぬ冷徹にさめた目だけが、美と慰めをもたらしてくれるのである。無頓着や安逸や投遣りに対してはいかなる場合にも不信の目を向けた方がよい、そうした態度には優勢な現実に対する長いものには巻かれろ式の弱腰がひそんでいるからだ。以前にも互いの健康を祝ってたのしく乾杯するような場面で、にこやかな交歓のかげにたちの悪い底意の漂うことがあった。しかしいまではそうした影がもっと心の置けない場面にもついて廻るようになったのである。鉄道で乗り合わせた男と偶然口を利くようになり、その話の最終的な結論が人殺しであることがみすみす分っていながら、相手と事を構えたくないばかりに相槌を打ってやりすごす場合など、すでに一種の裏切りである。伝達の仕方に感染しない思想というものはないのであって、まちがった場所で、まちがった了解のもとに口にされれば、それだけでその思想の真理は損われてしまうのである。わたしは映画を観に行くたびに、どんなに用心したつもりでも入る前より馬鹿なだめな人間になってそこから出てくる。人づき合いのよさというものも、冷えきった世界をまだお互いに語り合える世界のように見せかけることで一般の不正に加担しているのであり、軽くお愛想を言うような場合でも、声をかける相手への譲歩によって声をかける人間自身が自らを卑しめているわけで、つまりは沈黙を恒久化することに貢献しているのである。むかしからいわゆる腰の低さなるものにはつねに悪しき原理がひそんでいたものだが、それが平等主義の世の中で嫌みたっぷりのえげつなさを存分に発揮するようになった。民衆にへり下って見せるとは、要するに自分と相手を同等と認めることだ。ところで抑圧された階層の欠点に迎合する人間はそうした欠点を生み出した支配権力という前提を是認しているのであり、自分でも権力をふるうために必要な程度の粗暴さや鈍感さや残忍性を育て上げているのである。ごく最近の情勢ではわざわざへり下って見せる物腰が見られなくなり、もっぱら平準化の傾向が顕著であるが、こうして権力が完全に隠蔽された状況においてこそ、表向きは解消されたことになっている階級関係がいっそう情容赦なくまかり通るのである。知識人にとっては、侵すべからざる孤独だけが今日なお連帯を保つことのできる唯一の有り様《よう》である。交際や参加を求めたり、他人に同調して事をなすのは、人間性を標榜しつつ、内実は非人間的なものを暗黙のうちに許容した偽装にすぎない。わたしたちが連帯すべき相手は人類の苦悩である。人間の喜びの方にほんの一歩でも歩み寄ることは苦悩を強める結果にしかならないのだ。

6

アンチ・テーゼ――他人と同調しない者は、悪くすると、自分を他人よりましな人間と考え、社会に対する批判を私利私益をはかる上でのイデオロギーとして濫用することになりかねない。またそうした人間は自分の生活を及ばずながら正しい生活に似せようとする手さぐりの試みが見られるが、あくまでそれが試行錯誤に過ぎぬことを肝に銘じ、本物と似て非なるものであることを承知しているべきであろう。ところが彼のうちにはブルジョア的なものの重力があって、そうした自覚に抗《あらが》っているのだ。一見超然としている人間も、社会生活《ベトリーブ》に没頭している人間と同じように社会の網の目にからめとられているのである。彼が後者に優っている点は、自分が網の目にからめとられているのを承知していることと、認識そのものに宿るささやかな自由の幸福だけである。社会生活からひとり超然としていられるというのも、ひとえにこの社会生活が生み出した贅沢である。だから、ほかでもない遁世をはかる心ばえに、おしなべて否定された世間のいろんな特徴がつきまとうことになる。そうした心が装わざるを得ない冷たさもブルジョアのそれと区別がつかないし、モナド主義が異議申立てを行う場合でさえ、それ自体のうちに一般的な風潮が紛れ込んでいるのだ。プルーストは、公爵であろうが中流のユダヤ人であろうが祖父の世代の写真はお互いたいへんよく似ていて、彼らの社会での身分の相違が分らなくなってしまっていると述べているが、この観察はもっとはるかに包括的な事情についても該当する。つまり一つの時代という大きな単位に蔽われて、個人生活の幸福、いなその道徳的な実質をさえ形づくっていた差異《ディフェレンツ》が、ことごとく客観的に消えてしまうということである。わたしたちは教養の退廃ということを口にしている。ところがわたしたち自身の書く散文は、ヤーコプ・グリム(五)やバッハオーフェン(六)のそれに比べるなら、まったく無自覚のうちに文化産業において流布しているそれに類したさまざまの言い廻しを用いているのである。それにわたしたちは、とうてい、昔のヴォルフ(七)やキルヒホーフ(八)がそうであったようにギリシャ語やラテン語に堪能というわけにはいかない。また文明が文盲に移行しつつあることを指摘しながら、わたしたち自身、きちんとした手紙を書いたり、ジャン・パウル(九)のテキストを当時読まれたであろうように読むすべを忘れつつあるのである。あるいは生活が野卑になったことに怖れをなしながら、客観的な拘束力をもったしきたりというものがまったくないために、常住座臥、人間性の尺度に照らして野蛮であり、それ自体いかがわしいところのある上流社会の物差しから見ても不作法であるような行動を取ったり、物言いをしたり、打算をはかったりせざるを得なくなっているのである。リベラリズムの解消によっても、本来ブルジョアのそれである競争の原理が克服されたわけではなかった。それはむしろ社会過程の客観性から、互いに角《つの》つき合わせるアトムの性状のなかに、言ってみれば人間学の領域に持ち込まれたのである。生活が生産過程に従属させられているためにめいめい心ならずもある程度の孤立や孤独を余儀なくされているのが現状だが、それを得てして自分たちの気ままな選択の結果と見なしたがる傾向がわたしたちにはある。それぞれ個別的な利害を抱えた個々人が他人より自分が上だとうぬぼれていること、しかもその反面では他人をおとくいの連合と見なし、自分より高く評価していること、そのいずれもがブルジョア・イデオロギーの昔ながらの在庫品である。それらは、古いブルジョア階級が退陣して以来、ブルジョアの最後の敵であると同時に最後のブルジョアである知識人たちの精神のなかに生き残っている。知識人たちは生活の単純な再生産に比べるなら物を考えるという贅沢を許されているわけだから、特権階級である。しかし同時に、考えるだけでそれ以上のことは何もしないわけであるから、自分たちの特権に三文の値うちもないことを公言しているようなものである。人間らしい生活にできるだけ近づこうとする個人の生活も一般の生活がそれと似もつかぬものであるかぎりその理想を裏切っていると言っていいのだが、反面その全般的な実現のためにいままでになく自立した個人の思慮が必要になってきているのが現状だ。いずれにせよ網の目から抜け出す道はない。責任がもてるのは、自分の生き方をイデオロギーの面で濫用することを断念し、あとは私生活の面でなるべくへり下り、慎み深く目立たぬようにふるまうことだけである。こうしたことはいまさら良い躾などというものによって教えられることではない。むしろ、地獄のさなかにあっていまなお空気を吸って生きているわが身を省みての羞恥が、そのようにふるまうことを命じているのである。

7

They, the people——知識人のかかり合う相手はたいてい知識人であるというのが相場だが、この事実に惑わされて、自分たちの仲間をとくに卑劣な人種であるように思ってはならない。なぜといって知識人たちは、一般にひとを押しのけ先を争って請願を行うような場面——つまり、およそ考えられる限りもっとも恥ずかしくみっともないような状況——において相互に知り合うわけで、その結果、ほとんど否応なしに互いのもっともいやらしい面を見せ合うことになるからである。知識人以外の人間、なかでも知識人がその美点をあげつらうことの好きな庶民たちは、おおむね売り手の立場で彼に近づき、しかも相手が自分の縄張りを荒らすかもしれないなどという心配をもっていない。自動車工や酒屋の売り子は、べつだん彼に対して恥知らずな態度に出る必要はないのであり、どのみち客に愛想よくするように店主あたりから言いつけられているのである。逆に読み書きのできない人たちが手紙など書いてもらうために知識人のところにやってくる場合も、そんなに悪い感じを受けないのではないかと思われる。ところが庶民たちが社会生産の取り分をめぐってとっくみ合いの争いを演じなければならないとなると、彼らのしめすやっかみや意地の悪さはとても文士仲間や指揮者仲間に見られるそれの比ではない。社会の負け犬たち underdogs を手放しで礼賛することは、彼らをそのような人間にした体制を手放しで礼賛することに帰着する。肉体労働をまぬがれた知識人たちが罪悪感を抱くのはもっともであるが、そのことが田舎ぐらしの「痴呆性」を弁護する口実になっては困るのだ。知識人以外に知識人について書きたてる人間はいない、また本物主義の名において知識人の悪口を言うのも知識人であるが(一〇)、彼らはそれによって虚偽の上ぬりをしている。滔滔たる反主知主義と非合理主義の風潮は――ハックスリのような人に見られるそれをも含め――大部分、物を書く人間が同業間の競争のメカニズムを告発することによってかき立てられているのだ。彼らはからくりを見抜くことができないために、自らその虜となっているのであり、自分たちの畠では万物はなんじ自身 tat twam asi(一一) の意識を遮断してしまっているのだ。だからこそ、彼らはあとでインドの寺院に駆け込むのである。

8

いいかね、悪童どもにたぶらかされると――知識人は案外台所で立ち働く人びとが好きなものだが、そこに見られるのは、自分自身に対する精神的な要求を和らげ、自分のレベルの下に降りてゆき、対象と表現の両面において自ら醒めた認識者としてつね日頃斥けているさまざまな習慣に従ってみたいという、理論活動や芸術活動に従事している人間にとっての誘惑である。今日知識人は、いかなるカテゴリーも、いや、まともな教養すら与えられていない。またせわしない社会の数限りない要求が精神の集中を困難にしているため、多少とも手堅い作品を作り上げるのには大変な努力を要し、誰しもそれに耐えかねるような状況になってきている。さらに画一主義の圧力が制作者のすべてにのしかかり、彼らの自分自身に対する要求を引き下げるように働いている。精神的な紀律自体、すでにその中枢にガタが来ている。ひとりの人間の精神的な等級を決定するさまざまのタブーや経験から得られた教訓や暗黙の認識などは、すべて彼が処罰することを学んだ心の動きに向けられている。にもかかわらずこうした心の動きはきわめて強力であって、疑わしいところのない確乎たる抑制中枢《インスタンツ》だけがそれを抑制できるのである。衝動生活について言えることは、同じ程度に精神生活についても妥当する。ある種の配色や和音結合を俗悪と見なしてあえて用いない画家や作曲家がいたり、月並みもしくは杓子定規という理由である種のことばの組合せに神経を逆なでにされたように感ずる作家がいるものだが、そんな場合の彼らの反応があれほど烈しいのは彼ら自身のなかにそうしたものに誘惑を感ずる層がひそんでいるからだ。大手を振ってまかり通る文化の無軌道ぶりに対する拒絶反応は、言ってみれば当人自身が指先にうずきを覚えるほどそれに染まっていることを示しており、反面では自身も加担しているという事実から拒絶する力を引き出していることを物語っている。こうした力は個人的な抵抗というかたちで示されるけれども、ただたんに個人的な性質のものではない。そうした抵抗力の集約である知的良心は、道徳上の超自我と同じように社会的な要因を含んでいるのだ。それは正しい社会とそこに住む住民の観念を手がかりとして形成されるのである。その観念がいったん衰えてくると――今日盲目的にそれを信奉する人間がどこにいよう――、知的な下降衝動に歯止めが利かなくなり、半可通や、自堕落や、下卑たなれなれしさや、がさつさなど、野蛮な文化が個人のなかに置いて行ったさまざまのがらくたが前面にのさばり出す。するとたいていの人間が、やれ人間性の発露だ、他人に自分の考えを分ってもらおうとする意志から出たことだ、世情に通じた責任感の現われだ、などと、いろいろもっともらしい理屈を並べてそれを合理化するのである。しかし彼らの知的自己紀律の犠牲なるものはあまりにやすやすと行われるので、本当にそれが犠牲の名に値するかどうか眉唾物である。経済状態に変化のあった知識人を観察すると、その辺のところが露骨に出ている。彼はちょっとでも物を書く以外に金もうけの道がないという申し訳ができると、良い地位に恵まれていた頃にはあんなに烈しく斥けていたのとニュアンスにいたるまでそっくりの駄作を世に送り出すのだ。むかし金持だった亡命者が本国にいた頃おさえていた生来の吝嗇を亡命先で心ゆくまで発揮するようなもので、精神において零落した知識人たちは喜び勇んで地獄に向って行進するのであり、この地獄がもともと彼らにとっては天国だったのである。

9

いい子だから嘘だけはついてはいけないよ――嘘をつくことが不道徳なのは、神聖にして侵すべからざる真理がそれによって傷つけられるからではない。この社会はその強制メンバーを唆して腹蔵なく物を言わせておきながら、あとでそれを言質にいきなり彼らを逮捕するというようなことをやりかねないわけで、真理を口にする権利などすこしも持っていないのである。社会全体が嘘の塊りであるときにあくまで個別的な真理を要求するいわれはないのであって、事実、個別的真理は一般的な嘘のためにたちまちその反対物に変えられてしまうのだ。にもかかわらず嘘をつくことがなんとなく忌まわしいのは、一つには子供の頃に笞《むち》とともにその感じをたたき込まれたためであるが、いくぶんかは笞をふるった牢番たちの有り様《よう》にも関係している。ともかくあまりに率直であることは身を過つもとになる。しかしそのために嘘をつく人間は恥ずかしい思いをしなければならない。なぜなら嘘をつく度に、生きていくためにはいやでも嘘をつかざるを得ないようにひとを仕向けながら、他方では「つねに誠心誠意を心がけよ(二三)」という空念仏を歌って聞かせるこの世のしくみのあさましさを思い知らなければならないからである。こうした差恥は神経の繊細な人間のつく嘘から効力を奪ってしまう。彼らはへたな嘘をつくことになるのだが、それによって虚言はそれこそ本当に相手に対する不道徳的行為となる。なぜならへたな嘘というのは相手の馬鹿さ加減を見込んでおり、相手を無視していることの現われだからである。嘘は現代の海千山千の実際家の間では事実をいつわるという本来のまともな機能を失っている。誰ひとり相手の言い分を信じない、お互いに相手の嘘が見すかしなのである。こうなると嘘を言うのは、相手の存在が自分にとって何ものでもないこと、自分が相手を必要としていないこと、またこちらのことを相手がどう思っていようが自分としてはどうでもよいこと、そういったことを相手に分らせる方法でしかない。かつては意志疎通《コミュニケーション》の自由な方便であった嘘が、今日では厚顔無恥のあやつる技巧の一つとなったのであり、それによってめいめいが自分のまわりに冷ややかな雰囲気を作りあげ、それを保護膜としてわが身の栄達をはかっているのである。

10

めいめいが独立して、心を合わせること——結婚は人権の一つであるが、その基盤を奪われた現代ではむざんなパロディーのかたちで生き残り、多くは自己保存のために人目を欺く仕掛けと化している。そのからくりというのは、当事者同士が自分の行うさまざまな悪事の責任を互いに相手方になすりつけてたくみに世間体をとりつくろうことだが、実際の有り様《よう》は陰気くさくじめじめした共同生活をふたりして営んでいるのである。経済的必要に基づく利益協同から当事者の融合が生まれるが、そうした融合を行わずにふたりがそれぞれ独立した生活を営み、自由な立場から互いに相手に対する責任を引き受けてこそ、まっとうな結婚生活と言ってよいであろう。利益協同体としての結婚は否応なしに当事者たちを卑しめるものであり、この世のしくみが悪意にみちているために、たとえ本人がそれを自覚していてもその卑しめを免れることはできないのである。そんなことから時折わたしたちは、利益を追い求める必要のない人たち、つまり金持だけに、その名に恥じない結婚の可能性が与えられているように思ったりする。しかしその可能性は完全に外面だけのものである。なぜならそうした特権階級こそ、利益の追求が第二の天性と化した人種に外ならないからだ――もしそうでなければ彼らはその特権を維持できないはずである。

11

食卓とベッド――いざ離婚という段になると――当人たちがどんなに思いやりのある善良な教養人であっても――たいていもうもうたる埃が巻き起ってそこらじゅうが埃だらけになり、その様相を一変してしまうものだ。その有り様《よう》は、心おきない信頼のうちに営まれていた水入らずの共同生活が、その拠となっていた関係がこわれると同時に有害な毒物と化したのにも似ている。水入らずの親密さとは、とりもなおさず相手への思いやりであり、お互い同士の辛抱であり、互いの性癖をかばい合うことである。こうした内密の関係が外部に引きずり出されると、おのずからそこにまといついていたマイナスの面が露呈されるのだが、一般に離婚にさいしてはそれまでの内向きのことが表沙汰になるのは避けがたいのである。いわば内輪の生活の備品のかずかずが外部にさらされるわけだ。かつてはこまやかな心遣いの現われであり、和気藹々のしるしと思われていたことが、突如としてその独自の意味をあらわし、たちの悪い、冷ややかな、毒気を含んだ側面を見せるようになる。別れた夫人の住居に侵入して書斎の机からいろいろなものを盗み出す教授がいるかと思えば、十分な財産を分けてもらいながら、脱税のかどで別れた夫を密告する上流夫人がいるのである。結婚生活は非人間的な普遍のさなかにあって人間味のある細胞を作りあげる最後の可能性の一つであるが、普遍 das Allgemeine の側はその崩壊にさいし、圏外にあると見えていた夫婦関係の襟首をつかんでそれが疎んじていた法と財産の掟に従わせ、自分たちに限ってそんなことにはなるまいと思い込んでいた人びとを嘲笑して、まんまと復讐をとげるのである。よりによってぬくぬくとしていた人びとが、見せしめのむざんな晒し者にされるのだ。もともと夫婦が互いに「気前のよい」ところを見せ合い、財産や債務のことなどほとんど念頭に置かなかったような場合に、いっそう目もあてられぬようなあさましい場面を現出するのだ。なぜなら、当事者の間の争いや、中傷や、際限のないいざこざが繰りひろげられるのは、まさしく法的に定義できない領域だからである。結婚という制度がそれを地盤として成り立っているいろいろな暗い面、男が女の財産や労働を身勝手に利用する野蛮さとか、男がかりそめに寝る気を起した女のために一生責任を背負い込む破目になるという、これまた前のそれに劣らず野蛮な性の抑圧だとか——結婚という家の屋台がとりこわされるときには、そうしたいろんなことが地下室や床の下からぞろぞろ出てくるのである。かつてはお互い同士という制約のなかで良き普遍を身をもって味わった者が、いまでは自分たちをならず者と見なすように社会から強いられるのであり、自分たちが無制約に陋劣な外部の普遍とすこしもちがわないことを思い知らされるのだ。離婚にさいして普遍は特殊に焼きつけられた汚辱の烙印であることが判明するのだが、その理由は、結婚という特殊 das Besondere がこの社会のなかで真の普遍を実現するにいたっていないからである。

12

Inter pares（同類のなかで）——性愛価値の世界ではどうやら価値の転換が生じつつあるらしい。今日までその尾を引いている自由主義の時代、上流社会の既婚の男性たちは、育ちのよい折り目正しい奥方たちから満足を得られぬときには、芸能人や、ボヘミアンの女や、下町娘《ジューセ・メーデル》や、売笑婦などにその代償を求めたものである。社会の合理化が進むにつれてこうした番外の幸福の可能性は消滅した。売笑婦たちは死に絶えてしまったし、殿方のお相手をしてくれる下町娘というようなものは、アングロ・サクソン諸国や技術文明の発達した国々にはもともといなかった。他方、芸能人や大衆文化に寄生している女ボヘミアンたちは頭のてっぺんから爪先まで大衆文化の合理主義に染ってしまっているので、自分の交換価値を好きなように処理する彼女らのアナーキーぶりに欲望の逃避場をもとめる者は、一夜明けてみると——自分の助手に雇うほどのことはないにしても——知り合いの映画界の大立者や書きまくっている物書きにその女を紹介する義務を背負い込んでいるということになりかねない。いまでも無分別な恋愛じみたことをしてかせるのは、マクシム(一三)に逃げ出した夫のために孤閨を守らされているご夫人方だけである。彼女らが夫たちの目に彼女らの母親と同じように退屈に見えるのは実は夫たる彼らの罪なのであって、他の男性に対してはすくなくとも彼らが他の女性からは得られぬような快楽を与えてやる能力を持ち合わせているのだ。ずっと前から冷感症の気味のある浮かれ女たちが商売の権化となっているのに対して、折り目正しい深窓育ちのご夫人たちが熱っぽくしかしロマンチックな夢ぬきでセックスを体現しているわけだ。こうして社交界の消滅とともにその存在が見られなくなるまぎわの瞬間に、上流夫人たちがふしだらの誉れを担うことになるのである。

13

庇護と援助と助言——亡命中の知識人は例外なしに傷ついているものだが、この事実は自らすすんで認めた方がよい。さもなければ、自尊心の密閉した扉のかげで残酷にそのことを思い知らされるだけだ。彼をとりまいているのは彼にとっては理解しがたい世界であり、この点はどんなに彼が労働組合の組織や自動車交通の事情などに精通していても変らない。いずれにせよ、彼はしょっちゅう間違いばかりしでかすのである。大衆文化の独占下における自分の生活の再生産と内容的に責任のもてる仕事の間には、橋渡しの利かない裂け目が生じている。また彼は国語を奪われており、かつて彼の認識のエネルギーの源であった歴史的次元はすでに掘りくずされている。政治的に統制された固定したグループが形づくられるにつれ——そうしたグループは敵の刻印を押した他のグループに敵愾心を燃やすだけでなく、内部のメンバーに対しても疑ぐり深いものだ——かえって彼の孤立は深まっていく。それに自分たちにふりあてられた国民総生産高の分け前が微々たるものであるため、外来の亡命者たちは一般の競争社会に輪をかけた内輪の競争に駆り立てられ、絶望的な共食いを演ずることになる。そうしたいろいろなことは、個々人の内面にかずかずの汚点を残さずにはすまない。何もかも周囲に同調しなければならぬという屈辱をまぬがれた者も、こうして一般の屈辱をまぬがれ、社会の生活過程のなかで影のように非現実的な生存を営んでいるというそのこと自体が、彼という特殊ケースにおける汚点なのである。国を追われた者たち同士の関係には、土着の人間同士の場合以上にとげとげしいものがある。またあらゆる度量衡に狂いを生じ、光学も攪乱されている。私的なものが不相応に熱っぽく吸血鬼のようにのさばりだすが、本当はすでにそれが存在していないからこそ、そんな風に物狂わしく自らの存在を証明しようとするのである。一方公的なものは、定められた綱領に無言のうちに忠誠を誓うことでしかなくなっている。亡命者の目は血走りつつ、対象をとらえ、むさぼり食い、差し押えようとする、冷ややかな色を放っている。こうなってくると、自他に対して手心を加えぬ診断を下し、事態を自覚することによって、たとえ災いそのものを逃れることはできなくても、それにつきものの盲目性というまがまがしい威力を殺《そ》ぐように、出来るだけやってみるしかない。

それから個人的な交際の相手をえらぶ場合には――選択の余地が残されているとしての話だが――くれぐれも用心してかかること。とりわけ「何かを期待できる」ような勢力家を捜すのは止めにした方がよい。利益をお目当てにするのは、一般にその名にふさわしい人間関係をきずく上での最悪の障害である。まっとうな人間関係があとで互いに助けあう連帯感に発展するということはあるかもしれないが、逆に始めから実際的な目的が念頭にある場合にそうした関係が生まれるはずがないのだ。それに劣らず危険なのは、権力の影絵ともいうべきお茶坊主たち、恵まれている相手と見ると、経済的に治外法権的な境遇にいる亡命者仲間でしか見られぬような大時代なやり口でとり入ろうとするおべっか使いやたかり屋である。彼らは自分たちを保護してくれる者のために一寸した便宜をはかったりする、また保護者の方も外国ぐらしの不便さからついそうした便宜を受けがちなものであるが、するとたちまち彼らから悪しざまに言われる、といった目に逢いかねないのだ。かつてヨーロッパでは秘密めかした思わせぶりな生き方が、実は傍若無人な私益を追求するための口実にすぎないという場合が多かった。austérité（清貧）というのもとっくに御用ずみになった水もりの甚だしい概念だが、亡命先ではまだしもこれが一等使いものになる救命ボートであるようだ。もっとも十分な内装をほどこした状態でこのボートを使えるのは、ごく少数の者に限られている。それに乗りこんだために餓死か発狂の危険に見舞われるというのが、大部分の者の運命なのである。

14

Le bourgeois revenant（ブルジョアの亡霊）――理不尽にも、二十世紀前半に続出したファシズム政体のもとで旧弊な経済形態が安定を見るにいたった。もともとその無意味さがなんぴとの目にも明らかであるために、この経済形態はそれ自身を維持していく上で背筋の寒くなるようなおそろしい手段に訴えなければならないのだが、そのおそろしさも以前の何層倍になっている。ところでこうした事態の影響は、個人生活にも現われずにはすまない。処分権能とともに、風通しの悪い私的制度や、個別的利害の排他性や、時代おくれの門閥形態や、私有権とその性格への反映などが、もういちどどっかり腰を据えてしまったのである。もっともそこには良心の疚しさがまといついており、偽物意識がほとんどむきだしに現われている。独立心とか、辛抱強さとか、先ざきのことを考えるとか、思慮分別だとか、かつてブルジョア階級の長所であり美点であったことはその骨の髄まで損われているのだ。なぜならブルジョア的な生活形態がしぶとく守られている一方で、その経済的な前提条件はすでに消滅しているからである。私性 das Private は完全に欠性 das Privative の相を呈するにいたったのだが、私性の内実はもともと欠性にほかならなかったのであり、私利私益にやみくもにしがみつく態度のなかにも、実際にはすでにそれを守りきれなくなっていることへの憤り、もっとちがったましな方法で目的を達成できるはずだという焦りが入り込んでいるのだ。ブルジョアはその素朴さを失い、そのためにいつしか頑迷固陋と性悪の塊りになってしまった。いまではとっくにそれが lot（用地）になっているのも知らぬげに相変らず自宅の庭の保存と手入れに余念のないブルジョアの手は、八方気を配って見知らぬ侵入者を庭に入れぬようにしているだけでなく、いざとなれば隠れ家をもとめる政治亡命者を拒む手ともなるのである。客観的な危険に脅かされている権力者とその一味は、その主観においてとことんまで非人間的となる。こうしてブルジョア階級はその本性にめざめ、世上一般の破壊的傾向をわがものとするのだ。ブルジョアの生きのびる姿はさし迫った災厄を告げる妖怪にも似ているのである。

15

Le nouvel avare（現代の守銭奴）——吝嗇には二通りある。一つは古風なそれで、何によらず物惜しみして自他に対してけちんぼを通す性癖であり、その骨相学的な特徴はモリエールの手によって不滅化されている。またフロイトはそれを肛門性格の現われであると説明した。この種の吝嗇の完全な典型は、ひそかに巨万の富を貯えながら自らは乞食に身をやつしたいわゆる miser（しみったれ）で、これは言ってみれば童話に出てくるおしのびのカリフのピューリタン版である。彼は蒐集家やマニアに類した存在であり、ゴプセック（二四）がエステル（二五）に似ているように情熱的な恋人に似通ったところがある。こうした存在はいまでも新聞の地方版などに珍品扱いでときたま載ることがある。ところで当世風のけちんぼというのは、自分のためにはどんなに高価なものも惜しげなく買うのに、他人のためには何によらず出し惜しみする人間である。彼の頭はいつも代償という考えで占められており、彼の私生活は、あとで戻ってくる分より少ししか相手に与えない、しかしつねに相当のお返しを期待できる程度には与えておく、という一つの原則に貫かれている。彼らの示す親切には、「こんなことは必要だろうか？」、「どうしてもしなければならぬ場合だろうか？」などと、いつも思惑の秤にかけているふしが見られる。彼らを見分けるいちばん確かなしるしは、結局彼らがもとを取ることになるやったりもらったりの反復と連続にすこしでも間合いが生じないように、もらった心遣いの品々に即座に「お返し」をする、そのすばやさである。彼らにあってはすべてが理に叶っており、すべてにきちんとした筋道がついているので、彼らをアルパゴン(二六)やスクルージュ(二七)のように摘発したり、改心させることはむずかしい。彼らにおいては親切と冷酷無情が完全に釣り合っている。いざという場合には黒を白と言いくるめてでも、抜け目なく自己の正当性を主張するのが彼らである。こうした連中に比べるなら、むかしの気違いじみたしみったれどもにはまだしもお愛嬌があった。なにしろ彼らが小箱の奥深くしまい込んだ金貨は始めからむざむざ盗人の好餌であったわけだし、彼らの情熱が犠牲と喪失にはじめて充足を見出した点など、男女間の性的な所有欲が自己放棄にきわまる事情にも似ていたからだ。それに引きかえ今様《いまよう》の守銭奴たちの行う禁欲には慎重さの歯止めがついているのであり、彼らは決して極端に走ることはない。彼らには始めから安全の保証がついているのである。

16

礼節《タクト》の弁証法によせて（一八）——来たるべき産業社会においてはあらゆる人間関係が不可能になるであろうことを見越していたゲーテは、『遍歴時代』の諸短篇において、疎遠になった人間同士の関係を救う道として礼節を描いている。この方途は、彼の目から見れば、わけへだてのない親しさ、情熱、申し分のない幸福、といったものをあきらめる諦念の境地にひとしかった。彼にとっての人間の道は、自己を制限して、進歩に伴う非人間性や主体性の萎縮などといった歴史の不可避的な成り行きを先取りしつつ自己の課題とすることにあったわけである。しかしそれ以後に起ったことから見れば、ゲーテ流の諦念ですら一つの達成であった。礼節と人間の道——彼において相等しいこの二つのもの——は、まさにそうならぬために彼がそれらに望みをかけていた経過をその後に辿ったのであった。というのも、礼節には厳密に歴史上の時が与えられているのである。それはブルジョア階級の個人が絶対主義の桎梏を脱け出した時である。このとき個人は自由と孤独のうちに各自の責任を担わなければならなかった。しかし他方では絶対主義の下で発達したヒエラルヒーに基づく礼譲のしきたりが、その経済的な基盤や威圧的な力を失いながらもまだ残存していて、特権的なグループの中での社会生活を耐え易いものにしていた。こうした絶対主義と自由主義の間の一種逆説的な均衡状態は、『ヴィルヘルム・マイスター』のなかだけでなく、伝統的な作曲方式に対するベートーヴェンの態度にも、さらには論理の領域に立ち入って、客観的な拘束力をもつ諸理念を主観的に再建しようとしたカントの試みにも、ひとしく認められる。ベートーヴェンにおけるダイナミックな展開部のあとの定石通りの再現部《レプリーゼ》、カントによる意識の統一からのスコラ的カテゴリーの演繹などは、すぐれた意味において「礼節に叶っている《タクトフォル》」（気転が利いている）のだ。礼節の前提は、それ自体において破綻を来たしながら現になお行われている因　襲《コンヴェンション》である。ところで因襲が取り返しがつかぬほどすたれてしまって、しきたりのパロディーの形で辛うじて生き残っているのが現状であり、お節介な連中が何も知らない読者のために新聞の人生相談などで説いているほんの思いつきから出たエチケットの類はその一例である。またそうした因襲を人間主義の時代に支えていたと思われる合意も、マイカー族やラジオ聴取者のしめす付和雷同になり変ってしまった。儀礼的な要素が死にたえたことは、さしあたり礼節にとってプラスになるように見える。それはあらゆる他律的なものから解放され、虚飾の衣を脱ぎ捨てたわけだが、本来礼節に叶った態度の基準は個別的な人間関係にまつわる特殊事情にあると考えられるからである。ところがこうして解放された礼節は、名目論《ノミナリスムス》というものがつねにそうであるように種々の困難におちいるのだ。もともと礼節というのはただ儀礼的な因襲に従うことではなかった。まさにそうした有り様《よう》こそは、近代の人間主義者たちに共通の常住不断の皮肉の対象《まと》であった。礼節のはたらきはむしろ、その歴史的な位置と同じように逆説的であった。それは、証拠の定かでない因襲の要求と個人の野放図な要求の間に、もともと不可能な和解を求めるものであった。礼節が自らを測る拠としては因襲以外になかった。いかに影響が薄くなっていたとはいえ、因襲は普遍的なものを代表していたのであり、実はこの普遍的なものが個人的要求の実質をも形づくるのである。礼節《タクト》は偏差にまつわる規定である。その本領は、それを承知の上で規範から外れることである。ところで解放された礼節が逸脱の規準となる普遍的なものをもたずに絶対的存在としての個人を相手どることになると、どうしても相手をつかまえ損い、結局、相手に不正を働く結果になってしまうのだ。たとえばひとの健康状態を尋ねることなど今どきのしつけの教科に入っていないわけだが、それをあえてすれば、ぶしつけな尋問めいた感じになったり、相手の感情を害したりするのが落ちである。また微妙な事柄については口を噤《つぐ》むというたしなみにしても、話してよいことよくないことについての一般的なきまりがなくなってしまえば、たんなる無関心と変らなくなる。現に当節の人びとはしめされた礼節に対して敵意を含んだ反応をするようになってきているのだが、それには相応の理由があるわけだ。ある種の慇懃は、彼らにいっぱしの人間として扱われたという感じを与えるどころか、彼らの置かれている非人間的な状態をそれとなく彼らに思い知らせるのである。また礼儀正しく振舞う人間の方も、時代おくれの特権か何かのように慇懃ぶりを発揮するという廉で、礼儀を弁えぬ人間と見なされる破目にもなりかねない。とどのつまりに、解放された純粋に個人的な礼節は虚偽の塊りになってしまう。今日礼節によって実際に個人の内部で触れられるのは、礼節が懸命になって黙殺しようとしている当のもの、すなわち各人が体現している現実の権力、あるいはむしろ潜在的な権力である。一切の辞令をぬきにしてあくまで相手の人格にふさわしい態度で臨む、という礼節の要求のかげには、万人を包み込んで硬直化しつつあるヒエラルヒーのなかで当面の相手がどの辺に位置しているか、また相手の将来性はどうか、といった点をひそかに検討し、自分の語ることばの一つ一つが暗々のうちにその検討の結果となるように、怠りなく監視の目が働いているのである。礼節の名目論は、この世にもっとも普《あまね》く行きわたった処分権能というものが、人間同士のもっとも内輪な関係においても勝を制することに力を貸しているのだ。因襲を時代おくれのあからさまな虚飾として清算することは、露骨な支配関係に成り立つ生というもっともあからさまな事実を裏書きすることに帰着する。ともあれそうした礼節のカリカチュアまでが、自由なぞ糞くらえとばかり互いに肩肘を小突き合う仲間づきあいに駆逐され、生存をいっそう耐え難いものにしているのが現状だが、これまた現在の情況の下において人間の社会生活が行き詰まりに来ている、そのあらたな証左でしかないのである。

17

所有権留保――むかしは市場の概況についてある程度はっきりした見通しを立てることができたものだが、そうした意味において自分の人生を自ら決定できる人間は今日ではひとりもいない。これにはひとりの例外もないのだが、そこに時代の特質がはっきり出ているのである。原則的には、もっとも強大な勢力をもった人間にいたるまで、万人が客体である。いまでは将軍の職業でさえ十分に安全とは言えない。ファシズムの時代にあっては協定に拘束力がないため、司令部が空襲目標から除外されるという保証はどこにもないわけだし、むかしながらの紳士協定を守る指揮官たちは、ヒトラーによって絞首刑に処せられたり、蔣介石によって首を刎ねられるという有りさまである。そうしたことから直ちに出てくる結論は、なんとか切り抜けて生きていくつもりなら――生き続けること自体に、この世の終りに遭遇し、そのあとで地下室の穴から這い出てくる夢の中の体験にも似た理不尽さがまといついているのだから――いつなんどきでも自分の生命を絶つ用意をした上で生きなければならぬ、ということだ。このむざんな真実こそは、自由な死を説くツァラトゥストラの意気軒昂たる教えの今日における姿なのである。自由は収縮して純然たる否定性にきわまり、ユーゲント様式（一九）の時代に唱えられた美に殉じて死ぬということも、死よりももっといやな目に逢う惧れのある世の中にあって、生存の限りない屈辱と死の果てしない苦しみを早目に終らせたいという願望に切りつめられた。——人間主義《フマニテート》の客観的な終焉は、同じ事態の他のあらわれにすぎない。それが意味しているのは、種属としての人類を代表する個人が種属を実現する方途としての自律性を今日失ってしまっているということである。

18

無宿人収容所——今日私生活がどんな状態に置かれているかは、その営みの場である住居が如実にしめしている通りだ。実のところ、住める場所ではなくなってきているのである。わたしたちが成長期をすごした昔風の住居にはなんともやりきれないところが出てきた。そこに見られる快適の趣はことごとく認識への裏切りによって贖われたものであり、無事平隠の気配には家族という利益協同体にまつわる黴臭さがすみずみまでしみ透っているのである。一方、旧来のそれを白紙に還元した新即物主義の住居は、専門家が何も知らぬ俗人のために作った一種の容れ物である。でなければ消費の世界に紛れ込んだ一種の工場といったところで、居住者とはなんの関係もなく、どのみち今日では成り立たない独立した生活によせる居住者のあこがれをてんからあざ笑っているという風がある。現代人にはけだもののように地べたに近く寝てみたいという願望がある、——これはヒトラーが政権を奪取する以前にあるドイツの雑誌が予見的なマゾヒズムを発揮して宣言したところであるが、そうなるとベッドとともに覚醒と睡眠の境界線もとり払われることになる。こうして夜も満足に眠らずにすごす者たちは常時待機のうちにどんな事態にも無抵抗に応ずる態勢にあるわけであり、すばしっこいと同時に無自覚な存在となるのである。ところで本式の時代物を買い集めた住居のなかに逃げ込む人たちがいるが、これではまるですすんで自ら生けるミイラとなるようなものだ。住まいに関する責任を回避してホテルや家具つきのアパートに引き移るという手もあるが、これは亡命によって余儀なくされる場合の条件を生活の知恵に転じた生き方と言ってよい。どんな場合にもそうであるが、この場合もいちばんひどい状態に置かれているのは選択の余地をもたない人たちである。彼らは悪くすればスラム、よく行ってバンガロー風の安普請の家に住んでいるのだが、明日知れぬ身空には、いつそれが、掘立小屋や、トレーラーや、中古自動車や、キャンプ生活や、青天井の下での生活になり変るとも限らない。ともかく家というのは過去のものになってしまった。ヨーロッパ諸都市の破壊や強制労働収容所の類は、技術の固有の発展がとっくのむかしに家屋に対して下した判決をいわば執行者として引き継いで行っているにすぎない。いまの家屋は古い罐詰の罐のように投げ捨てられるのが関の山である。居住の可能性は社会主義社会の可能性によって破棄されつつあるが、反面において実現をなおざりにされた社会主義社会はいつかブルジョア社会の命取りとなるのだ。こうした事態について個人はまったく無力である。たとえば自分で家具を設計したり室内装飾を手がけたりすれば、狭い意味での工芸品につね日頃どんなに強い反対意見をもっていても、愛書家のそれに類した一種の工芸趣味に身をやつすことになりかねないのだ。時がたってみればウィーン・アトリエ派（三〇）とバウハウス（三一）の間に大きな相違は認められない。

純然たる機能主義をめざした曲線はいつしか機能を離れて独立し、いまでは装飾めいたものとして用いられるようになっているのである。それやこれやでいま取ることのできる最善の態度は、とらわれのない暫定的なそれであるように思われる。つまり社会体制と各自の欲求のためにそれ以外にどうしようもない間は、在来通りに私生活を営むこと、しかしもっともらしく構えて、それが個人にふさわしく社会的にも実質のある生き方であるように装わぬことだ。「家など持たなくてわたしは幸せだ」、とすでにニーチェは『悦ばしき知識』のなかで書いている。今日ではそれに付け加えて、わが家をわが家と思わぬことはモラルの要請である、と言わなければなるまい。いまどきある程度の財産を持っている個人は自分の財産に対してむずかしい関係に立たされているのであり、それがいくぶんいま述べたような点に反映しているのである。今日消費財は潜在的にきわめて豊富になってきているので、それを制限するような原則にしがみつく権利はなんぴとにも与えられていない、その意味では私有財産ももはや個人のものとは言えない。しかしその反面ではある程度の財産を持っていなければ結局所有関係の盲目的な存続にプラスする依存と困窮の状態に自ら陥るわけで、その意味では財産を持つことも必要である。この対立する両項を明確化し表現にもたらすこと、それにはいささかの手練を要するであろう。ともかくこのパラドックスの正命題の方は、物を大切にしない破壊的な態度に通じ、ひいてはそれが人間同士の関係にはね返ってくることが目に見えているし、反対命題の方は、それを口にした瞬間に、良心に疚しさを覚えながらも自分の財産の保全にあくせくしている連中を益するイデオロギーになってしまうのだ。社会全体が狂っているときに正しい生活というものはあり得ないのである。

19

ノック不要――機械化は身ぶりを――ひいては人間そのものを――いつか精密かつ粗暴にする働きをもっている。それは物腰や態度から、ためらい、慎重、たしなみ、といった要素を一掃してしまう。機械化によって、人間の挙動は事物の非妥協的で一種没歴史的な要求に従わせられるのである。その結果たとえば、そっとしずかに、しかもぴったりドアを締めるというような習慣が忘れられていく。自動車や電気冷蔵庫のドアはばたんと締めなければならないし、その他のドアは、外から入ってくる場合念のためにあとを振り返ったり、自分が入って行く屋内を外部から守る、といった心づかいをしないでもすむように出来ている。新しいタイプの人間を正当に評価するためには、彼らが彼らを取り巻く周囲の事物からもっとも隠微な神経の内奥にいたるまで常住不断に蒙っている刺戟を十分念頭に入れておく必要があるだろう。いまでは押し開くように出来ている開き窓というものがなくなり、ぐいと力を入れて引き開けなければならぬガラス窓しかないこと、しずかにきしる取っ手が回転式のつまみに代ったこと、住んでいる家に玄関の間も通りに面した門口もなく、庭にはりめぐらした塀もないこと、そういったことは、そうした環境に住む人間に対してどんな意味をもっているであろうか？　また自分の運転する車の馬力にそそのかされ、街頭の虫けらのように見える通行人や児童や自転車乗りを思うさまひき殺してみたいという衝動に駆られた経験は、自分で車を運転する人なら誰しも身に覚えがあるのではあるまいか？　機械がそれを操作する人間に要求する動作のなかには、打ちつけたり、続けざまに衝撃を加える強暴さにおいて、ファシストたちの行う虐待行為との類似点がほの見えているのだ。今日経験というものが消滅したことには、いろいろな物が純然たる合目的性の要請の下に作られ、それとの交わりをたんなる操作に限定するような形態を取るにいたったことがすくなからず影響している。操作する者には態度の自由とか物の独立性とかいった余分の要素を認めようとしない性急さがつきものだが、実はそうした余分の要素こそ活動の瞬間に消耗しないであとあとまで残り、経験の核となるものなのである。

20

物臭太郎──ヒュームはかつて現実主義的な同国人を相手に、「たんなる哲学談義にすぎない」ということで、むかしからイギリス紳士の間で評判の悪い認識論上の省察を擁護しようと試みたことがある。そのとき彼は、次のような論証を用いた。「厳密さはかならず美のためになり、正しい思考はこまやかな感情を促す」。ところでヒュームの論証自体が実際主義的であったと言っていいので、実用精神にまつわる真理のすべてがそこに含まれ、その否定面をあらわにしている。人間の福祉に貢献するとされている生活の実利的体制は、利潤を追い求めるうちに人間性を萎縮させ、その領域が広まるにつれてこまやかな感情などはつぎつぎに刈り取られていく。というのも人間同士の思いやりは、目的を離れた人間関係の意識に外ならないからだ。目的にとらわれた者にもかすかな慰藉を与えるこの意識は、古来の特権の遺伝的な名残りであるが、同時にそれが特権のない状態を約束しているのである。古い特権を廃棄するブルジョアの理性《ラチオ》は、この約束の方も一緒に廃棄する結果を招く。もし時が金であるなら、時間を──とりわけ自分の時間を――節約することは美徳となるわけであり、相手の時間を奪っては申し訳ないということを口実に、時間をけちることも許されるわけだ。いまどきの人はざっくばらんである。付き合いにさいしてお互い同士の間に立ちはだかる表面的な儀礼のようなものは、生活の装置が作動する上での妨げと感じられるのであり、人びとは客観的にこの装置に組み込まれているだけでなく、誇り顔に自分をその一部と見なしているのである。帽子をかぶったままなれなれしいうちにも冷淡な「ハロー」の一言で挨拶をすませたり、手紙を書く代りに前置きの挨拶や署名をはぶいた業務用通信で間に合わせたりするのは、人づきあいの有り様《よう》が病んでいることをあらわす無数の徴候のなかの任意の例にすぎない。人間の間が疎遠になったことは、まさしくお互いを分けへだてる距離がなくなったことにあらわれている。なぜなら間に距離があってこそお互いを結びつけるこまやかな糸をはりめぐらす余地もあるのであり、そうした外面的なつながりがあってこそ内面的な交流も可能になるのだが、ギブ・アンド・テイクしたり、議論したり、実行したり、処分したり、職務を行ったり、何をするにつけてもお互いひっきりなしに身体をぶっつけ合うような間柄ではそうした余地がないのである。C・G・ユング一派のような反動主義者たちはこの辺の消息にある程度通じているようだ。『エラノス年鑑(二三)』に載ったG・R・ハイエルの論文には次のように書かれている、「まだ完全に文明の型にはまっていない人びととの間に見られる特異な習慣の一つに、いきなり話の本題に入ってはならない、いや、ある程度間を置いてからそれを口にするのでもいけないということがある。むしろ会話は、螺旋を描きつつひとりでに話題の核心に近づいて行く、という風に運ばれなければならないのだ」。ところが、お互い同士が幾何学上の二点ででもあるかのように、お互いを結ぶ最短距離としての直線だけがまかり通っているのが現状である。今日では一定の型に材料を流し込んで家の壁を作っているが、ちょうどそんな風に、お互い同士の絆の代りに一種の圧力が働いてみんながばらばらになるのを防いでいる。それ以外の接触の仕方は現状ではまったく相手に理解されない、悪くするとウィーンあたりでしか通用しないボーイ長まがいの挙動と受けとられたり、せいぜい子供のように他人を信用しているとか、許しがたいほどなれなれしいという風に見られるのが落ちである。軽い昼食をとりながら会談する席上で、用向きの話に入る前に相手の夫人の近況や健康状態について二、三ことばを費す場合なども、当面の目的とは無関係のように見えながら、結果的にはどうしてもその段取りの一部になってしまうのだ。場所柄も弁えずに自分の専門《しょうばい》の話をしてはいけないというタブーは、実のところ人びとが互いに語り合うすべを失っていることの現われにすぎない。何もかもが商売じみて来ているために、身内が絞首刑に処せられた家で絞首索ということばがタブーとなるように、商売のことを口にしてはいけないのである。しきたりで定められた物言いや、古くさい儀礼や、むだなおしゃべりを疑われても仕方のないような会話の類がエセ民主化の名の下にすたれて行き、人間関係が見た目にはガラス張りの明朗なものになって不得要領な後暗いことなど許されなくなった成り行きのかげでは、むき出しの野蛮の季節が訪れて来ている。持って廻った言い方をせず、ためらいの色も反省の影も見せずに話の要領だけ相手に面と向って言う直截な物言いには、ファシズム体制下で物を言うすべを忘れた者たちが互いにやりとりする命令の型や調子を思わせるところがある。お互いの間のイデオロギーめいた飾りを一掃した人間関係における即物主義《ザッハリヒカイト》は、すでにそれ自体が人間を物件《ザッヘ》として扱うためのイデオロギーと化しているのである。

21

本品のお取り代えはいたしません――いまどきの人は贈り物をするすべを忘れかけている。贈り物は交換原則を損う行為であるために、どうしてもそこに理不尽で信じがたいという感じがつきまとう。ときには子供たちまでが、贈り物を餌にあとからブラシや石鹸を売りつけるのではないかと、贈り主をじろじろ不信のまなざしで見たりするのである。そのかわり、チャリティーを行うことは盛んだが、これは人目につく社会の傷口をふさぐことを目的とした、一定の計画に基づく管理された慈善行為である。この種の組織化された活動のなかでは人間的な感情が働く余地はない、それどころか義捐金の類は、公平な割りふりを按配する過程でどうしてもそれを受ける人びとを客体《もの》として扱う傾向があり、屈辱感が抱き合わせになることは避けられないのである。いまでは個人の間の贈答までがもっぱら社会的な効用をめざしていて、一定の予算をはみ出さぬように気を配ったり、相手にこれほどのものを贈る値打ちがあるだろうかと疑ったり、ともかくあんまり気が進まないものだから、なるべく手間ひまをかけないで手っ取り早くすませるという風になってきている。本当に贈り物をする場合の喜びは、元来、贈り物をする相手の喜びを想像することにあった。ということは、品物を選び、十分な時間をかけ、もっぱら自分の立場をむなしくしつつ相手をれっきとした一人格と見なすこと、要するに健忘症の反対を意味することであった。ところが誰もかれも忘れっぽくなっているというのが当節の御時世である。ふだんから自分で欲しいと思っているものをひとに贈るのはまだしもよい方だが、その場合でも、自分のために買うときよりほんの心持ち安い品ですませたりするのだ。贈り物をする習慣が堕落していることは、進物用商品という気色の悪くなるような発明にも反映しているのであって、これは始めから本当は贈り物なんかしたくないために何を贈ってよいか分らないといういまどきの世態と人情に当てこんで作られた品じなである。これらの品物はその買い手と同じように絶縁状態に置かれている。それらは最初から一種のたなざらし品である。取り換えが利くという条件もそれと似たようなもので、それが貰い手に告げているのは、これをあんたにあげますよ、なんなりと好きなように使ってくれたまえ、もし気に入らないようなら、何か別のものに取り換えてもらってもこっちは一向に構わないんだよ、ということだ。もっともふつうに貰う贈り物はどうにも始末に困るような代物が多いから、何とでも取り換えが利くというのは、まだしも人間味のある贈り物ということになるだろう。というのも貰い手にしてみれば、それを機会に何か自分の欲しいものを手に入れることができるからだが、ひるがえってこれが贈り物の本来の姿だとはとうてい言い難いのである。

物が豊富に出廻って貧しい人たちの手にも入るようになった現状からすれば、贈り物の習慣が堕落したことなど取り立てて言うほどのことではない、だからそれについてあれこれ考察するのはセンチメンタルだ、と思われるかもしれない。しかし、物のあり余っている社会だから贈り物など余計な行為だ、ということがかりに本当だとしても——それは個人的にも社会的にも嘘である、なぜといって、想像力を働かせるならどんな人に対してでもその人がいちばん喜ぶものを見つけることはできるのであり、その事情は今日といえども変らないからである——、贈り物の習慣をなくした人びとは贈り物をする必要があると言ってよいだろう。自閉した内面性という独房のなかでは育たず、外界の物の温かみに触れて始めて順調に成長するある種の能力があるものだが、そうしたかけがえのない能力が彼らにあっては十全に発育していないのである。彼らのやろうとすることは何もかも冷気に触れて凍えたようになり、口に出かけた親切なことばも言わずじまい、他人への思いやりも実行に移さずじまいになってしまうのだ。こうした冷気は最後にはそれを発散している当人にはね返ってくるものである。およそ損われていない人間同士のつながりはそれ自体一つの贈り物であると言ってよい、いやひょっとすると、有機的生命に見られる心を和ませるようなところがすでにそうなのだ。筋道の論理に駆られて贈り物をする能力を失った人は、自らを物と化し、凍死するのである。

22

角《つの》を矯めて——文化批判の名目《モテイーフ》のなかで昔から幅を利かしているのは、文化は絵空事であるという考えだ。つまり、文化は人間にふさわしい社会を在りもしないのに在るように見せかけたり、人事百般の基礎となっている物的条件を蔽いかくしたり、かりそめの慰藉や満足を与えることで、経済に規定された劣悪な生存の状態を維持することに貢献している、というわけだ。これはブルジョア的な暴力理論のニーチェとその反対派たるマルクスにすくなくとも表面上共通して見られる文化観で、文化をイデオロギーと見なす見方である。ところで絵空事に対する声高な譴責がすべてそうであるように、こうした文化観もそれ自体がイデオロギーとなりがちである。このことは私生活において証明ずみである。金銭の観念とそれに伴ういろいろないざこざは、かぎりなく微妙な男女関係やこの上なく高尚な精神的関係にいたるまで累を及ばさずにはすまない。したがって真理のパトスに燃え論理の一貫性を重んずる文化批判なら、どんな関係も物的な本来の出所に還元され、仮借なく赤裸々に関係者同士の利害状況に応じて形づくられなければならぬという要求を掲げることにもなるだろう。なんといっても意味はその起源と臍の緒でつながったものであるし、物的なものの上に位したりそれを媒介しているすべてのものに、不正直や感傷の痕跡、それどころか二重の毒を含む偽装された利害を見出すこともさして困難ではない。しかし徹底的にそうした観点にのっとって行動するなら、真実なもの、いかに無力であるにせよ社会一般の慣習の軛《くびき》を逃れようとしているもの、現状より高邁な有り様《よう》の幻影めいた先取りなどを、虚偽ともどもことごとく根絶やしすることにもなりかねない。そしてつね日頃文化について野蛮の媒介されたものにすぎぬといって非難している、当の野蛮に直接与することにもなりかねないのだ。ニーチェ以後の文化批評家にあってこうした野蛮への鞍替えはつねに公然と行われてきた。現にシュペングラーあたりは熱烈にそれを公言しているのである。ところでマルキストたちもその弊を免れているとは言い難い。文化の進歩を信奉する社民党的な迷夢をさまされ、しだいに増大する野蛮に直面させられた彼らは、「客観的な傾向」のために野蛮を弁護し、捨鉢になってこの宿敵に救いを期待するという誘惑にたえずさらされているのである。つまりは怪しげな空頼みで、「アンチ・テーゼ」たる野蛮が好ましい大団円を用意してくれることにはかない望みをかけているのだ。いずれにせよ虚偽としての精神に対して物的要素を強調すれば、つね日頃内在的な批判を加えている国民経済学との間に、警察と暗黒街の間のそれにも似た一種危険な類縁関係を生ずることになる。ユートピアが一掃され、理論と実践の一致が要求されるようになってから、マルキストたちはあまりに実践的になってしまった。彼らは理論の無力に対する不安を口実に生産過程の万能を信奉し、それによっていよいよますます理論の無力を容認するという結果になっている。冷笑的な調子は真正なマルクス主義の論調そのものにつきまとっているものであるし、昨今ではビジネスの精神と冷静に判断を下す批判、俗流唯物論とそうでない唯物論の間が接近し始めて、ときには主観と客観の間にちゃんとしたけじめをつけることも難かしいような状況になってきているのである。現に文化が完全に絵空事と化し、いやでもそうした見解に傾かざるを得ないためにそれに反抗する思想の立場が危くなっているような時期において、文化をもっぱら絵空事と見なすなどというのはもっとも由々しい所為《しわざ》であると言わねばならない。物質的な現実が交換価値の世界であるとすれば、交換価値の支配を甘んじて受け入れぬものが文化であると言っていいが、たしかに現体制が存続するかぎり、こうした拒絶も見かけのものでしかないだろう。しかし自由で公正な交換ということ自体が一つの絵空事であるわけで、交換を否認するものは同時に真理の側に立っているのである。商品世界の欺瞞という事実がある以上、それを告発する欺瞞（としての文化）にはそれを矯正する働きが認められるのだ。文化が今日にいたるまで成就しなかったからといって、その失敗を促進してよいということにはならない、それではまるで見事な小麦粉の貯えをこぼれたビールの上にふりかけるカーテルリースヒェン(二三)のようなやり口である。生活の絆で結ばれた人間同士の間は、お互いの物質的利害を黙殺してもいけないし、それに足を取られてもいけない、むしろ反省しつつお互いの関係のなかに取り込むことによってそれを乗りこえるという風でなければなるまい。

23

Plurale tantum（もともと複数形しかない名詞）――社会は強盗集団《ラキット》の集まりであるという当節の理論が真実であるなら、そのもっとも忠実なモデルはまさしく集産的社会の逆、つまりモナドとしての個人ということになるだろう。各自のまったく個別的な利益を追求する個人の姿は狂った社会における集団の本質を仔細に研究する上で絶好の見本なのであり、個人というものが現実に適応する自我を頭《かしら》に頂くてんでばらばらな諸衝動の組織であるなら、それをいきなり内攻した盗賊団にたとえることもそんなにひどい見当違いではない。つまり、首領、手下、儀式、忠誠の誓いと裏切り、利害の衝突、陰謀、その他、組織としての盗賊団につきものの一切がそこに見られるのだ。個人が周囲に対して強引に自分の我を押し通すさいに見せるさまざまな感情の動き、たとえば激怒のさまなどをいちどよく観察してみるがよい。怒りに駆られた人間は自らの無意識に攻撃を命ずる自分自身という一味の頭目に似ているのであり、その目からは多数者を代弁しているという満足が輝いているのだが、その多数者とは彼自身に外ならないのである。自分自身を攻撃の的にする度合いに応じて、その人間が社会の抑圧的な原理を代表する度合いも完璧になるのだ。もっとも個人的な事柄はもっとも一般的であるという命題は、他のどんな意味よりこの意味において妥当すると言ってよいであろう。

24

Tough Baby——自分自身についてであれ、また他人についてであれ、男らしさを強調したある種の身のこなしには不信の目を向けなければならない。そうした身ぶりがあらわしているのは、自主独立、確乎たる命令権、すべての男同士の間の暗黙の共謀といったものである。昔はそれが「殿の御機嫌」と呼ばれておそれ奉られたものだが、今日では民主化され、下っ端の銀行員までが映画の主人公たちの見様見真似でそれを身につけている。このタイプの原型は、タキシードを着込み夜おそく独り住まいの家に戻ってくるみばのいい独り者だ。帰館した彼が間接照明のスイッチを入れてハイボールを作る場面では、ウイスキーに混ざるミネラルウォーターの泡立つ音が入念に録音されていて、傲岸な彼の口の黙して語らぬことを語り伝えている。すなわち主人公が、たばこ、革、ひげ剃クリームなどの匂いを発散しないもの、とりわけ女たちを軽蔑していること、しかしまさにその点が女たちにとってはたまらない魅力になっているということだ。彼にとっての人間関係の理想はクラブである、つまり気心の知れたもの同士の間で傍若無人と敬意とが両立する場所である。こうした男たち——というより、実際は現実の人間に似もつかぬ彼らのモデルといった方がいいかもしれない、いまなお人間そのものの方が人間の作った文化より上等だからである——ともかくこうした男たちの楽しみには、つねにどことなく暴力沙汰の気配がたちこめている。見たところその脅威を受けるのは、安楽椅子にふかぶかと身を沈めた彼らがとっくに必要を感じなくなった相手であるように思われるかもしれない。しかしその実態は自分自身に向けられた暴力の名残りなのである。一般的に快楽が先立つ不快を止揚することによって生まれるものだとすれば、誇り顔に不快に耐えねばならぬ不快がそっくりそのまま型通りに快楽に高められたのがこの場合である。ワインをやる場合などとちがって、ウイスキーの杯を傾けたり葉巻を吹かしたりすると体《からだ》がいやいやながら強い刺戟を受け入れるところから来る一種後口の悪さが残るものだが、まさにその後口の悪さだけが快楽として記憶されるのだ。したがってたいていの映画のストーリーにあらわれた彼らの体質で見るかぎり、こうした he-men（男らしい男たち）の実態はマゾヒストということになりそうである。彼らのサディズムには欺瞞がひそんでいるのであり、彼らはまさに嘘つきとして抑圧の手先たるサディストになりおおせるのである。ところでその嘘というのは、実際は同性愛の抑圧されたものであるのに、それだけが保証つきの異性愛の姿であるように装っている欺瞞に他ならない。オックスフォード大学では全学生を tough guys（強い連中）とインテリの二種類に分類することが行われているが、後者は前者との対比において始めから女々しい連中と見なすことに相場が決っているようだ。多くの徴候から見て、独裁制への道を歩む支配階級はこうした両極に分裂するものらしい。このような両極分解こそ、幸福を欠いた状態における大同一致の幸福ともいうべき統合《インテグラチオン》につきまとう神秘である。結局のところ tough guy たちの正体は女々しい連中に外ならないのであるが、この事実を蔽い隠すために柔弱の徒という犠牲者が彼らには必要なのである。全体主義と同性愛は互いに対の関係にある。主体は滅亡の一途を辿りながら、自分の同類でないすべてのものを否定しようとする。強い男と柔順な若者の間のきわ立った対照は、支配という男性的原理をやみくもに押し通す体制のなかでは流動的になる。主体的と称する向きを含めたすべての人間を例外なく自らの客体と化すこの原理は、それ自体が全面的な受動性に一変し、事実上、女性的原理と化すのである。

25

彼らのことを思い出してはいけない——亡命者の過去の生活が抹殺されるのは周知の通りだ。昔は逮捕状がそうした扱いだったものだが、今日では精神的な経験が新しい国では通用しないまったく異質のものと見なされるのである。物化されていない、数量化できないものが脱落するばかりでなく、つねに記憶や想念としてのみ生き続け、なまな形では現実化できない生、つまり物化と正反対の性質をもつものまでが物化されるのである。そうした領域のために当局は特別の項目を考え出した。それは背後関係と名づけられ、性や年齢や職業などを書き込む質問用紙の別欄のような体裁になっている。凌辱された生は束になった統計家たちの威勢のいい車に引き廻されるという新たな屈辱に塗《まみ》れるのであり、過去でさえ、それを想起しつつもう一度忘却の淵に投げ込む現在を前にして安泰とはいえない状況になってきているのである。

26

English spoken——わたしは子供のころ、両親と交際のあるイギリスの老婦人たちからよく本を贈り物にもらった。挿画のいっぱい入った児童向きの図書で、なかにはモロッコ皮で装幀した緑色の小さな聖書もあった。どれもこれも贈り主たちの国語で書かれていた。貰い手のわたしが理解できるかどうかなどということは、彼女らにとって問題外であった。本文はちんぷんかんなのに挿画や大きな題字や装飾画《ヴィネット》などがどぎつく目を奪うこれらの本は、妙にとっつきが悪く、わたしはてっきり、これは本当の本ではないんだ、ロンドンに工場を持つ叔父さんが作っている機械の類を宣伝する広告にちがいない、と思っていた。わたしは後年イギリスやアメリカに移り住み、英語を解するようになったが、少年の日の感想は消えるどころかむしろ強まった。ブラームスにハイゼ(二四)の詩に作曲した「乙女の歌」というリートがあるが、そのなかにO Herzeleid, du Ewigkeit!／Selbander nur ist Seligkeit（ああ心の痛み、永遠《とわ》に続かん、きみといてこそわれの幸せ）というくだりがある。アメリカでももっとも広く普及している版でこの箇所は次のようになっている、O misery, eternity!／But two in one were ecstasy. 古風な情熱をひびかせた原語の名詞が英語では流行歌むきの標語となり、この歌を喧伝する道具になっているのだ。煌々たる照明を受けて、文化の広告まがいの性格がいかんなく光り輝いているのである。

27

On parle français(フランス語が通じます)――外国語でポルノグラフィーを読むと、いかにセックスと言語が密接に絡み合っているかが分る。サドを原語で読むのに辞書は要らない。猥褻行為に関する、学校や家庭で教わらなかった、どんな文学書でも見かけなかったような言い廻しが出てきても、暗夜の手探りで理解できるのだ。それはあたかも、性をめぐる遠廻しな話や観察が子供の頭のなかで性に関する正しい観念に結晶する事情に似ている。囚われた情欲がことばによって呼びさまされ、みずからを抑圧している壁とともに、理解を遮ることばの壁を打ち破ってしゃにむに意味の核心を探りあてるのだが、探りあてられたのは当の情欲に他ならなかった――あらましこうした経緯がそこに見られるのである。

28

風景——ロマン派的な幻想を抱く人は、アメリカの自然の欠点は歴史的な思い出を欠いていることにあると考えがちだが、それより人間の手の痕跡が残されていないことの方が大きい。耕地が見当らないとか、自然のままの森がしばしば藪のように背が低いというばかりでなく、なにより問題なのは道路である。道路はすべて唐突に自然を貫通しているという風であって、まぶしく光る帯状のそれが幅広く滑らかであればあるほど、野生のままに放置された周囲の自然と無関係で、おしつけがましいという感じがする。こうした道路には表情がない。人の足跡や轍《わだち》の跡がなく、縁沿いに植物界への移行をしめすのどかな歩道があるでもなく、谷間に下る傍道もたぬこれらの道路には、人間の手や手の延長である道具がたゆみなく働きかけた事物にだけ見られる、角《かど》の取れた、心の和むような柔らかさが欠けている。自然そのものが、たとえてみれば今まで誰にも頭を撫でてもらったことがないといった侘しさで、荒涼としている。こうした自然を知覚する流儀もそれ相応のものである。なぜなら車で走り抜ける人のあわただしい目に映ずる風物は、目に留らないからだ。視界のなかに痕跡らしいものが見当らぬように、外界そのものも跡形なく消えて行くのである。

29

小さな果物——プルーストには、作者より自分の方が賢いと感ずるような恥ずかしい思いを読者にさせたくないという、慇懃な心遣いがある。

十九世紀のドイツ人たちは彼らの夢を描いたが、実際に描き出されたものはつねに青物でしかなかった。フランス人たちは青物を描きさえすれば、それがそのまま一つの夢になっていた。

イギリスやアメリカの娼婦たちの様子には、罪深い快楽とそれに伴う堕地獄の苦しみを一手に商っているという風がある。

アメリカの自然の美しさは、そのほんのひとかけらにさえ、全国土の途方もない広大さが表情ゆたかにあらわれていることにある。

ドイツ時代に食べた鹿の焼肉の味を亡命先で思い出すと、どれもこれも魔弾の射手(二五)にしとめられたそれだったような気がする。

精神分析においてはその誇張された面だけが真実である。

自分が幸福であるかどうかは風の音からも聞き取ることができる。不幸であれば、吹く風にわが家の壊れ易さを思い知らされ、すさまじい夢を追う浅い眠りからガバとはね起きるような夜な夜なを経験するであろう。幸福であれば、吹く風に聞くのは身の安全の歌である。いかにそれが怒りたけろうとも、わが身には一指も触れることができぬという安堵の思いである。

音を伴わぬ騒音というものをわたしたちはかねてから夢で経験して知っているが、目覚めぎわに新聞の大見出しから聞こえてくるのもそれと同様の音なき騒音である。

神話のヨブの便りの現代版がラジオだ。その筋の権威を後楯に重大ニュースを報道するアナウンサーが告げるのは、凶報である。英語の solemn ということばには、「荘厳」という意味とともに、「威《おど》しの利いた」という意味がある。放送者の背後に控える社会の威力はそのまま聴取者にとっての脅威なのである。

つい先頃の過去はつねにカタストローフによって破壊されたような様相を呈しているものだ。

事物の歴史性にあらわれているのは過去における苦悩以外の何物でもない。

ヘーゲルにおける自意識 Selbstbewußtsein は、自信の真理性の現われ、『精神現象学』のことばで言えば「真理の家郷」であった。そうした理解を失ったとき、少なくとも一財産所有しているという自負が市民階級の自意識の拠となった。今日 self-conscious が意味しているのは、自己の無力を悟った内気なわが身の内省、早く言えば自分になんの値打ちもないという自覚でしかない。

多くの人びとにおいては私ということばを口にすること自体すでに厚顔無恥である。

きみの目のなかの塵(二六)こそはこの上ない拡大鏡の役目をしているのだ。

もっとも取るに足らない人間にさえ、偉人の弱点を知る能力があり、この上なく愚かな人間でさえ、賢者の考えの誤りに気付くことがある。

性倫理の第一の唯一の原則は、原告の言い分はつねに不当である、ということだ。

全体は真ならざるものである。(二七)

30

Pro domo nostra (自家用) ——その後に起った戦争に比べれば前の戦争はのんびりしているように見えるものであり、前大戦もその例に洩れないが、その大戦中のことである。多くの国ぐにで大編成の交響楽団が活動を停止せざるを得なくなったとき、ストラヴィンスキーはむざんに員数を間引かれた小編成の室内オーケストラのために『兵士の物語』を書いた。これは彼の手になる最上の音楽になった。無類の信憑性をもつシュルレアリスムの宣言ともいうべき作品がここに生まれ、その痙攣的・夢幻的な強要によって音楽の世界にあらたに否定的真理の領野が開けて行ったのである。この曲の生まれた前提は貧困であった。この作品は公式文化を思い切りよく解体しているのだが、そういう次第になったのも、公式文化の豊富な手段を奪われるとともに文化に仇《あだ》する虚飾の道を閉ざされたからである。今次大戦はこの楽曲の呈する空隙からさえ予想のつかなかったような破壊の跡をヨーロッパに残したが、以上の点にこそ戦後の知的生産に対する一つの示唆がひそんでいる。進歩と野蛮はこんにち大衆文化という形で互いに見分けのつかぬほど絡み合っているために、大衆文化と手段の進歩を野蛮に禁欲することによってのみ、野蛮ならざるものを再興できるような状況になってきているのである。偽りの豊さや一級品、天然色映画やテレビ、金持向けの雑誌やトスカニーニ——こうした種類のものへの拒絶をうちに秘めていないような芸術作品や思想には生き残るチャンスがないのだ。量産を当て込んでいない古手《ふるて》のメディア、まだ枠組の中に組み込まれていない即興的なメディアに、あらたな現代的意義が認められるようになった。おそらくそうしたメディアだけがトラストと技術の統一戦線をかわすことができるからである。書物がとっくにそれらしい外観を失った時世にあっては、書物でない書物だけが真の書物である。印刷術の発明が見られたのは市民時代の発端であったが、それを謄写版に取って代える時期がついそこに来ていると言ってよい。謄写版こそは時代にふさわしい地道《じみち》な伝播の手段だからである。

31

猫を袋から取り出す（二八）——社会主義のもっとも尊い行動様式は連帯ということだが、その連帯でさえ今日では蝕まれている。かつてのそれは、友愛の精神を口先から行動に移し、たんなるイデオロギーでしかなかった一般論の枠から取り出して、個別的なものでありながら敵対的な世界にあってはそれのみが普遍を代表していると考えられる党のために取っておくことを意味した。連帯によって結ばれていたのはいずれも身の安全を顧みぬ人びとであった。手近な可能性を目前に見る彼らにしてみれば、自分の生命がもっとも貴重なものとは考えられなかったのであって、抽象的に理念に憑かれているのでも一身上の望みがあるわけでもないのに、互いのために身を犠牲にする心構えができていたのである。こうした自己保存の放棄は認識と決断の自由を前提としていたのであって、それが欠けている場合には見境のない個別的利害がたちまち幅を利かしはじめるのである。ところでそうした連帯もいつしか様変り、党が随所に目を光らせているということで安心したり、そちらの方が強そうだと見て制服姿で足並みを揃える軍隊なみの労働者の隊列に加わったり、世界史の流れに巧みに棹さすことでしかなくなった。そのさい一時的に身の安全の保証を得られるということはあるかもしれないが、その代償は、常住不断の不安であり、平身低頭であり、遊泳術や腹話術を覚えることである。本来なら敵方の弱点を探知することに振り向けなければならない精力を、いたずらに味方の指導者の顔色をうかがうことに費したりすることにもなるのだが、心の奥底では古くからの敵よりも彼らの方が恐ろしいのであり、結局は彼我の領袖が自分たちの背後で握手するであろうことをおぼろげに悟っているのである。こうした事情は個人同士の関係にはね返って来ずにはいない。正統派の連中は、合言葉を使わなくても、ほんの一寸したなんとも説明しようのないしぐさや口つき、がさつと柔順をつき混ぜたようなあきらめの様子などでお互いを認め合うものだが、そうした正統派たちの結束の絆になっているらしい架空の契約書に署名したわけでもないのに、杓子定規に進歩派に数え入れられている人間は——人間を前もって杓子定規に色わけするのが当節の御時世だ——幾度となく同じ経験を重ねなければならない。正統派や、それと紛らわしい分派の連中は、両手《もろ》を挙げて彼を歓迎し、連帯のしるしを求めるであろう。また有形無形のかたちで進歩勢力の協調を訴えるであろう。ところが彼の方からそれと同じ連帯のほんの一寸したしるしでも求めたりすると、たちまちけんもほろろにあしらわれるのだ。ときには苦悩の社会総生産高のわが身への配当分について同情を求めているだけなのにそんなあしらいを受けるのだが、こうした冷淡は坊主《ボーペ》が息を吹きかえした時代における唯物論や無神論の唯一の遺産ともいうべきものである。組織に属する連中は、まっとうなインテリなら自分らのために身を危険にさらして欲しい、などと要求する。しかしほんの一寸でも彼らの身を危険にさらさなければならぬような気配があると、たちまちそのインテリは資本家ということになり、前には自分たちもその株を買ったくせに、まっとうさはばかばかしい感傷や愚鈍の証左ということになるのである。今日における連帯は両極に分裂し、退路を絶たれた連中がしめす絶望的な節操か、でなければ、犬どもとかかわりを持つことも絆にしばられることも好まない人間に対する恫喝の一種となった。

32

未開人が上等な人種であるとは限らない(補注一)——経済学を専攻する黒人学生や、オックスフォード大学に留学しているタイ人や、また一般に小市民出で勉強家の美術史家や音楽学者などの場合、それぞれの分野における新しい知識の習得に、世間で通用している声価の確立したものへの過度の尊敬が結びつきやすいようだ。非妥協的な物の見方は、野性とか、新参者の流儀とか、「非資本主義圏」などの反対の産物なのである。そうした態度の前提条件には、経験、歴史的な記憶、物の考えが神経過敏であること、そしてなにより物事に飽きあきしていることが含まれているのだ。若い身空で何も知らずに過激グループの仲間に入った連中が、伝統の力に気づいた途端にあっさり転向するというのは、いままでに何度となく見られた光景であった。それを自身のうちに貯えていなければ、心底から伝統に憎悪を覚えるということもあり得ないのである。芸術の分野での前衛運動にはプロレタリアよりスノッブの方がまだしも理解があるというのが実情だが、このことは政治の世界にも光を投げかけるものである。遅れてやって来た新参者たちは、インドにおけるカルナップ(二九)の崇拝者から、マチアス・グリューネヴァルト(三〇)やハインリヒ・シュッツ(三一)のようなドイツの巨匠を果敢に擁護する人びとにいたるまで、傍目にも不安になるくらい実証主義に向う傾向が強い。除け者にされた者の心中に生ずるのは憎悪や怨恨《ルサンチマン》だけだ、などという見解を示す心理学は上の部類に属するとは言い難い。実際には、対象を強引にわが物にしなければおさまらぬような量見の狭い愛着を呼びさまされることもあるのであり、これまで抑圧的な文化を寄せつけなかった手合いが、そのもっとも偏狭な防衛者におさまるというようなことが実にしばしば起るのである。社会主義者として「学習」し、いわゆる文化遺産にあずかりたいと考えている労働者の口から出る誇らしげな標準ドイツ語の調子にも何かそうした響きがこもっていることがあるし、ベーベル[三二]の徒の野暮天ぶりも彼らが文化に縁なき衆生だからではない、むしろ文化を事実として受け取り、そこにのめりこんでその意味を歪めてしまう彼ら一流の熱心さが野暮なのである。社会主義一般も、理論の上で実証主義への逸脱の危険をもつとともに、こうした歪曲を犯す危険を孕んでいるのだ。極東において、これまでドリーシュ[三三]やリッケルト[三四]の占めていた位置の後釜にマルクスが据えられるというようなことが、容易に起りがちなのである。西欧以外の諸国が工業社会の仲間入りをしてその諸問題に直面するようになるのはすでに時間の問題であるといってよいが、そのことも、社会の解放にプラスするより、生産や交通を合理的に増進したり、生活水準を僅かばかり向上させるだけに終るのではないか——ときにはそんな危惧を抱かずにはいられない。先進諸国民は、資本主義の前の段階にある諸国民からある種の奇蹟など期待するより、彼らの冷静な打算とか、折り紙つきのものや西欧の収めた諸成果に飛びつく彼らの安直さに用心した方がよさそうに思われる。

33

戦火を遠くに見て——空襲の報道にさいして飛行機を製作した会社の名前が出ないことはめったにない。むかしの胸甲騎兵や槍騎兵や軽騎兵に代って、フォッケ-ヴルフ[三五]、ハインケル[三六]、ランカスター[三七]などの名前が話題に上るのだ。生活を再生産したり、支配したり、破壊したりする機構《メカニズム》は完全に同一のものであって、産業・国家・宣伝の三者が一体化している現状はこの事態に対応している。戦争は商売だということをむかしから懐疑的な自由主義者たちは唱えてきたものだが、当時は大袈裟に聞こえたその説がいま現実となった。現に国家権力は、私的利潤の追求とはかかわりをもたぬものという仮面をかなぐり捨て、かねてからの正体をいまではイデオロギーの面でも公然化し、私的利潤に奉仕するようになった。敵国の都市を破壊する上で主要な貢献をした会社の名前をニュースの度ごとに称えるなら、その会社の名声はいやが上にも高まる道理であり、ひいては戦後の復興にさいしてとびきり有利な注文がその会社に転げ込むことにもなるのである。

それが終局を迎える頃には誰ひとりその発端当初のことを明確に思い出せなくなっているであろうが、ちょうど三十年戦争がそうであったように、この戦争も空白な休止に区切られたいくつかの断続的な戦《いくさ》に分解するようだ。対ポーランド戦、対ノルウェー戦、対フランス戦、対ロシア戦、対チュニジア戦、連合軍による大陸侵攻、といった風に。突発的に作戦行動が開始されたかと思うと、地理的に攻撃しやすい敵がなくなったために完全な休戦状態に陥る――その交替によって作り出されるこの戦争のリズムには、全体として個々の戦争手段の性能を特徴づけているのと同じ機械的なところが見られる。またそうした点が自由主義以前の戦争形態をもう一度甦らせることにもなったのであろう。ところでこうした機械的なリズムは戦争に対する人間の態度を完全に規定していて、それが個々人の体力と各種モーターのエネルギーが釣り合わないという点ばかりでなく、この上なく隠微な体験の様式にまで入り込んでいるのである。すでに前大戦において、人間の肉体が物量戦に適していないために本当の経験というものが不可能になっていた。砲兵隊を率いるボナパルト将軍の下に戦われたいくさについて物語るような調子で、大戦について語ることのできる人はひとりもいなかったはずである。講和条約が締結されてからぼつぼつ戦争記録の類が出廻るようになるまで、あんなに長い合間があったのは偶然ではない。この事実は記憶を再現することがいかに困難であったかを告げている。実際、報告者が現実にいかに恐ろしい目に会った場合でも、そうした本のなかで語られている体験談にはすべてどことなく迫力を欠いたときにはそらぞらしい感じさえつきまとっているのだ。しかし第二次大戦はすでに完全に経験の埒外にある。ちょうど機械の運動と肉体の活動の間に断絶があるようなもので、後者は病気の状態において始めて前者に似た様相を呈するのである。連続性や歴史や「叙事的」な要素を含まぬこの戦争は、新しい段階に入るたびにふり出しに戻るようなことを繰り返しているのだが、それと同じ理由から、戦いが終ったのちも、無意識に貯えられた確かな追憶の像をあとに残さぬのではないかと思われる。人間には刺戟を防ぐ保護膜のようなものがあり、それに保護されて健全な忘却と健全な想起の間に持続が保たれ、経験が形づくられるのだが、戦火に伴う爆発の度ごとに随所でこの膜が破られてしまうのだ。生の様相はいつ果てるともないショックの連続になり変ったのであり、ショックの合間には麻痺した空隙が大きく口を開いているのである。しかし何より将来に大きな禍根を残すと考えられるのは、文字通り誰ひとり戦争のことをまともに思い出せなくなるという事態である。なぜなら帰還兵の心（三八）に癒《いや》されずに残ったショックである外傷《トラウマ》の一つ一つが、将来の破壊の酵素だからだ。——カール・クラウスが自作を『人類最期の日々』と名づけたのは正しかった。現在生じつつある事態には、「世界滅亡ののちに」とでもいう外題がふさわしいであろう。

現実の戦争が情報や宣伝や解説のために完全に蔽い隠されているという事態、戦闘中の戦車にニュース映画のカメラマンが乗り組んだり、特派員が最前線で戦死するという事実、操作誘導された世論と無意識の行動がごったになっているという現象、こうしたすべては経験の枯渇の形を変えた現われに外ならない。それを人間と人間を襲う災厄の間にひらいた真空の現われといってもいいが、この真空にこそまさに災厄の災厄たる所以がひそんでいるのである。いわば出来事の物化され凝固した写しが出来事自体に取って代るのだ。人間そのものは巨大な記録映画の出演者になり下り、しかも最後の一人にいたるまでスクリーンの上に駆り出されているために、この映画には観客というものがいない。まさにこうした点が、ごうごうたる非難を巻き起した phony war（にせものの戦争）という言い草の根底に認められるのである。恐るべきことがなんの抵抗も受けずに行われるように、その事実を「たんなる宣伝」として斥けるファシズムの空気というものがあり、「にせの戦争」というような言い方がそうした空気から出ていることは確かである。しかしファシズムのすべての傾向がそうであるようにこうした傾向も現実の要素に根ざしており、ひるがえって、ファッショ分子が冷笑的に引き合いに出すこの要素は、ほかならぬファッショ的態度に力を得てまかり通っているというのが実情なのである。この戦争はじっさいフォニイである。しかしそのにせものぶり phonyness こそあらゆる戦争の恐怖にもまして恐るべき事実であり、そのことでふざけた無駄口を叩く連中はすすんで人類の不幸の片棒を担いでいるのである。

ヘーゲルの歴史哲学の対象に現代が含まれていたなら、ヒトラーのロボット爆弾は、アレクサンダー大王の若死やそれに類した事象と並んで世界精神の現段階がそのまま象徴的にあらわれたえりぬきの経験的事実のうちに加えられたことであろう。ファシズム自体がそうであるように、ロボット爆弾も的確に操られていると同時に主体を欠いている。最大限の技術上の完成と完全な盲目性が同居している点もファシズムに似ている。またひとに死ぬほど恐ろしい思いをさせながら、まったく無益である点もファシズムと同じである。ヘーゲルもどきに「わたしは世界精神を目の当りに見た」(三九)、もっとも馬上に跨るそれではなく、頭のない飛行物体として、と言っていいわけだが、このことは同時にヘーゲルの歴史哲学が誤っている証明にもなるのだ。

この戦争が終れば生活はまた元の「正常さ」に戻るとか、まして——文化の復興などというのはそれだけですでに文化の否定であるのに——戦後にまた文化が復興されるであろうと考えるのは、たわけもいいところである。何百万というユダヤ人が殺害されたのであり、しかもこれは幕間劇のようなもので、カタストローフそのものは別にあるときている。この文化はこのうえ一体何を待ち設けるというのであろう？かりに無数の人びとにまだ待ち時間が残されているにしても、ヨーロッパで起ったことになんの結果も伴わないなどということは考えられないのであって、犠牲者の莫大量は必ず社会全体の新しい質としての野蛮に転化せずにはすまないであろう。この調子で間断なく事態が進展するかぎり、カタストローフの恒久化は避けられまい。殺害された人びとのための復讐という一事を考えてみるだけでよい。それと同数の人間が今度は別の人間の手で殺されるということになれば、殺戮が制度化し、辺鄙な山岳地方などを除いて遠い昔になくなったはずの資本主義以前の血の復讐の方式が大々的に復活し、主体を失った主体ともいうべき各国民が総力を挙げてこれに加わることになるだろう。逆に死者のための報復が行われず、犯罪者たちに恩赦が施されることになれば、罰を免れたファシズムは何やかや言っても結局勝利を収めたことになり、いかに容易に事が行われるかという先例をファシズムが作ったあとでは同じ事が別の場所で引き続き行われることになるであろう。歴史の論理はその張本人たる人間と同じように破壊的である。その重力の赴くところ、歴史は過去の不幸と同等のものを再生産するのだ。死が常態となるのである。

敗戦国ドイツの戦後処理をどうするかと尋ねられた場合、わたしには二通りのことしか答えられないだろう。一つは、わたしはどんなことがあってもぜったい首斬り役人にだけはなりたくない、また首斬り役人に権限を提供するような真似もしたくない、ということ。もう一つは、過去になされたことに対して報復を企てるひと、まして法律の手段に訴えてそれをやろうとするひとの邪魔をしたくない、ということだ。これでは、一般化も実行の手だても度外視した、矛盾だらけの、答えとも言えぬような答えでしかない。しかしおそらくこれは問いそのものが間違っているためで、わたしのせいではないのである。

グアム島を含めたマリアナ諸島進攻作戦のニュース映画を観る。画面から受ける印象は、戦闘のそれではない。むしろ機械力を使った道路工事や爆破作業を猛烈な勢いでやっているという感じで、害虫退治の「いぶり出し」を大がかりにしたものにも似ている。作業は草一本生えていない状態が現出するまで続行される。敵にあてがわれた役割は患者と死体のそれである。ファシズムに痛めつけられたユダヤ人たちと同じように技術的・行政的な処分の対象でしかないわけだが、その敵側も抵抗をしめすときは似たような行動に出るのだ。しかも――まさに悪魔的なめぐりあわせというべきだが――ある意味では古い型の戦争以上に人間のイニシアチブが要求されているのであり、いわば主体喪失の状況を作り出すために主体の全エネルギーが費されるのだ。エドワード・グレイ(四〇)はかつて憎しみを伴わぬ戦争という人道的な夢を抱いたが、完璧な非人間性に達したこの戦争はその夢を実現しているのである。

一九四四年秋

34

雲のなかを歩んではならない――認識と権力の間に見られるのは、前者が後者に追従するという間柄ばかりではない。そこには真理の連関も認められるのだ。形の上でいかに正しい認識でも、現実の力関係と釣り合っていないためにまったく意味をなさないということが往々にして起るのである。たとえばアメリカに移住した医者が「わたしから見ればアードルフ・ヒトラーは病理学の問題である」という場合、医学上の所見が結局彼の説の正しさを立証するということはあるかもしれない。しかしこのパラノイア患者の名において世界に対して行われている客観的な不祥事と釣り合わないために、この医者の診断には滑稽さが伴うのであり、夫子自身だけが得意の鼻をうごめかしているといった印象を拭えないのである。たしかにヒトラーは、「それ自体」としては病理学的な症例であるかもしれないが、「彼にとっては」そうではないはずである。亡命者たちがファシズムに反対して出した多くの声明が、そらぞらしくみじめたらしいのも同じ理由に基づいている。利害関係を超越したとらわれのない判断という形で物を考える人びとは、現にそうした考えを無効にしている凶暴な力の経験というものを自分たちの考えの枠のなかに取り入れることができなかった。ほとんど解決不可能の難題かもしれないが、真の課題は他者の権力にも自身の無力にも眩惑されぬことにあるのだ。

35

文化への帰還――ヒトラーがドイツの文化を破壊したという主張は、それを電話つきの事務机に坐って復興しようと考えている連中の宣伝用の作り話でしかない。ヒトラーによって撲滅された芸術や思想はずっと前から村八分的な存在を営んでいたのであり、その最後の隠れ家がファシズムによって一掃されたというだけのことである。時流に便乗しない者は、第三帝国が忽然と出現する何年も前から国内亡命を余儀なくされていた。ドイツにおける通貨の安定は時期的に表現主義の終焉と一致しているが、おそくともその頃からドイツ文化そのものも『ベルリーナー・イルストリールテ』の方向において安定を見るにいたったのであり、この雑誌に現われた精神は、歓喜力行団(四一)とか帝国自動車道路とかナチス好みの麗々しい展覧会用古典主義に代表されるそれに、おさおさ負《ひけ》を取るものではなかったのである。公然面におけるドイツの文化は、まさにそのもっとも自由主義的な部分においてヒトラーを渇望していた。だからモッセ社(四二)とかウルシュタイン社[四三]の編集陣やフランクフルト新聞[四四]を再編成した連中を御都合主義だといって非難するのはお門違いなのだ。彼らの本質は昔からすこしも変っていないのであり、自分たちの生産する知的商品に対してほとんどなんの抵抗も行わなかった彼らの従来の態度は、政治権力に対しても抵抗らしい抵抗を見せないという現在の方針にそのまま引き継がれているのである。そしてこの政治権力のイデオロギー上の方策においては――総統自身のことばによれば――知能程度のもっとも低い人間にとっても分り易いということが、最上位に位置づけられることになるのだ。こうした行きがかりから由々しい混乱を生ずることになった。ヒトラーが文化を撲滅した。ヒトラーはルートヴィヒ氏[四五]を放逐した、したがってルートヴィヒ氏は文化である、という論法だ。事実ルートヴィヒ氏は文化である。自ら課した紀律と互いの影響範囲（読者層）を厳密に分割することによって、国外におけるドイツ精神の代表者たる地位に首尾よく収まった亡命作家たちの文学作品を一瞥すれば、悦ばしい戦後の文化復興から何が出てくるか、いまからすでに明らかである。言ってみればブロードウェイ方式をクアフュルステンダム[四六]に導入するというようなことで、大体二十年代における両者の相違にしても後者が資力において劣っていたことによるものでしかなく、前者よりましな目的を追求していたわけではなかった。文化のファシズムに批判を加えようとする者は、『狂乱のモンテカルロ』[四七]とか新聞界舞踏会に代表されるようなワイマール文化にまで遡ってこれを行うべきであろう。でなければ、名声を亡命先に持ち出すことに成功した出所進退のすっきりした大家たちより、ファラダ[四八]のようないかがわしい人物の方がヒトラーの治下にとどまって本当の事を言っている事実を発見しておどろく、というような結果になりかねないのだ。

36

死にいたる健康(四九)——今日では社会情勢をその犠牲者たちの精神生活から説明するというような試みは、経済が絶対的な優位を占めているために問題にならない。また相当前から当の精神分析家たちも社会情勢の方に忠義立てするようになっているのが実情だが、かりにそうしたことがなく、今日大勢を占めている文化の精神分析とでもいうべきものがもし可能であるとすれば、その種の分析の試みは、何はともあれ当代の病気がまさに正常さのなかに宿っていることを示さなければならないであろう。身心ともに健康に振舞っている人間に要求されるリビドーの働きは、最深部に及ぶ毀損によらなければなしとげられぬような性質のものである。端的に言えば外向性の人間 extroverts における去勢の内面化ということだが、この難題に比べるなら、その予習段階と見られる父親との同化などは児戯に類することであった。好漢 regular guy や感じのいい女の子 popular girl は、自分自身の欲望や認識の外に、市民時代における抑圧から生じたさまざまの症候まですべて抑圧しなければならないのだ。日光や空気や健康管理の手段などを気前よく大量に提供したからといって、旧来の不当な状態が改善されるわけではない、むしろ経営が合理化されピカピカのガラス張りになることで、かえってそうした状態が人目から蔽われる結果になっていると言っていいのだが、現代の内的な健康の有り様《よう》もそれと似ていて、病因をそっくりそのままにしておいて病気への逃避の道を絶った結果にすぎないのである。いわば陰気くさい便所を目障りな空間のむだ使いということで取り払い、浴室のなかに移し換えたようなものだ。いまでは精神分析も健康管理の一種になり下ってしまったが、精神分析が以前に抱いた疑惑の正しかったことがこれによって証明された。「悲惨は残る。むかし通りにそっくりそのまま。／お前はそれを根絶やしにすることはできぬ、／お前にできるのはそれを目立たぬようにすること。」と歌われた詩句は、物資が豊富に出廻ってたえまなく増大する貧富の差から人びとの目が逸らされている社会生活の面より、むしろ個人の心の内情に当てはまると言ってよい。従来のいかなる研究も、個人の心の深層に探りを入れ、さまざまの心のひずみが作り出される地獄の様相を明らかにしたものはない。そうしたひずみが、あとで、陽気さとか、あけっぴろげの態度とか、如才のなさとか、避けられぬ事態への適応の早さとか、物事をくよくよ考えない実際主義とか、種々の形を取って現われるのだが、しかるべき理由があって、その発生源はノイローゼのそれよりずっと早い幼児期の成長段階に属するものと考えられる。ノイローゼが衝動に傷のつく葛藤の結果であるのに対して、似たもの同士ともいうべき損われた社会と同じように正常なこうした心の状態は、言ってみれば有史以前の介入の産物なのである。この種の介入は葛藤を生ずる前に心のエネルギーを萎えさせるのであり、後年見られる無葛藤な心の有り様《よう》は、こうして事前に決着がついているという事実、いわば集合的な権威の先験的な勝利を反映したもので、認識を通じての快癒の現われというわけではないのである。いまでは神経質なところがなく落ち着いているという性格特性は、求職にさいして割りのいい地位をあてがわれるための前提条件になっているが、人事課長たちを操る上層部があとで政治的な課題として押しつけてくる緘《かん》口令による沈黙をいち早く体現した姿に外ならない。健康者の病気は、彼らの一見合理的な生き方が道理に叶った生の本来の姿に似つかわしくないという客観的な側面によってしか診断できない。彼らの肌は発疹のために一様の斑点に蔽われているといった趣があるし、彼らの身振りには無機物の擬態めいたところが認められるのである。潑剌たる元気とはちきれんばかりの精力を証明することに憂身をやつしている彼らではあるが、見様によっては標本化された死体にすぎない、ただ大往生とは言いかねる彼らの死亡について人口政策上の理由から彼ら自身には通知が出ていない——たとえてみればそんな具合なのである。威勢のいい健康の奥には死が宿っているのであり、彼らの挙動のすべてに生物が死後にしめす反射運動に似たところがあるのだ。不仕合せげな額のしわが現われて遠い昔に忘れられたおそろしい苦労を物語ったり、円転滑脱に論理を運んでいる最中にうつろにぼんやりした様子がちらついたり、時に途方に暮れた身振りが現われたりすれば、まだしも消え去った生命の痕跡をそこに認めることもできようが、そういうことすらないのである。それというのも社会的に要求される犠牲は全面的であり、総体としての社会において始めて明らかになるものであって、個々人にはそのしるしすら現われないというのが実情なのである。言ってみればあらゆる個人の病気を社会が引き受けた恰好になっているのだ。たとえばファシズム運動に貯えられた狂気や数限りないその先行形態と派生物のなかで、個人において隠蔽された主体的な不幸が客体的に露呈したそれと一体化していると見られるのである。ところで正常者の病気に対してすぐさま病者の健康を対置するわけにもいかないのであって、後者はおおむね同じ不幸の図式を別の形で現わしているにすぎず、事態は八方ふさがりと言うべきである。

37

快楽原則の此岸(五〇)——厳密なセックス理論（精神分析）の商売上手な修正主義者たちはフロイトに温情の欠けていることを指摘するが、フロイトの抑圧的な面はそうしたこととはまったく無関係である。職業上の温情は、金儲けのため、一面識のない間柄でもわけへだてのない親密さを装うことになる。それは被害者たる患者を欺いている。なぜなら、彼の弱点に乗じつつ、彼をそんな人間にした世の動向を是認しているからである。また真理から後退しているその分だけ、患者に不正を働いている。もしこの種の温情に欠けていたとするなら、フロイトはその点においてすくなくとも国民経済学の批判者たち(補注二)の同類ということになるのであり、タゴール(五一)やヴェルフェル(五二)の同類より、この方が上等なのである。フロイトにあって致命的なのはむしろ次の点だ。ブルジョア・イデオロギーに反する唯物論的立場から意識的行動を無意識の衝動の根にいたるまで追求しながら、反面では衝動を軽蔑するブルジョアに同調していることで、この軽蔑は彼が分解してみせた合理化の産物に外ならないのである。彼は「とどのつまり利己的な性目的より、社会目的を高く見る……一般の評価」に従うと、『精神分析入門』のなかではっきり公言している。心理学の専門家たる彼は、社会的と利己的という対立の図式をよく検討もしないでそのまま受け入れているわけだ。つまりこの対立のなかに、抑圧的な社会の仕業や、彼自身が仔細に描き出したまがまがしいからくりの痕跡を認めようとしないのである。というよりこの点において理論をもたぬ彼は、一般の偏見に順応しつつ、衝動の断念を実情にそぐわぬ抑圧と見て否定すべきか、それとも文化を推進する昇華と見なして称揚すべきか、いずれとも決めかねて迷っているのだ。この矛盾のなかには客観的に文化そのものの双面神《ヤーヌス》的性格のいくぶんかが反映しているのであり、どんなに健全な官能を礼賛してみても、この矛盾だけは取り除くことができないと言ってよい。ただフロイトにあっては、分析目的のための批判的尺度が価値の低下を来たすという結果がそこから生じている。蒙昧のあとをとどめるフロイトの啓蒙はひそかにブルジョアの幻滅に手を貸しているのである。時期おくれに偽善の敵となった彼は、抑圧された人間をおおっぴらに解放しようとする意志と、おおっぴらな抑圧を弁明する立場の、板挟みになっている。理性は彼にとってたんなる上部構造である。もっともその原因は、公式哲学が彼について非難しているように彼の心理主義にあるのではない。彼の心理主義には真理における歴史的契機を探り当てるだけの深みがある。原因はむしろ、手段としての理性がそれによってのみ理性的であることを証拠立てられる意味に疎遠な没理性的な目的を彼が排斥しているところに求められるのであって、その目的とはすなわち快楽である。快楽のなかには自然への隷属状態を超える要素が含まれているのだが、その要素を無視して快楽そのものを軽視し、種の保存のトリックのなかに数え入れ、それ自体を一種狡猾な理性に見立てるようになれば、いきおい理性《ラチオ》も合理化《ラチオナリジールング》の次元に成り下ってしまうのだ。そして真理は相対性に委ねられ、人間は権力に委ねられるのである。盲目の肉体的な快楽は、それ自体にはなんの志向もないのに最終的な志向を充足させるものであるが、そうした快楽を手がかりにユートピアを測定できる者だけが確乎たる真理の理念にあずかることができると言ってよい。ところでフロイトの仕事のなかでは精神と快楽に対する二重の敵意が心ならずも再生産されているのだが、その共通の根を認識する手段は外ならぬ精神分析によって与えられているのである。わたしたち人間が天使や雀に任せっ放しにしている空について語ったセールスマンの金言を甲羅を経た御老体の賢《さか》しら顔に引用している「幻想の未来」の箇所と、甘い生活を送る有閑階級の倒錯した行状を戦きながら弾劾している『入門』の条《くだ》りとは、一対をなしている。実際、快楽にも天国にも嫌気がさすように仕向けられた連中は治療の対象としてまことにお誂え向きの存在なのである。分析の成功した患者にしばしば見受けられる空疎な感じや機械的な様子は、彼らの病気の所為《せい》だけではないのであって、解放しつつ解放したものを傷めつける治療法にも一端の責任があるのだ。有効な治療法として評判の高い転移 Übertragung は——その解決が分析作業中の難関になっているのも無理のない話である——かつて献身的な人間が幸福にもわれ知らずに行った自己抹殺を不吉にも本人の意志で行うという理詰めで考え出された情況なのであり、のちに総統に従って徒党を組み、あらゆる精神とともに精神を裏切った分析家たちをも粛清した、一種反射的な行動様式の原型ともなっているのである。

38

舞踏への勧誘——精神分析家たちの自慢の種の一つは、神経症によって妨げられた享楽能力を患者たちに取り戻してやるということだ。かりにそうした能力が実際にあるとしても、享楽能力というようなことばを使えばその値打ちはがた落ちになると言っていいのだが、彼らはそうした点にはとんと無関心である。また、計算ずくで手に入れた幸福は幸福の反対であり、収縮する一方の個人の経験の領分にまたぞろおしきせの行動様式が一つ新たに入り込んでくるだけなのだが、そのことも彼らの関知するところではないらしい。自分の浪費癖やシャンペン酒による一杯機嫌を臆面もなく人前でぶちまけるというのは、かつてハンガリー産オペレッタに出てくる大使館員たちの専売であった。それが正しい生活の指針として大まじめで一般に信奉されているのが昨今の情況で、いったい現代人の意識はどんな状態に達しているのであろうと首をひねらざるを得ないのである。処方された幸福の実態はそれ相応のものであるようだ。幸福の手引を受けた神経病患者は、人並みの幸福にあずかるために抑圧や退行にもかかわらず残されていたなけなしの理性まで手放さなければならない。そしてかかりつけの分析医への義理立てから、俗悪な映画やら、高いばかりでちっともおいしくないフレンチ・レストランでの食事やら、辛口の飲物やら、セックスという名で調合された性愛やらに見境なく熱を上げなければならないのだ。シラーの「人生はなんといっても素晴らしい」ということばはもともと紙の上ので っち上げでしかなかったのだが、くまなく行きわたった宣伝網に乗って喧伝されるようになった現在では、すでに戯言《たわごと》としか言いようがないのであり、精神分析も――もっとましなことで可能性があるにもかかわらず――その仲間入りしてのろし用の薪をせっせと運んでいるような始末である。大体、世間の人びとは抑制を持ちすぎるというより、抑制がなさすぎるのが実情であり、しかもその分だけ健康というわけではすこしもないのだ。したがって適応の首尾や経済的な成功に基準を求めないカタルシスによる方法は、社会一般の不幸やそれと分ちがたい自分自身の不幸を人びとに意識させ、見せかけの満足を人びとから取りあげることを目指すべきであろう。そうした満足によって、そうでなくても外部から彼らの首ねっこをしっかりと押さえつけているいまわしい体制が彼らの内面においても維持される結果になっているのだ。偽りの享楽にあきあきしたり、あてがい扶持《ぶち》に反撥したり、目先の代用品に対する病的（と見なされている）抵抗を放棄することであがなわれた幸福ならなおさらのこと、本物の幸福が与えられている場合でも、いかにそれが不満足なものであるかを感じ取ったり、ともかくこうした方向に徹することによって、始めて経験可能な事柄についての考えが明らかになるであろう。しきりに happiness の功徳を説くことにおいて、学者風プレイボーイのサナトリウム院長と娯楽産業の神経質な宣伝部長は異口同音であるが、彼らのお説教の調子には、仏頂面で勤め先から帰宅したさい歓声とともに階段を駆け降りて出迎えないといって子供たちをがみがみ怒鳴りつける父親と似たところがあるのだ。それ自体が生み出した苦悩の認識を禁止するのは支配体制のからくりの一部なのであり、生の悦びを説く福音から人間屠殺場の建設にいたる道は一直線に通じているのである。この屠殺場はポーランドの奥地ふかく建てられているので、国民各位は、それらしい苦痛の叫びを自分は聞いていない、とわれとわが身に言い聞かせることができるのだ。これこそ妨げられない享楽能力の模範というべきである。こうしたことをあけすけに指摘する者がいると、精神分析家たちは得たり賢しとばかり、そのひとにはきっとエディプス・コンプレックスがあるのだ、という判定を下すのである。

39

自我はエスである――心理学の発達は、古代におけるそれも、またルネッサンス以降のそれも、ブルジョア的個人の抬頭と関連づけて見られるのがふつうである。ただそのことに目を奪われてそれと反対の要素を見過ごしてはならないのだが、これまた心理学がブルジョア階級と共有していた要素であり、今日ではこればかり目につくような事態になってきているのである。その要素とは、個人を――認識をその主観(五三)に還元して見る心理学がかつて仕えていた当の個人を――抑圧し解体するということだ。プロタゴラス以来の心理学はすべて人間こそ万物の尺度であるという思想によって人間を高めてきたのであったが、反面では分析の材料として扱うために人間を対象物（客体）と化し、事物の仲間に入れて事物並みにつまらないものと見るようになったのであった。主観を引き合いに出して客観的真理を否認することは、そのなかに主観そのものの否定も含んでいるわけだ。つまり万物の尺度のための尺度が消滅すれば、それ自体も偶然の手に委ねられ、ひいては真理ならざるものと化すのである。ところでこうした事態の背後には社会の現実の生活過程がひそんでいると考えられる。人間による支配の原理は、まさしく絶対的原理に発展することによってその切鋒《きっさき》を絶対的客体としての人間に向けるようになったのであり、心理学はその切鋒を研《と》ぐことに協力してきたのであった。自我は心理学の指導的な理念であり、先験的な対象でありながら、同時に心理学の視野のなかで存在しないも同然のものになっていた。交換社会における主体は主体でなく、実際は社会の客体にすぎぬという事実によりかかりながら、そうした主体をいやが上にも客体化し屈伏させる武器を社会に提供したのも心理学であった。人間を持ち前の能力に分解する心理学のやり口は、分業をその主体と見なされたものに投影した結果であり、それらの能力をより有効に投入したり、ていよく操作する狙いと密接に結びついている。精神工学はたんに心理学の堕落した姿ではないのであって、心理学の原理に始めから内在しているのである。その著作の一行一行が実際的ヒューマニズムの証しとなっているヒュームは、同時に自我を偏見のうちに数え入れているのだが、この矛盾のなかには心理学そのものの本質が露呈している。にもかかわらずヒュームは真理の側に立っているといってよい。なぜなら自我の名においてそれ自身を定立するものは事実偏見にすぎないのであり、抽象的な支配中枢をイデオローギッシュに実体化したものであって、「人格」のイデオロギーの撤廃ということは支配の批判のかねてからの要請なのである。もっともこのイデオロギーの撤廃は、その後に残るものの支配をいっそう容易にするという反面を持っている。この点は精神分析を見れば明白である。精神分析は生きていく上で必要な虚偽 Lebenslüge(五四) として人格を取り入れる。人格は無数の合理化の要《かなめ》となる最高度の合理化なのであり、個人が衝動を断念したり、現実原則に従ったりするのも、その力によって可能となるのである。しかし精神分析はまさにこうした指摘を行うことで、人間に対して彼の空無性を証明するという結果になっている。精神分析は人間に彼自身を放棄させる。個人の統一性とともにその自律性を告発し、ひいては適応という合理化のメカニズムに従わせるのだ。臆することを知らぬ自我の自己批判であったものが、他人の自我に対する降伏の呼びかけになり変るのだ。結局、精神分析家たちの方法は、無意識のうちにファッショ的傾向を帯びたスリラー雑誌の類から見られている通りのもの、つまり、よるべなく悩んでいる人びとを最終的につなぎとめ、意のままに操って搾取する悪辣な手口の一つとなるのである。精神分析は暗示や催眠術を邪道と見なして排斥する。しかしいかさまで人を惑わす大道香具師的な要素は、あたかも大型映画のなかに活動写真的要素の再現が見られるように、精神分析のめざましい体系のなかにも入り込んでいるのだ。人一倍知識があるから人助けをするというのが分析家の本来の姿であろうが、それがいつしか独善的な特権を行使して人を辱しめる者になり変っている。暗黙のうちに患者の死を受け入れた医師たちは肩をすくめて見せるのがつねであるが、その身振りだけがかつてブルジョア意識の批判であったものの今日における名残りとなっているのだ。——もっぱら内面的なものの底なしの欺瞞にみちた心理学が、人間の properties

（財産、持ち前）と掛かり合うのも理由《いわれ》のないことではないのであって、心理学のなかにはブルジョア社会の体制が外的な財産について行ってきたことの反映が見られる。ブルジョア社会は社会的交換の結果として財産を発達させて来た。しかしそれには客観的な留保条項が伴っていたのであって、ブルジョアはみんな漠然とそのことを承知しているのである。個人の財産はいわば階級から授与されたものでしかない。だから体制の執行者たちは一般の財産がその原則自体を脅かすようになれば直ちにそれを取り上げる用意があるのであり、その原則の骨子はまさに授与の停止ということに存するのである。心理学は個人の財産に生じたことを個人の人柄について繰り返す。つまり幸福を分ち与えながら、その身柄を強制的に差し押えてしまうのである。

40

いつもそれを口にするが、まともに考えたことはない——映画やソープオペラ(五五)やホルナイ(五六)などのおかげで深層心理学が人目につかぬ隙間にまで入り込んで以来というもの、人びとは自分自身を経験する最後の可能性すら組織化された文化に奪われてしまった。あてがい扶持《ぶち》の啓蒙によって量産品化されるのは、自発的な反省だけではない。その力が獲得にさいして費されるエネルギーや苦悩に対応する精神分析上の知見もまたその例に洩れないのであり、すでに正統的な方法によって公式に還元されがちであった個人の閲歴にまつわるいたましい秘密までがありきたりの約束事の枠にはめられるのである。合理化の解消ということが、それ自体また一つの合理化になる。知識を与えられた人びとは自省の仕事を放棄する。その代りに彼らが身につけるのは、あらゆる衝動葛藤を、劣等コンプレックス、母親拘束、外向的と内向的などといった概念の下に一括する能力であり、しかも彼らは結局のところそれらの概念から影響を受けることはないのである。自我の深淵に対する怖れは、こころの患いも関節炎や瘻《ろう》の類と大した違いはないという意識によって取り除かれる。こうして脅威でなくなった葛藤は人びとに受け入れられる。しかし決して癒されたわけではなく、規格化された生活の表面に必要不可欠な備品として取りつけられただけにすぎない。同時に自分を社会的権威と直接同一視するメカニズムがそこに働いて——正常と見なされている行動様式はとっくにこのメカニズムの虜になっているわけだが——、こうした葛藤も社会一般の病気として吸収されることになる。そのさいどのみち成就の覚束ないカタルシスに代って得られるのは、自身の欠陥が多数のなかの一例であるという喜びだ。これはむかしサナトリウムの入院患者たちが互いに珍しい症例を誇り合ったのとはいささか趣を異にしていて、むしろまさしくそうした欠陥によって多数の仲間に加わっているという喜び、集団の力と大きさをわが身に引きうつす喜びである。ナルシシズムは自我が崩壊したためにリビドーの対象を失った。それに取って代ったのは、もはやいかなる自我でもないというマゾヒスティックな満足である。いま抬頭しつつある世代にとっては、彼らの自我喪失状態こそは永続的な共通財産なのであり、他のいかなるそれにもまして油断なく守り通さなければならぬ一財宝なのである。かくして物象化と規格化の領域はとめどなく拡大され、そうしたことと真向うから矛盾する要素、いわゆるアブノーマルなものや混沌としたものまでがそのなかに取り入れられる。本来なら割り切れぬものがまさにそのようなものとして割り切られるのであり、公に認められた状態の見本となるような場合を除いて、個人は感動することすらできないようなありさまになってきている。ところでこうして外部から接木された、自らの力学の彼岸で行われた同一化は、感動のまっとうな意識とともについには感動そのものをも摘み取ってしまう。感動は、型通りの原子が型通りの刺戟に対して見せる点滅自在な反射作用の一つにすぎなくなる。その上、精神分析の因襲化によってそれ自体の去勢化という結果が生じている。その一部を否定され、その一部を認定された性的モチーフは、完全に毒気をぬかれ、取るに足らぬ代物となる。性的モチーフによって惹き起される怖れが消えるとともに、それに伴う快楽の方も消えてしまうのだ。体得された超自我の代りに、任意の外的なものを我慢して受け入れることを説いてきた精神分析は、それ自体がこの過程の犠牲となるわけだ。かくしてブルジョアの自己批判があみだした最後の構想雄大な一般原理《テオレーム》である精神分析は、最終段階におけるブルジョアの自己疎外を絶対化する具となり果てたのであり、未来におけるより良い状態の展望もそこにこそ宿っているのに、人類の古創《ふるきず》に関するせっかく芽生えかけた認識を台無しにすることに一役演じているのである。

41

内と外で――しだいにその範囲を狭められているにせよ、ともかく哲学が大学のなかで従前通りお茶を濁していられるのは、部外者が投げやりだったり、それなりの打算があったり、哲学に対する尊崇の念が今なお残っていたりするからである。しかしその場合でも、組織化された同語反復《タウトロギー》とでもいうべきもので哲学に取って代えようとする傾向がしだいに顕著になってきている。官職者として深遠な思索にふける者が、昇進の鍵を握る同僚たちにばつを合わせてつね日頃無邪気さを装わなければならないのは、今も百年前の昔に変らない。しかしこうした不自由を嫌い、仰々しい題目とその俗物的な取扱いの間の矛盾を避けて大学の外に活動の場を求めた思想家も、それに劣らぬ危険に身をさらすことになる。それは市場の経済的圧迫からくる危険であり、今にして思えばヨーロッパの大学教授たちはすくなくともそうした圧迫から庇護されていたのである。生計を立てるために文筆稼業にいそしむ哲学者は、ほとんど毎回とびきり極上のものを提供しなければならず、稀少性の専売によって教授職による独占に対抗しなければならない。精神の珍味というやらしい概念を考え出したのは博識を鼻にかけた物知り顔の連中だが、彼らの反対者についてもこの概念の正しさが立証されるというぶざまな結果になるわけだ。せいぜいぱっとしたものを書いてくれ給えと新聞のボスから尻を叩かれて苦吟するのはおなじみのシュモック氏(五七)だが、ここで大っぴらに告げられている掟は、宇宙創造的なエロスや、アテオ(五八)の宇宙や、神々の変貌や、ヨハネ福音書の秘密について書かれた著作の類にも人目につかぬ隠微な形で働いているのである。在野の哲学者は時節おくれのボヘミアンの生活様式を身につけざるを得ない。そのため彼の身には、工芸品や、心霊主義的な際物《キッチュ》や、分派主義者の一知半解などとの危険な類同性を生ずることになる。第一次大戦前のミュンヘンは、学校式の合理主義に抗議する知性の温床であった。しかし彼らの抗議は、仮装舞踏会に熱を上げるような段階を通って、ひょっとすると老リッケルトの屁っぴり腰の体系などより急速にファシズムの方へなだれ込んで行ったのであった。思想の組織化がどんどん進み、その力があまりに大きいために、局外者の位置に立とうとする連中もその勢いに押され、ルサンチマンの感情から虚勢を張ったり、自己宣伝のむだ口を叩いたり、力尽きていかさまに手を出すようなことにもなってくる。Sum ergo cogito（われ在るがゆえにわれ思う）の原則を立てながら、開かれた体系のために広場恐怖に陥ったり、現存在の被投性から民族共同体に身を投げかけるのが大学教授連の姿だとすれば、反対派の連中も、よっぽど気をつけないかぎり、筆跡鑑定やリズム体操などというあやしげな領域に口を突込むことになりかねない。教授たちが強迫神経症のタイプなら、後者はパラノイア患者なのである。事実研究によっては充たされぬ切実な要求があるために、科学主義では最善のものが見落されていると考える意識には、それなりの正当さがあると言わねばならない。しかし無邪気さの残るそうした意識は、領界の分裂を促し、自らその下で苦しむことになる。その種の意識の持主は、科学主義者たちが楯に取る事実をじっくり理解する代りに、手取り早く適当な事実を鷲づかみにして逃げを打ち、出所のいかがわしい知識や背景から切り離して実体化した二、三のカテゴリーをもてあそんだり、自分自身と無批判にたわむれたりする。要するに、梃子でも動かぬ事実に準拠する連中の言い分を正しいとせざるを得ないようなことをやっているのである。ほかならぬ批判的な要素がうわべは自立した思想から失われて行くわけだ。現象の上皮の下にひそむ世界の謎を力説しながら、畏怖の念から謎と上皮の関係は不確かなままにして置くという論法がある。しかしそうした論法も、上皮には上皮なりの意味があるのだから問い抜きでその意味を受け入れなければならぬという禁欲的な態度につながり、結局は上皮そのものを裏付ける結果に終るという場合があまりにも多い。内容空疎なことに現《うつつ》を抜かすか、内容充実という嘘をつくかのいずれかで、それ以外に選択の余地がないというのが精神の現状である。

にもかかわらず、思想にとっての最後のチャンスが失われたわけではない。チャンスは、僻遠のものに目を向けたり、月並みを憎んだり、手ずれのしていないものや一般的な概念の型にはめられていないものを探し求めることにひそんでいる。誰彼の区別なくたえまなく責任を問いたてる精神的ヒエラルヒーのさなかにあって、ヒエラルヒーそのものを名指しで指摘できるのは無責任性だけである。知的アウトサイダーたちは流通面で受けた傷のために満身創痍になっている。しかし流通面によって売り出された精神に対しては、本当はそうしたことがすでにまったくあり得ぬ時期において最後の隠れ家が開かれているのだ。まったく買い手のつかぬ変り種を市場に送り出す者は、彼自身は不本意であるにせよ、交換からの自由を身をもって示しているのである。

42

思想の自由――周知のように哲学が科学によって押し除けられた結果、――ヘーゲルがその統一にこそ哲学の生命があると考えていた――反省 Reflexion と思弁 Spekulation という二つの要素が離ればなれになってしまった。真理の国はいとも冷静に反省の側の諸規定に委ねられ、思弁は仮説を定式化する場合にのみ辛うじてお目こぼしにあずかるというような情況になってきた。しかもそうした仮説は研究時間の枠外で考え出されなければならず、またそれには早急な裏付けが必要ということになっている。しかしこうした事態から、学の領域外における思弁の分野は詮議の埒外にあり、統計でなければ夜も日も明けぬような研究活動からそっとして置いてもらえるだろうと考えた向きは、ひどい思い違いをしていたのであった。だいたい反省からの分離は思弁そのものにたいへん悪い結果をもたらした。今日における思弁は、格が下って物知り顔に過去の哲学上の企てを受け売りすることでしかなくなっている。でなければ、見境なしに集められたデータを白眼視しつつ、手前味噌の世界観談義にふけるという為体《ていたらく》である。しかもそれだけでは事がすまぬとばかり、思弁は学の営みそのものに組み込まれて行く。精神分析はそれに一役買っているのであり、それが公的に果している機能のなかでこのことは相当の比重をもっていると考えなければならない。精神分析の用いる手段は自由連想である。患者の無意識に通ずる道は、反省の義務を忘れるように患者に説得することで切り開かれる。実は精神分析の理論形成そのものが似たような経路を辿って行われるわけで、そのことは、あなた任せに自由連想の流れや停滞に従って所見を下したり、よりによってグロデック(五九)のようにもっとも才能のある分析者たちが自由連想を自ら試みているような点に現われている。かつてシェリングやヘーゲルたちが最高度に思想を緊張させて講壇の上で行ったこと、つまり現象の解読ということが、緊張を解いて長々とクッションに寝そべった状態で演じられるわけだ。しかしこうした緊張の弛緩は思念の質に悪い影響を及ぼさずにはいない。そこには啓示の哲学と姑の馬鹿話との間のそれにもたとえられるほどの程度の差が出てくるのである。かつて精神の運動は「材料」を概念に高める役目を担っていた。その同じ精神の運動が概念的処理のたんなる材料になり下るのだ。どんな思いつきでも、分析の習練を積んだ者の手にかかれば、そうしたことを思いつく人間が強迫神経症のタイプか、口辱的タイプか、ヒステリー患者かを決定する上で、十分な手がかりになるというのである。悟性による統制に外ならぬ反省から解放されて責任感がゆるんでいるために、思弁そのものが対象物として学の手に委ねられるのだが、当の学の主体性なるものが実は思弁とともに消滅してしまっている。思念は分析の処理方式に従って自らの無意識の起源を思い知らされるのだが、自らが思念であったことは失念しているのだ。まぎれもなく判断であった思念がどっちつかずの材料になるのだ。自らを制御するためには概念的思考の仕事を果さなければならない。ところがそれを行う力を失った思念はドクトルの処置に自らを委ねるのであり、ドクトルはすべてを先刻承知しているという次第なのである。かくして思弁は最終的に止めを刺され、それ自体が一つの事実となり、変り映えしない人間世界の証拠物件として分類上の一項目のなかに加えられるのである。

43

嚇しは通用しない——客観的に何が真理であるかを見定めることは相変らずきわめて難しいが、ともかく他人との関係においてそのことで怖気づかされてはならない。その場合、当座用の一応の目安というものがある。なかでも確かな手がかりになるのは、こちらの言うことが「あまりに主観的」であるという反対に出会うことだ。その反対に周囲が共鳴し、分別のある人びとが異口同音に憤激の声を放つようなら、当方としては束の間にせよ自分に満足してよい理由があるのである。主観的なものと客観的なものという概念は、いつの間にか完全にさかしまになってしまった。客観的と称されているのは、現象の論議を孕まぬ側面であり、よく吟味せずに受け入れられた現象の写しであり、分類ずみのデータを組み合わせて作った事物の見かけ《ファッサーデ》であり、つまりは主観的要素である。それに対して主観的と呼ばれているのは、そうしたファッサーデを打ち破り、問題になっている事柄に特有の経験に踏み込んで行き、その事柄に関する判断上の合意を放棄し、対象そのものに対する関係を、対象を熟視したことすらない（まして考察したことなどない）連中の多数決に取って代える行き方――つまりは客観的態度なのである。型通りに主観の相対性に異を唱える論法がいかに根拠薄弱であるかは、そうした論法がおはこにしている美的判断の分野について見れば明らかである。芸術作品に備わるきびしい紀律に従って精確に反応する能力があり、その能力によって作品に内在する形式法則、形態の必然的な拘束力に従うことのできるひと――そうしたひとなら、自分の経験が主観的でしかないという保留の但書きなど、取るに足らぬ外見のようにあえなく消えて行くのを身をもって知っているにちがいない。そうしたひとが自分の極度に主観的な神経感応に導かれて作品の核心に踏み込んで行くとき、その足取りには「様式」といったような保証ずみの包括的な概念構成など及びもつかぬほど大きな客観的な力が認められるのであって、そうした概念構成の学問の世界における権利はまさにその種の経験を切り捨てることで得られるものなのである。以上述べたことは実証主義と文化産業の時代にあっては二重に真実であると言ってよいので、その客観性なるものはこの世界を牛耳っている連中の主観の計算から出たものでしかない。この種の客観性に当面した理性としては――窓のない暗室に引きこもるように――個人的好悪に逃げ込む以外にない、すると権力者の恣意がその恣意性を咎め立てるのだが、権力者としては今日個人主観によってのみよく保たれている客観性が怖ろしいのであり、したがって個人主観が無力であることを望んでいるのである。

44

ソクラテス以後の哲学者のために――当節むかし哲学の名で呼ばれていたことをやろうとする知識人にとってもっとも似つかわしくない態度は、議論にさいして――もっと言えば事を証明しようとして――自説の正しさを主張することだ。正当性の主張はこの上なく微妙な論理的省察形式の内うらにいたるまで自己保存の精神の発露であると言ってよいのだが、哲学の関心事はまさしくそうした精神を解消することにあるのである。わたしの知人に、認識論や自然科学や精神科学など各界の名士を順ぐりに自宅に招く人がいた。彼はそれらのひととさしで自分の体系を徹底的に討議し、その形式論的な側面に対して誰ひとりあえて反論を加えなくなったものだから、自説の価値を絶対不変と見なすにいたった。哲学が他を承服させようとする身振りをほんの気ぶりでも見せるような場合、このわたしの知人の無邪気さと一脈相通ずるものがそこに働いているのである。そうした身振りの根底には、諸学の総体（universitas literarum）、互いに意志を疎通できる諸精神の先験的な総意という前提があるのであり、つまりは大勢順応主義がすでに骨がらみになっていると見られるのだ。周知の通り哲学者というのはもともと黙っているのが苦手な人種であるが、対話を行う以上、つねに自説の正しくないことが明らかになり、同時に相手方にも自分の誤りを得心させるような話し方をすべきであろう。問題は、どこをどうついてもびくともしないような絶対的に正しい認識をもつことではなく――そうした認識はどうしても同語反復《タウトロギー》という形を取ることになる――それに照らされて正当性の問題そのものが裁かれるような認識をもつことにあるだろう。――もちろん目指すところは、直観の啓示信仰によって正しいとされている恣意的なテーゼを立てるなどといった非合理主義的な方向にはなく、目標はテーゼと論証の区別を撤廃することにある。こうした観点における弁証法的思考とは、論証がテーゼのように英断的《ドラスティック》になり、テーゼがそれ自身において十分に根拠のあるものとなることだ。事柄自体にかかわりのない、橋渡しのための概念や、いろんな種類の結節や、論理の補助的運用や、対象の経験のしみ込んでいない二次的推論の類はすべて切り捨てなければならない。哲学のテキストにおいてはあらゆる命題が中心に対して等距離に立つべきである。それを彼自身はっきり明言しているわけではないが、ヘーゲルのやり方の全体はこうした志向の例証となっている。最初のものを認めようとしない彼の哲学は、厳密に考えるなら第二のものや演繹されたものを認めないはずであるし、媒介の概念を形式的な中間規定から問題になっている事柄そのものに移しかえ、それによって事柄の外部で行われる媒介的な思考と事柄自体との間の食い違いを克服しようとしたのもヘーゲルであった。ヘーゲルにおけるこうした志向は一定の限界内でしか達成されていないのだが、それは彼の哲学の真理性の限界でもある。つまり第一哲学 prima philosophia の残滓に災いされて、なんといっても結局「最初のもの」にほかならぬ主体を想定しているわけだ。弁証法的論理の課題のうちには、思想の内うらにひそむ弁護士風の身ぶりとともに、演繹的な体系をその最後の痕跡にいたるまで払拭することが含まれているのである。

45

「生成の途上にあるものはなんとすべて病的に見えることか」——弁証法的思考は個々のものをその個別性と分離状態において確証することを拒否し、個別化をまさしく一般的なものの所産として規定する、その意味においても物象化に逆らう思考である。それはマニア的な固着性に対しても、絶対的な判断を手に入れるために事柄の経験を捨てて省みない、抵抗にめぐり合わぬパラノイア的精神の空廻りに対しても、ひとしく矯正作用をもっている。しかしだからといって弁証法は――イギリスのヘーゲル学派やデューイの強引なプラグマチズムにおける弁証法はそうしたものになっているのだが――均衡の感覚（sense of proportions）、事物を正しい遠近法において見ること、単純だが粘り強いところのある健全な常識、といったものではない。たしかにヘーゲル自身、ゲーテとの会話において似たような見解を述べているように見える。ヘーゲルはゲーテのプラトニズムに対して自分の哲学を弁護するために、それが「結局のところ、どんな人間の心にも宿っている異説に傾く精神 Widerspruchsgeist を整理し、組織的に発展させたものに外ならず、その能力は真偽を区別するさいに遺憾なく発揮されるのです」と語っているわけだが、「どんな人間の心にも宿っているもの」を礼賛する意味深長な言い廻しのなかには、実はいたずらの仕掛けのようにコモンセンスの告発が含まれているのである。なぜならヘーゲル流コモンセンスに与えられた使命の真髄は、まさにコモンセンスの導きに従わぬこと、むしろすすんでそれに反対することであるからだ。程よい釣合いを見定めるセンスであり、世情に通ずる物の見方を市場で鍛えたコモンセンスは、ドグマや制約や偏執を免れているという点において弁証法と共通している。コモンセンスにそなわる冷静さは批判的思想の絶対不可欠な要素である。しかし我意の惑わしを断念することは、我意を根っから敵視することにも通ずる。あるがままの社会におけるそれを額面通りに受け取った共通意見は、どうしても同意というものを具体的な内容とせざるを得ない。十九世紀には、よりによって啓蒙のために良心の疚しくなった古臭い教条主義が良識を引合いに出し、ミルのような根っからの実証主義者がたまりかねて良識そのものに反論を加えるといった一幕が見られたわけだが、こうしたことも偶然の出来事とは言えないのである。均衡の感覚にいたっては、人生百般の尺度と序列はすでに確定しているのであり、ものを考えるさいにはその枠内で行うべきであるという論法に結びつく。ともかく羽振りのいい権門を代表する海千山千の人物が「そんなことは大して重要じゃない」というのを耳にしたり、どんなときにブルジョアが「誇張」とか「ヒステリー」とか「非常識」とかいった言葉を口にするかを仔細に観察したひとなら、分別（理性）という言葉がたちどころに飛び出してくるそうした場合に限って、実は理に合わぬことの弁明が行われているのだということをよく承知しているに違いない。異説に傾く健全な精神を強調したヘーゲルは、強大な封建領主の下で何百年という長い年月にわたって黙々と狩猟や貢税の桎梏に耐えることを学んだ農民の臍曲りのしぶとさを持っていたのであった。その後の権力者たちも世の成り行きの不変性について健全な見解を抱いているわけだが、その健全な見解なるものに水を差したり、彼らの唱える「釣合い」proportions なるものが実は過度に拡大された不均衡の忠実な反映でしかないという事実を明らかにすること、このことこそ弁証法の要件なのである。弁証法的理性は支配的理性に対しては非理性という姿を取るのであり、支配的理性の罪状を発《あば》き、支配的理性を廃棄することによって始めてそれ自体理性的となるのである。マルクスは労働者が労働のために費す時間と生活の再生産のために必要としている時間とをあくまで区別するように主張したのであったが、有効に作動している交換社会の実情からすれば瑣末主義の屁理屈でしかなかった。またニーチェは、攻撃を加えるさい、つねにあべこべの手順を踏んだではないか。カール・クラウスやカフカ、さらにはプルーストでさえ、それぞれの流儀で偏頗に歪んだ世の姿を描き出すことによって、まさにそうした歪みや偏りを是正しようとしたのではなかったか。健全なものと病的なものという概念は理性的なものと非理性的なものという概念と緊密に結びついているのだが、弁証法はこれらの姉妹概念の前で立ち止まるわけにはいかないのだ。社会一般の状態とその釣合いを——パラノイアを構成している「病的な投射」に蝕まれているというまったく文字通りの意味において——病的であると認識した弁証法にとって、健康を回復するための細胞として残されているのは、体制側の尺度から見て病的なもの、邪なもの、パラノイア的なもの——さらに言えば「気違いじみたもの」しかないのであり、道化だけが支配者たちに真実を告げるというのは、現代も中世の昔に変らないのである。この点から見た弁証家の責務は、こうした道化の真実に側面から援助の手をさしのべて、それなりに道理が具わっていることを自覚させることだ。もしその自覚がなければ、健全な良識によって容赦なく病気の烙印を押され、日の目を見ることなく終るのがそうした真実の運命だからである。

46

思索のモラルによせて——ナイーブ(素直な・素朴な)とナイーブでないというのは、どこまでも密接に絡み合った概念である。したがってそのいずれかに肩入れして他を貶めてもろくなことにならない。インテリを目の敵にする連中や種々さまざまの非合理主義者たちがやっているナイーブなものの擁護は、陋《ろう》劣《れつ》の一語に尽きる。素朴さの肩をもつ反省は、それ自身を断罪しているようなものであり、老獪と蒙昧主義は今もって一つ穴の貉なのである。直接態 Unmittelbarkeit というのは、それ自体において媒介(間接化）vermittelt されたものとして理解するのが本筋である。そうした直接態を間接的（媒介的）に主張するというのは、思想を逆立ちさせて、それ自身の反対物の擁護論、つまりあからさまな嘘偽りに仕立てることでしかない。そしてこの逆立ちした思想は、人生とはこんなものという頑な個人の思い込みに始まり、はては社会の不正を一種の自然と見なして正当化する論法にいたるまで、さまざまの良からぬことに利用されるのである。しかしだからといってその反対を原理に祭り上げ――かつてわたし自身がやったように――つとめてナイーブでない見解に立つことが哲学の道であると考えることが、いくらかでもましだということにはならない。甲羅を経ていて海千山千であり、抜け目がない、といった意味でナイーブさを欠いているのは、認識の媒体としていかがわしいところがあり、生活面の実際的処理と相通じ、理論に対して精神的に全面留保であるところから、いつなんどき目的の追求しか眼中にないといった類のナイーブさに逆転しないともかぎらないのである。しかしそれだけではない。ナイーブでないことが、視野を拡大し、個々の現象に立ち止まらないで全体を考察するという理論的に筋の通った意味に解される場合でも、そこに一抹の暗影が漂っているのだ。先を急ぐために個々のものに歩みを止めることができない行き方は、暗黙のうちに個別的なものに対する一般的なものの優位の承認を含んでいるのであり、概念を実体化する観念論の虚妄はまさにその点にひそんでいるのである。しかしそればかりでなくそこには観念論の非人間性も認められるのであって、個別的なものを捉えたか捉えないかにたちまち通過駅のようなものに引きずり下ろし、はては省察のなかでしか起らない和解 Versöhnung の体裁を整えるために苦悩や死のような対象とさえ早々と折合いをつけるその遣り口は、煎じ詰めれば、避けられぬ事態にはすすんで太鼓判を捺《お》したがるブルジョア的冷酷さ以外のなにものでもない。認識が真の拡大に通ずるのは、どこまでも個々の対象にかかずらい、かかわりの執拗さのために対象の孤立性が崩れ去る場合だけである。もちろんそのためには一般的なものとの関係も必須の前提条件に入ってくるわけだが、関係といっても包摂 Subsumtion のそれではなく、ほとんどそれと逆の場合であると言っていい。弁証法的な媒介は順ぐりに抽象的なものに遡って行く段取りではなく、具体的なもののそれ自体における解体の過程なのである。確かに往々にしてあまりに広大な視野のなかで考える嫌いのあったニーチェではあるが、この点についてはよく承知していた。『悦ばしき知識』には次のような箇所がある。「二人の断乎たる思想家を媒介しようとする者は極めつきの凡庸人である。彼は一回限りのものを見る目を持たない。何もかも似ているように見えたり、同じに見えたりするのは、目が弱い証拠だ。」思索のモラルの要諦は、頑迷でもなければ超然としているのでもない、盲滅法でもなければ空廻り式でもない、原子論的でもなければひたすら論理の筋ばかり追うのでもないような行き方をすることにある。ヘーゲルの現象学の方法は二段構えになっていて、そのため物の分った人びとの間に現象学は底なしに難解であるという評判を生むことになった。つまりヘーゲルは、現象そのものを語らせる――「純粋な注視」――と同時に、そうした現象が主観としての意識に対してもつ関係、言い換えれば反省を一刻も見失わぬように要求しているのだが、この要求こそは思索のモラルを、矛盾の深刻さも含めてもっとも正確にあらわしている。もっともこの要求に従うことは、ヘーゲルの時代に比べてはるかに困難になってしまった。ヘーゲルはまだしも究極において主観と客観の同一性を想定し、それによって注視と構想という本来相容れない要求を合致させることができたのであったが、かりにもそうした同一性を想定するなど今どき許されぬことだからだ。今日の思索者に課せられているのは、どんな場合にも同時に事象の内と外に身を置くという難題である。――言ってみれば自分の辮髪をつかんで沼地から抜け出そうとしたミュンヒハウゼン(六〇)はだしの曲芸を強いられるわけだが、認識がたんなる確認や企図に終ることを潔しとしないのなら、こうした行き方をせざるを得ないのだ。おまけにお節介な雇われ哲学者の口から、きみらには確乎たる立場というものがないなどという悪口を浴びせかけられるのである。

47

De gustibus est disputandum（趣味嗜好について議論することは可能である）(六一)――自分では個々の芸術作品の無比性を信じているつもりの人でも、作品を相互に比較して価値の高下をあげつらう議論にいくどとなく巻き込まれた覚えがあるであろう。しかもそうした場で取り上げられるのは、まさしく最高の、したがって比較を絶した傑作の類なのである。この種の比較論は妙な風の吹廻しで否応なしにもちあがるものだが、そこで幅を利かしているのはなんでも秤にかけたがる商売人根性でしかないと抗議する向きがある。しかしこうした抗議には、多くの場合、芸術をいやが上にも非合理なものと見なしたがる堅気のブルジョアたちが、作品についてじっくり考えることを好まず、芸術作品は真理の要求と無縁であると考えがちであるという程度の意味しかない。実はあれこれ考え込ませる要素は芸術作品そのものにひそんでいるのである。古代ギリシャ人たちが和合のパンテオンに集うのは神々やイデアだけであると考え、芸術作品をそれぞれが存亡を賭して挑み合うアゴン（闘争）の世界に置いたのは謂《いわ》れのないことではなかった。キルケゴールのような人でさえ抱いていた「古典のパンテオン」という観念は、中性化した教養が生んだ作り話でしかない。なぜなら、たとえ美の理念は多数の作品に分割された形で現われるしかないにしても、個々の作品はひとしくその全体を目指さざるを得ないからだ。その独自性において美の独占を主張する作品にとって、美の分割を認めることは一種の自殺行為なのである。こうした個別化を免れた仮象ぬきの真実の美は、全作品の綜合とか諸芸術の一体性や芸術の統一においてではなく、ひとえに具体的・現実的に芸術そのものの没落において現われる。他のすべての作品の死滅を願っているという意味ではどの作品もこのような没落を目指している。どんな芸術も芸術自体の終焉を意図している、というのは、同じ事情を別のことばで言ったものである。そうした自滅の衝動こそは仮象ぬきの美の実相に迫ろうとする芸術作品のもっとも切実な願の現われであることになるわけだが、芸術作品をめぐる見たところ無益な論争の類も根本的にはこうした機微に触発されて起るのである。頑なに自説に固執しながら美の基準を定める法を見出そうとする論争者たちは、まさにそのことによって果てしない弁証法の堂々めぐりに陥ることになる。しかし彼らはこれまでいろんな作品の力を自分のなかに摂取し思想（概念）に高めてきたおかげで、個々の作品の限界を見きわめることができ、それによって芸術の破壊に向って働きかけているという意味では、心ならずも自分たちが思っている以上に正しいことをやっているのだ。なぜならそうした破壊こそは芸術の救いにほかならないのであって、限界をもった作品を限界を打破することなしにそのまま認めるような美的寛容は、共存という偽りの没落を作品の世界にもたらすだけであり、そこでは正しいものは一つしかないという真理の要求が否定されてしまっているのである。

48

アナトール・フランスのために——物に感じやすくて、日常のごくありふれた目だたぬもののなかにも美を発見し、そこに喜びを見出すというのは一つの美徳であるが、そうした美徳にさえいかがわしい点が目につくようになった。主体が溢れんばかりに充実していた時代にあっては、こと美に関して客体を選り好みしない無頓着な態度のうちに、どんな経験からでも意味を引き出す活力とともに対象的世界そのものに対する関係が現われていた。対象的世界は、そのいずれの断片においても、敵対性を孕みつつ身近な意味深いものとして主体の前に出現したのであった。事物が疎ましく優位を誇っているために主体がその地位をあきらめざるを得ないような時代相にあって、そこらじゅうに積極的なものや美しいものを見つけ出すというのは、批判的能力や、それと不可分な解釈の働きとしての想像力の放棄を意味する。何もかも美しいと思う人は、悪くすると何ひとつ美しいものはないと思うようになる。美の普遍的な面は個別的なものに取りつかれることによってのみ主体に伝わってくるのである。当面の対象につくづくと眺め入り、他の一切は眼中にないといったような目、ともすれば他の一切を軽蔑しかねぬような目だけが美を見届けることができるのだ。さらに言えば、存在する一切のものが突きつける要求に対して不当に目を閉ざし、頬かむりを通すことだけが、存在者を正当に扱う道なのである。存在するものをあるがままの一面性において受け取るなら、一面性こそはその本質であることが了解され、納得されるのである。一つの美しいものにわれを忘れる目は安息日の目である。属目の対象について創造第七日の安らぎをいくぶんでも救い出す目である。ところでそうした一面性が外から持ち込まれた普遍的なものの意識によって廃棄され、個別的なものがその安らぎを乱され、他のものと比較されたり、他のものに置き換えられる場合、そうやって全体をあまねく見渡すそれなりに公正な目は、やすやすと交換や置換が行われているという事実そのものに現われた世にあまねき不正をわがものにしてしまっているのである。この種の公正さは被造物について神話の執行者となるのだ。たしかにいかなる思想もそうした関連の網を逃れられないし、狭い視野のなかに閉じ込もることなど許されぬであろう。しかし一切は（個別的なものから一般的なものへの）移行の仕方にかかっているのである。禍の源は、強引に移行の道程を切り詰める暴力としての思想である。なぜなら、この道程は個体の不透過性を突き抜けることによってのみ普遍的なものに行き当るのであり、普遍的なものの内実は――さまざまの対象から抽き出された一致点などではなく――まさにこうした不透過性そのものに宿っているのである。ほとんどこう言ってよいかもしれない、個別的なものにかかずらうさいのテンポと忍耐と根気には真理そのものがかかっているのだ、と。さし当って完全にそこにのめり込むという段取りぬきで個別的なものを乗りこえたり、判断を急ぐあまり、いちども公正を欠いた観照という罪悪に浸ったことがないような行き方では、空廻りに終るのが落ちである。無差別にどんな人間にもそれなりの正当さを認める寛仁大度なるものは、少数者に不正を働き、結局はその原則に則って行動しているはずのデモクラシーを尻目にかける多数者の意志と同じことで、最後は破壊的な決着に行き着く。現に一切に対して一視同仁という態度にはつねに個体に対する冷淡と無関心が隠されているのであり、ひいてはそうした冷淡や無関心が全体に及ぶことになるのだ。公正を欠くことこそ真の公正の媒体なのであり、無制限の寛容は存在する一切の悪を認容することに通ずるのである。なぜならそうした寛容は悪と善（気配ばかりのそれにもせよ）の間の差別を縮小し、両者を無差別な一般性の次元に均《な》らしてしまうからであり、そうした一般性は、存在する一切のものは滅亡に値するというブルジョア的メフィストフェレス的な分別（六二）に終るのが落ちだからだ。一向に冴えないものやどうでもよいものの中にも美を見出すという態度は、実際において人生のさまざまな約束事に同調的であるために、頑なに批評や特殊化に執着する態度よりずっと立派に引き立って見えるということもあるのである。

批判的な態度に引き比べられるのは、まさにこの上なく醜いものや損われたものにも反映している生命の尊さということである。その反映なるものはしかし直接的ではなく、屈折したそれでしかない。生きているというだけの理由で美しいとされているものは、まさにその理由によってすでに醜いのだ。そうした見方をする人がよく引合いに出す抽象化された生の概念は、抑圧的で傍若無人なもの、本当は致死的で破壊的なものと完全に一体化している。生命そのものの礼賛はかならずそうした暴虐な力の礼賛に結びつく。次々に新手の遊びを思いついたり、何かと言えば殴り合いを演ずる腕白小僧たちや、いっぱしのことをやりとげる人びとにそなわる絶大な精力や、周囲からそのためにあがめ奉られる食欲の権化のような婦人の潑刺たる元気などは、ふつう生命力の発現と見なされている。しかしこうしたことも、それが絶対視される場合は、むやみな自己主張ばかりがのさばって他の異なった可能性をもったものを日陰に押しやるということになりかねない。野放図な健康はそれ自体がすでに一種の病気である。それに対する有効な毒は、それ自身を自覚した病気であり、生そのものの制限である。美はこうした効能をもつ病気の一種であり、生の歩みを止め、それによって生の荒廃を食い止める働きをもつ。ところが生のために病気を否定するということになると、実体化された生は他の（病的）要素から盲目的に切り離されているために、それ自体が当の要素になり変り、破壊的な悪質のもの、威張りくさった図々しいものとなるのだ。破壊的なものを憎む人はあわせて生を憎まなければならない。なぜなら生命のないものだけが損われたところのない生の比喩だからである。アナトール・フランスは彼一流の啓蒙的な流儀でこうした矛盾をよく承知していた。彼はよりによって温厚なベルジュレ氏（六三）に次のように言わせている。「そんなことはない。わたしはむしろ、有機的生命というやつはこの地球という厭わしい天体に特有の病気であると思いたい。無限の宇宙のいたるところでしょっちゅう食ったり食われたりばかりやっているというのは、想像するだにやりきれんことですからね。」このことばにこめられたニヒリスティックな嫌悪感は、ユートピアとしての人道主義にとっての、たんなる心理的なそれにとどまらぬ実際的な条件なのである。

49

モラルと時間による序列――これまで男女間のいろんな種類の心理的葛藤が文学によって扱われてきたが、あまりに自明であるために取り上げられなかったごく単純で外面的な葛藤の種が一つある。それは先方が先客のためにふさがっているという現象である。つまり、別に先方の心に反感や蟠《わだかま》りがあるわけではなく、冷たすぎるのでもあたたかい気持が抑圧されているのでもなく、すでに一つの関係が成立しているために新しい関係の割り込む余地がないという、それだけの理由で愛人から断わられる場合だ。抽象的な時間による序列が、ふつうは感情のヒエラルヒーのそれと考えられがちな役割を実際上演じているのである。既成の結合のなかには、選択と決定の自由のほかに、自由の要求とまるきり矛盾すると思われるような完全に偶然的な因子が紛れ込んでいることになる。商品生産のアナーキーを脱した社会においてさえ、いやそうした社会ならなおさらのこと、ひとと知り合う順序が規則の箍《たが》にはめられるなどというのはまず考えられぬことであろう。もしそうしたことがあれば、その種の取り決めはもっとも耐え難い自由の侵害と見なされるにちがいない。そういった訳合いで、現に偶然的分子の優先性ということには強力な理由が味方についている。新しく気に入ったひとが現われると、かならず前のひとと共同で営んだ過去の生活は抹殺され、言ってみれば経験そのものが帳消しになるといったあんばいで、前のひとに対してはずいぶんひどい仕打ちがなされるのである。いわば時間の非可逆性が客観的道徳的な基準となるわけだ。しかしこの基準は、抽象的な時間そのものがそうであるように神話の同類である。抽象的な時間のなかに設定された排他性は、それ自体の概念に従って発展し、極度に閉鎖的な集団による――はては大企業による――排他的支配という形を取るにいたる。新しい女性が現われて、まさしく先任者の優先権ということから生ずる新手としての魅力によって、彼女たちの一番大切な所有物である愛情をまさにそれが所有しえぬものであるがゆえに奪ってしまいはせぬかと惧れる、恋する女たちの不安ほどにいじらしいものはない。事実そうしたいじらしさがなくなれば、あたたかい気持や安らかな思いも一緒に消滅すると言っていいのだが、そこから順ぐりに辿って行くと、新しく生まれた弟に対する長男の反感や学生組合員の新入生《フックス》に対する軽蔑感を通って、社民党政権下のオーストラリアにおける白豪主義の移民法とか、はてはファシズムによる少数民族の絶滅政策にいたるまで一本の筋道がそこに貫通しているのが認められるのであって、事実この最後の段階までくればあたたかい気持や安らかな思いなどは無のなかに消し飛んでしまうというわけである。どんな良い事でもかつては悪い事だったのだ、というのは、ニーチェがいみじくも指摘していることだが、そればかりでなく、どんなにこまやかな人情の機微にしても、それ自身の重力に委ねられればとんでもない野蛮に姿を変えかねないということである。

　こうした陥穽から脱け出す道をさし示すなどというのは、おろかなことである。ただ上に述べたような弁証法の全体を始動させる禍の根源を指摘することは可能であろう。禍根は最初の位置を占めるものの排他的な性格にある。いかなる媒介も経ていない最初の関係は、すでに例の抽象的な時間による序列を前提にしている。歴史的には時間概念そのものが所有制度に基づいて作られている。ところで所有欲は、失って取り返しがつかなくなることへの不安という形で時間に反映される。存在するものの経験が存在しない場合を想定して行われるわけだが、存在するものはそうした経験の有り様《よう》によっていよいよますます所有物と見なされ、まさしく所有物として固定されるために、他の同等の所有物と交換の利く機能的なものにされてしまうのだ。いっぺんものになってしまえば、恋人もすでに恋人というには値しない存在である。愛情における抽象性は排他性と両々相俟つ関係にあり、ただ一人のひとにしがみつくという体裁を取るものだから、その実態と反対のものであるように人目を欺くだけである。手中にあるものを摑んで放すまいとすれば、相手は客体化されることによってまさしくその手中から失われるのであり、「わたしのもの」に貶しめた相手の人間性を捉え損う結果になるのだ。人間が所有の対象でなくなれば、ひとを取り換えるなどということもできなくなるはずである。真の愛情とは、相手の独自性を尊重し、そのひとの好ましいいくつかの特質に執着するような性質のものであるはずで、所有の反映にすぎない人格などという偶像にしがみつくことではあるまい。独自性は排他的ではない。なぜなら独自性には全体性に向う要素が始めから欠けているからである。しかし別の意味では排他的である。なぜなら独自性と分ち難く結びついた経験を他の経験に置き換えることは——それが禁じているとまで言わぬにしても——それ自体の概念から言ってもともと問題にならないからである。完全に限定されたものは繰り返しが利かないことによって守られているのであり、またそれだからこそ他のものを許容することができるのである。排他的な先着者優先という形であらわれた人的所有の有り様《よう》には、なに、誰にしたって人間であることに変りはないんだ、というさかしらな分別がつきものなのであり、どんな人間が相手であるかということはたいして問題にならないのだ。そんな分別に関わりのない愛情なら、それ自身不実になる気遣いはないわけだから、不貞を惧れる必要もないわけである。

50

遺漏——世間にはつとめて知的誠実を心がけるように説く向きがあるが、そうした要請はたいてい思想のサボタージュという結果に行きつく。その狙いとするところは、書き手に一定の言説に辿りつくまでのあらゆる段取りをはっきりした言葉で述べさせ、あとで読者がその過程を容易に辿り直せるようにすること、——大学の講義のような場合は——学生がそれをノートに取れるようにすることである。そこにはどんな思想でも随意に万人に伝達できるはずだというリベラリズムの作り話が絡んでいて事柄に即した思想の表現を妨げているのだが、そればかりでなく、この要請そのものが叙述の原理としてすでに間違っているのである。なぜならある思想の価値は、それと既知のものの連続性の間を隔てる距離によって測られるからである。その距離が減少するにしたがって思想の価値の方も客観的に低下する。つまりあらかじめ定められた標準に近づくにしたがってアンチ・テーゼとして働く思想の機能も減退するわけだが、実はこの機能にこそ、孤立した有り様《よう》にではなく、反対物とのあからさまな関係のなかにこそ、思想の要求の根拠があるのだ。現に段取りのすべてを几張面に漏れなく文章化したようなテクストは、どうしても月並みを免れぬところがあり、読者の側の緊張に関係するだけでなく、テクスト自体の実体に関係するような退屈がつきまとうのである。たとえばジンメルの著作は、どれもこれも奇抜な題材とばかに明快な論法が一致していないという欠陥をもっている。ジンメルは誤ってゲーテの秘密は平均的な一般性にあると考えていたが、彼の著作にあらわれた奇抜性はまさしく平均的な一般性を補うものでしかない。しかしそうした点をこえて、実は知的誠実をもとめる要求そのものが誠実さを欠いているのだ。叙述は思考過程の忠実な再現でなければならぬという例の胡乱《うろん》な指示に、この要求自体を従わせてみるがよい。その過程が段階を追って論証を進めるようなそれでないことは、認識者が棚牡丹《たなぼた》式に洞察に恵まれるなどという逆の場合があり得ないのとまったく同様であることが明らかになるだろう。むしろ実際の認識は、さまざまの偏見や、直観や、神経刺戟や、自己修正や、先取りや、誇張などの複雑な絡み合いのなかで行われるのである。要するに、密度が高く、しかるべき根拠を持ってはいるが、どこを取ってみても限なく透明とは言い難い経験こそ、認識の場であるということだ。「われわれの精神が明晰で疑問の余地のない認識に十分達しうると思われる」対象にのみ取り組むべきであるというデカルトの規則は、それに関連するさまざまの手筈や取決めも含めてこうした経験について誤った概念を与えているのであり、この点はそれと対立しながら内奥において相通ずる本質直観の説と同断である。後者が何やかや言ってもどんな思考のなかでも妥当している論理の権利を否定しているのに対して、前者はその権利をすべての知的活動に適用し、認識者の意識生活全体の流れによって媒介されていない直接性においてそのまま受け入れるのである。しかし反面においてその媒介を認めることは、認識につきまとうもっとも根深い欠陥を認めることに通ずる。というのも几張面な思考が、あらかじめ与えられたものなり、カテゴリー形式なりのたんなる反復に終らざるを得ないのに対して、対象との関係を重んじるためにそれ自身の論理的生成過程の限なき透明性を断念する思考にはつねにやり残しの咎がつきまとうからだ。そうした思考は判断形式そのものによって措定されている約束を破るのだ。その欠陥は人生の軌道に認められるそれに似ていて、曲折したり、傍道に入ったり、その前提からすれば幻滅というほかないような経過を辿るのだ。しかしまた本来あるべき姿につねに後れを取るそうした経過においてのみ、与えられた生存の諸条件の下での杓子定規でない生存の有り様《よう》が示されるということもあるのである。紆余曲折を通らずに目的に到達するような人生は、その目的をとらえ損ねていると言うべきであろう。高齢に達し、人生に対する借りは皆済したという満足のうちに死ぬ人は、目に見えないランドセルを肩に人生のあらゆる段階を漏れなく履修した優等生のような存在である。それに反して、見どころのある思想にはすべて完全な正当性の不可能ということが痣《あざ》のような痕跡を残しているものであり、それをたとえるなら、朝方寝床でうつらうつらしていたためについ出席し損ねた数学の時間があって、その後れがもう取り返せないことを夢うつつのうちにちゃんと承知しているようなものである。すっぽかした記憶がその眠りを覚まし、目ざめてみると教説《レーレ》に姿が変っている――そんな日の来ることを思想は待ち設けているのである。

ミニマ・モラリア　第二部（一九四五年）

そこらじゅうが悪いことだらけの場合には、
最悪のことを知るのは良いことであるはずだ。

F・H・ブラッドレイ（六四）

51

鏡の裏――文筆家の第一の心得。中心主題が十分明確に出ているかどうかに気をつけながら、本文なり、断片なり、章節なりの一々に、もう一度目を通すこと。何か表現したいときは、それで心が一杯になっているものだから、いきおい反省をおき忘れて筆の勢いに任せるということになりがちである。自分の意図に密着しすぎていて、「夢中になって」いるものだから、つい言いたいことを言い忘れるという結果になるのだ。

どんなにつまらない、ちょっとした字句の修正でも、瑣末なことだからほっておいてよいということにはならない。個々についてみれば下らない些事拘泥と思われるような添削でも、それが何十となく積み重なってテクストの新しい水準を作り出す場合がある。

文章を削るときには思い切りがよくなければいけない。いたずらに長いということには意味がないし、書き足りないのではないかという心配は幼稚でばかげている。何事でもそうだが、とにかくそこに在るのだから、すでに書かれてあるものだから、それだけで存在の価値があるなどと思ってはいけない。いくつかの文が同一の思想をいろいろな言い廻しで述べているように見える場合でも、実際は筆者がまだ完全にこなしきっていないことをいろんな言い方で模索しているにすぎないことが多い。そんな場合には言い廻しの上でもっとも成功した文を選び出し、それに拠《よ》りながら先を続けるのがよい。構成がそれを要求している場合には、効果的な思想でも思いきって切り捨てるのが文章作法上の一つの秘訣である。そうやって表面から姿を消した思想こそ、構成に力と充実をもたらす縁の下の力となるのだ。食事の作法と同じことで、最後の一口は食べずに残しておかなければならない、杯も澱《おり》まで飲み干してはいけないというわけである。そうでなければひとから貧しいと疑われてもいたし方あるまい。

物欲しげな媚態としてではなく、本当に月並みな表現を避けたいのなら、それを単語についてだけ行って能事終れりとしてはならない。十九世紀の優れたフランスの散文はその点とりわけ敏感だった。音楽においても個々の音には損耗に耐える抵抗力があるものだが、個々の単語が月並みということはほとんどない。もっとも悪質な常套的表現は、むしろカール・クラウスが槍玉に挙げたような種類の――完全無欠とか、良かれ悪しかれとか、拡大しつつ掘り下げる、とかいった――語の結合の方である。そうした慣用においてはいわば気の抜けたことばの川が惰性的にさらさら流れているだけなのだが、本来なら書き手は表現の正確を期することによってそうした流れに抵抗しなければならないのであり、言語表現をきわだたせるためにはどうしてもそうした抵抗が必要となってくるのである。ところでいま言ったようなことは、単語の結合だけでなく、形式全体の構成についてもあてはまる。たとえば弁証法を体する思想家が、進展する思考の歩みの転換をしめすために句切り目ごとに「しかし」という接続詞で始めるような書き方をするなら、型通りでない考察を心がけているといっても、型通りの文章法のためにその化けの皮がはがれることにもなりかねないのだ。

藪は聖なる杜《もり》ではない。独り合点にあぐらをかいているために生ずるような種類の難解さがあるものだが、そうした難解さを取りのぞくのは書き手のつとめである。対象の深味にかなった密度のある文章を書こうとする意志と、つい奇抜さを狙いたくなる心ばえと、尊大に構えたぞんざいさといったものは、相互に見分けのつきかねるものである。いずれにせよ怠りなく不信の目を光らせるに越したことはない。とくに健全な良識の愚かしさに譲歩せぬことを身上とする者は、月並みであることが隠れもないような思想を修辞的に飾り立てたりしないように用心しなければならない。ロック(六五)が浅薄だから、ハーマン(六六)の晦渋さが良いということにはならないのである。

長短にかかわらず書き上げた論文にほんの僅かでも不満を覚える点があれば、事の重大性の度合いとはまったく無関係にあくまでもそれを重視しなければならない。自分の書いた文章を見る書き手の目はどうしても贔屓目になり、虚栄心も手伝うものだからその種の疑念を軽く見過ごすことになりがちである。始めはほんのちょっとした疑念でしかなかったような点によって、全体が客観的に無価値であることが判明する場合もあり得るのだ。

世界精神の歩みはエヒテルナッハ(六七)の行列のように三歩前進と二歩後退を繰り返したりしないが、同じような意味で局限や撤回は弁証法の表出手段ではない。むしろ極端から極端へと動き、とことんまで突きつめることで思想を転換させるのが弁証法というものであり、始めから思想に手加減を加えるのはその本領に反することなのである。一つの命題において行き過ぎることを戒める慎重さは、多くの場合、社会による統制を末端において代行しているのに過ぎないので、ひいては愚昧化の手先である。

よくあるテクストなり言い廻しなりが「美しすぎる」といって難癖をつける人がいるものだが、その言い分をうのみにしてはならない。事実を重んずる態度、ときには世にあまねき苦悩を憚る心ばえでさえ、文章を彫琢する者への隠微な敵意を合理化することになりがちだが、もともと人間が人間としての品位を失いつつある現状の反映を言語表現の物化した姿にみとめてやり切れぬ思いをするからこそ、彫琢の労を惜しまないのである。恥辱を伴わぬ存在の夢を内容的に事こまかに描き出す道を阻まれている、だからせめて文章表現に腐心することでその夢を見失うまいとするわけだが、そうした夢を押しつぶそうとする陰険な底意がそこに働いていると言っていい。書き手としては美しい表現と事柄に即した表現の間に設けられた区別を受け入れてはならない。それを口にする心配顔の批評家を信用してもいけないし、自分のなかにそうした区別を受け入れる素地があれば、それを放置してもいけない。自分の考えを余すところなく言い現わすことができれば、表現の美は達成されたのである。それ自体を目的とした表現の美などというものは「美しすぎる」どころか、装飾的であり、工芸的であり、醜いのだ。それにしても無我の境地で事柄に奉仕するという体《てい》のいい口実のもとに表現の純正さをかえりみない人は、それによってつねに事柄の方も裏切っているのである。

きちんと仕上げられたテクストは蜘蛛の巣に似ている。言い換えるなら、目がつんでいて、共心的で、透明で、細工がしっかりしている上に、ちゃんと固定されている。爬行するものであれ、飛来するものであれ、通りすがったすべてはその網の目に捉えられてしまう。目にもとまらぬ速さで一過しようとした暗喩はまんまと滋養分のある獲物となり、材料なども向うから飛んでやってくるといった具合である。一つの着想にしかるべき根拠があるか否かは、それに引用文を引き寄せる力があるか否かによって判断することができる。首尾よく現実のささやかな一室を開くことに成功した場合、主観の暴力によらなくても次の部屋に入り込めるのが思想の本来の姿である。思想の客体にたいする関係が正しければ、直ちにその周囲に他の客体がむらがって結晶するものであり、思想が特定の対象に光を向けるなら、その光のなかで他の対象もきらめき始めるのだ。

文筆家は自分のテクストのなかに世帯を構える。自分の思想のなかで見せる彼の挙動は、紙や、書物や、鉛筆や、下敷などの用具を部屋から部屋へ持ち歩いてそこらじゅうを散らかす場合に似ているのである。さまざまの思想が一種の家具となり、彼はそれに腰を下ろしてくつろいだり、いらいらしたり、やさしくそれらを撫でたり、使い古したり、ごちゃまぜにしたり、置き換えたり、台無しにしたりする。家郷を失った者にとっては書くという行為までが住居の代用となるわけだ。また書くことを通じて、かつての世帯持ちの生活の場合と同じように、くずものやがらくたを生産することも避けられない。しかしいまでは物置があるわけではないし、大体、がらくたというものもなかなかに手放しにくいものである。そんな次第でがらくたを後生大事に持ちまわり、結局それでもってページというページを埋めつくすことにもなりかねない。自己憐憫を禁ずる一般的な要請には、技法上のそれも含まれていることになる。つまり思想の緊張力が弛緩しないように怠りなく警戒の目を光らせ、仕事につきものの外皮の類だとか、空回りの産物だとか、以前ならあたたかい雰囲気をかもし出し、それが思想の生長を促していたかもしれないが、いまでは黴臭く気が抜けてしまっている饒舌の類を、ことごとく切り捨てなければならない。結局文筆家は執筆に安住することとすら許されていないのである。

52

こうのとりはどこから子供たちを連れてくるか――それを見つけ出すのにかなりの時間をかけて根気よく探さなければならないけれども、だれでもメールヘンのなかに各自の原型をもっているものである。たとえば、自分が本当にこの世でいちばん美しいかどうか鏡と問答する美女がいるものだが、彼女の原型は白雪姫の女王である。そのために死んでしまいかねないほど食べ物のえり好みがはげしく、食の細い女性は、「もうたくさん、葉っぱなんか欲しくない、めー、めー」というルフランを繰り返す山羊の同類である。たくさんの心配事にもめげぬ不屈な男は森に住む梅干婆さんに似ている。婆さんはそれとは知らずに神さまに行きあい、神さまを助けてあげたものだから、あとで一族郎党とともに神の恵みに与ることになった。また別の男は幸運をつかむべく若い身空で広い世間へ出て行き、つつがなく諸国を遍歴したが、ニューヨークくんだりで命を落してしまった。都会の荒野を赤ずきんのようにさまよい歩き、お婆さんのところにひと切れのケーキと一本のワインをとどける女の子がいるかと思えば、情事の場で着衣をとるさいに星のターレルの娘のようにあどけない破廉恥ぶりを発揮する女の子がいる。あるいは五体に宿る負けじ魂に目覚め、仲間とともにむざむざ破滅の道を辿ることをいさぎよしとせず、ブレーメンの音楽隊を組織し、これを率いて盗賊の巣窟に乗り込み、まんまと悪漢どもの裏をかくことに成功するが、最後の望みはまた元の古巣に戻ることにある――そんな知恵者がいる。また慕わしげな目ざしで姫君を見上げる蛙の王は度しがたいスノッブであり、やんごとない彼女の手で現在の境涯から救われるという望みをたち切ることができないのである。

53

シュワーベン人の悪ふざけ（六八）――シラーのことばづかいには、上流社会に乗り込み、どぎまぎしながらも、自分の言い分を聞いてもらうために大声でわめき始めた下層出の若者を思わせるふしぶしがある。要するに能弁で厚かましいのだ。この若者の喋るドイツ語の長広舌や名文句はフランス人のそれを真似たものであるが、習練を積んだ場所は常連のつどう居酒屋である。きびしい要求を際限なく並べてふんぞり返っているこの小市民は、自分のもっていない権力と一体化しているのであり、さらにその増上慢は権力の上を行こうとして絶対精神や絶対的恐怖のなかにのめり込んでいく。あらゆる理想主義者に共通して見られる

――そして些少なものをいたずらに存在しているものと見なして踏みつけにする非人間性がどうしてもそこにつきまとう――汎人間的な雄偉さや高邁さと、獰猛なブルジョアのがさつな派手好みとは、結構しっくりとうまが合うのである。うつろに高笑いしたり、癇癪玉を爆発させたり、相手をこてんぱんにやっつけることは、いかにも精神の巨人たちに似つかわしい仕業と見なされている。創造ということばを口にするとき、彼らがこのことばで考えているのはもの狂わしい意志のことであり、彼らを勿体ぶらせるこの意志には第三者の容喙《ようかい》を許さぬ凄味が備わっているのである。実践理性の優位から理論にたいする憎悪まではほんの一またぎというのが、終始変らぬ実情だったのだ。こうした力学は理想主義的な思想運動のすべてに内在しているのであって、この力学の病弊をそれ自身を通じて癒そうとしたヘーゲルの言語に絶する努力でさえ、最後にはその餌食となった。ことばを使ってこの世界を一つの原理から引き出そうとする試みは、権力に抵抗する代りに、自ら権力を簒奪しようとする人間がしめす行動様式である。現にシラーがもっとも心を奪われたのは簒奪者たちであった。自然に君臨する古典主義的な超俗性には、卑俗でげびたものが――まさしく懸命にそれを否認することを通じて――反映されている。理想と生はぴったり背中合せになっているのであり、理想境《エリジオン》のばらの香りも――あんまり滔々と述べたてられるものだから、いちどでも本物のばらに接したことがあるのか疑いたくなるような代物で――役所の事務室にたちこめる莨《たばこ》の匂いがするのであり、感傷的な月夜の美観も、学生が乏しい明かりをたよりに一夜漬の試験勉強をするうす暗いランプの仕掛けに似ていた。いわゆる興隆期の市民階級の思想を、この階級が圧政に敢然とかみついた当時早くもイデオロギーに売り渡したのは力を装った無力であった。人間主義《フマニスムス》のいちばん奥まった部屋には、人間主義の生霊が幽閉されてたけり狂っているのであり、この狂人がやがてファシストとなって世界を牢獄と化すのである。

54

盗賊(六九)――カントの弟子であるシラーは、ゲーテに比べると非肉感的である。しかし非肉感的であるのと同じ割合でより肉感的でもある。また性の虜になった人間がそうであるように、ゲーテよりも抽象的であると言い換えてもよい。欲望の対象に直進するセックスは、あらゆる女性を攻撃目標と化し、それによって均一化する。「わが党にとってのアマーリア(七〇)」――だからルイーゼ(七一)はレモネードのように気がぬけているのだ。カザノバの相手の女性たちが名前の代りにしばしばアルファベットで呼ばれているのも理由のないことではないので、実際に彼女たちは相互に見分けがつかないのだ。この点は、サドの機械的なパイプオルガンに操られて複雑なピラミッドを構成しているお人形のような女性たちについても同様である。セックスのがさつさは相手の女性を弁別できないというわけだが、しかしこれに類したことは――いろいろと定言的命令の類が打ち出されているにもかかわらず――、理想主義の偉大な思弁的体系の中にも脈打っているのであり、ドイツ精神とドイツ風野蛮の連接点となっている。牧師たちのお説教でかろうじて押えられていたただけだけしい農民の情欲が、形而上学における自律を装いつつ出くわすすべてのものをその本質に還元する権利を主張するようになるのだが、征服した町の婦女子を手当りしだい裸にする傭兵たちの無軌道ぶりを思わせるようなものがそこにあるのだ。純粋な事行 Tathandlung は星のきらめくわれらの頭上の天空（七二）に投射された暴行にほかならない。ところで人間や事物の本領を開示させるためには気長で観想的な眼《まな》ざしを俟たなければならないのだが、そうした眼ざしにおいては対象に向う衝動がいったん挫かれ、反省されたものとなっている。真理にまつわる幸福はすべて対象に暴力を加えぬ考察によってもたらされるのであり、そうした考察が可能となるためには考察者は対象を併呑してはならないのである。言ってみれば、対象への近しさは距離を置くことによってのみ生まれるのだ。精神分析学者たちなら破壊的性格と呼ぶだろうと思われるタッソー（七三）は、エステ家の皇女を惧れはばかり、直接的な関係が不可能であるために開化した時代の人身御供となった。しかしだからこそアーデルハイトやクレールヒェンやグレートヒェンはあんな風にいきいきと屈託のないことばを操るのであり、そうしたことば遣いによって彼女たちの名は世々に伝わり残る物語の代名詞となっているのである。ゲーテの作り出した女性たちがいきいきとした印象を与えるのは、彼自身が女性関係において回避的に身を退くことによってあがなった代償の産物なのであり、そうした彼の身の処し方には、とうてい勝味のない世間のしきたりのために諦めるというだけに留まらぬものがひそんでいるのだ。こうしたゲーテと正反対なのが肉感的なものと抽象的なものの一体化の象徴ともいうべきドン・ファンである。ドン・ファンにおいては肉感性が一つの原理として理解されている、とキルケゴールは言っているが、これは肉感性自体の秘密に触れたことばである。自覚に目覚めぬかぎり、肉感性のこわばった眼ざしには上に述べたような意味で無名のもの、悪しき普遍性を帯びたものがまつわりついているのであり、そうした肉感性のネガともいうべき専横な思想の大権において、この種の普遍性がまがまがしく再生産されているのである。

こんなことしてもいいかしら——シュニッツラーの『輪舞』のなかに詩人がかわいいおぼこ娘にやさしく言い寄る場面がある。娘はつんけんしたピューリタンとは裏腹の男好きのするタイプに描かれているのだが、そのときこんなふうに言う、「ねえ、あなた、ピアノをおひきにならない？」彼女は密会の目的がなんであるかに気がつかないほど無知ではないし、また男の誘惑に抵抗しているわけでもない。彼女の心の動きは、しきたりによる禁制や心理的な抑制よりももっと深いところに根ざしている。そこにほの見えているのは太古以来の冷感症ともいうべきもので、苦痛以外にはなにも与えられない性交を前にして雌が覚える不安である。快楽はその後に獲ち取られたものであり、その時期はおそらく意識の発生よりも前に遡ることはない。がんじがらめの強制的な状態で交尾する動物たちの様子を見るなら、「虫けらどもには肉の悦びが与えられた（補注三）」という言い草が観念論的な欺瞞の一種でしかないことは明らかだ。すくなくとも雌に関してはそう考えざるをえないわけで、雌にとっての恋愛は受身の不自由な立場でつねに暴力の客体となって経験するものでしかないのである。そうした要素のいくぶんかが、女性たち、とりわけ小市民階級の女性たちには、産業時代の末期にいたるまでつきまとった。文明のおかげで肉体的な苦痛や直接の不安は取りのぞかれたけれども、古創の記憶はまだ生きているのである。彼女たちは男性に身を捧げるたびごとに、社会によっていったん解放されたはずの生贄の立場に当の社会によって投げ返されるのだ。ねんごろな間柄になるようにあわれな生娘を口説くとき、どんな男でも——よっぽど神経が鈍麻していないかぎり――相手のしめす抵抗にそれなりの正当な理由がひそんでいることを察知せずにはいられぬであろう。そうした抵抗は家父長的な社会が女性にみとめた唯一の特権なのであり、彼女たちはいったん口説き落されてしまえば、誇らしく相手に肘鉄を食わせたのも束の間のこと、一切の尻ぬぐいをわが身にひっかぶらなければならないのである。彼女たちは身を任せれば欺かれるのに決まっている、それが大昔からの定めであるのを知っている。しかしだからといって操の売りおしみをすれば、それこそ本当に欺かれるという憂目を見なければならない。ヴェーデキント(七四)が女郎屋のおかみに言わせている新参の女への忠告のことばのなかには、そういった意味がこめられている、「この世でしあわせになるのにはね、たった一つの道しかないんだよ。その道というのはね、他人《ひと》さまをできるだけしあわせにする、そのためにはなんでもするということなんだよ。」わが身に歓びを味わうためには無制限に身を落さなければならないというわけだが、そんなことは大昔からの不安が身にしみついた女性たちにしても、また夜郎自大の男性たちにとっても、とうてい出来かねる相談なのである。幸福をつかむ個人的な能力も――その客観的な可能性だけでなく――自由を俟たなければならないのである。

56

系図の探究――イプセンとシュトゥルヴェルペーター(七五)の間にはおそろしくよく似通ったところがある。それは、十九世紀のアルバムにおさめられたフラッシュ撮影による家族の記念写真がどれもこれもしゃちこばって同じように見えるのと同質の類似性である。たとえば、『幽霊』(七六)は家庭劇ということになっているが、ばたばたフィリップもまさしく一個の家庭劇ではあるまいか。「そしてお母さんは食卓の上をひとわたりざっと見廻した」というくだりは、銀行頭取ボルクマン夫人の素ぶりをそっくりそのまま描写した観があるではないか。スープ嫌いのカスパルの衰弱も、元を正せば、父祖の罪業や遺伝性の罪の意識に起因しているとしか考えられぬではないか。あばれん坊のフリーデリヒに苦い良薬を処方して与えるのは、かの民衆の敵、犬にならば惜しげもなくレバーソーセージを与えるドクトル・ストックマンである。マッチで火遊びするお転婆のパウリーネには、継母の海の夫人に置きざりにされて独りさびしく留守居していた娘時代のヒルデ・ワンゲルの肖像写真に彩色をほどこしたような趣があり、たかだかと教会の塔を飛びこえるローベルトは、この教会の建築を手がけた建築師自身にほかならない。空ばかり見ていて足もとのふたしかなハンスが手に入れようと思っているのも太陽にほかならないわけだし、そうした彼を水中におびき寄せたのもまさしく「小さなエイヨルフ」における鋏さばきが売り物の仕立屋一門のラッテンマムゼルであった。ところで謹厳な詩人自身はどうかといえば、その態度には大男のニーコラスを彷彿させるところがある。ニーコラスは当世風の子供たちを大きなインク壺に浸して彼らの過去の来歴でもって黒く染めあげ、手足をばたつかせる操り人形に仕立てて引きずり出す、そしてそのことがまさしく自分自身にたいして行う審判となっているのである。

57

掘り出し物——イプセンのような人の名前を出すと、たちまち、彼自身にしても、彼が扱った題目にしても、いまとなっては時代おくれで古くさい、という居丈高な声が返ってくる。そうしたことを言うのは、六十年前に風俗を紊す当世風や道徳の埒を踏み外した無軌道ぶりを『ノラ』や『幽霊』に見出して憤激の声をあげたのと同じ手合いである。癇癪持ちのブルジョアであるイプセンはその癇癪玉を社会にぶっつけたのであったが、持ち前の一徹さと理想のかずかずはこの社会自体の建前から借り受けたものであった。民衆の敵を弥次り倒す結束の固い多数派の代表者たちは、彼の手で、ものものしい、しかしちょっとやそっとの雨風にはびくともしないような記念像にかたどられている。もっとも彼らの自尊心は、それによって満足させられなかった。だからこそ彼らは、イプセンはもう古いなどと言っているのである。分別のある世人の意見が無分別な連中の行状に関して一致している場合、つねに未解決のまま放置された問題が痛みの消えない古い痣《あざ》のように残っていると見てさしつかえない。婦人問題の場合もそうである。たしかに婦人問題は、「男性本位」にリベラルな競争経済が解体したり、婦人がサラリーマンの職場に進出して、いまなお完全に自立していない男性たちと少なくとも同程度の自立性をもつようになったり、家庭の魔力が失われたり、性に関するタブーがゆるんだりしたことによって、表面的にはすでに「緊急」でなくなっている。しかし同時に伝統社会の存続が婦人の解放をいびつに歪めたこともたしかである。労働運動はこうしたことにまったく無関心であるが、このことほどその退廃ぶりをまざまざと示した事実も少ない。今日、婦人は管理統制の下に置かれたありとあらゆる職種に受け入れられているが、その裏では婦人の人間性剝奪という事態が引き続き行われている。かつて家庭のなかでそうであったように、大企業のなかでも彼女たちは客体でしかないのである。職場におけるみじめったらしい週日、工業社会の今日になっても理不尽に内輪の家内経済的な労働条件を温存している彼女たちの家庭内での生活だけが問題なのではない。問題なのは彼女たち自身である。彼女たちは反撥することもなく支配体制をすなおに反映し、それと一体化をとげている。婦人問題を解決する代りに、男性中心の社会はそれ自体の原理を大幅に拡張し、犠牲者たちが問題を問題として取り上げることができないようにしてしまった。一定量の商品さえあてがわれるなら、喜び勇んで自分たちの運命に同意するというのが彼女たちの現状である。そして物を考えることは男性族に任せ、文化産業によって喧伝された理想の女性像に反する仕業であるゆえに反省などということは歯牙にもかけず、女性の本分はそれでこそ全《まっと》うされていると考えて、不自由な境涯のなかでも結構楽しくやっているのである。ノイローゼ性の痴呆症を始めとするさまざまな精神的欠陥は彼女たちがそのために支払わなければならない代償であるが、それがまた現状の継続を促すことになる。すでにイプセンの当時、一定の社会的な身分をもった婦人たちは、社会という牢獄から脱出する絶望的な試みを自分たちに代って行ったヒステリックな妹たちを——牢獄の壁は彼女たちみんなのまわりに重苦しく立ちはだかっていたのだが——袋叩きにしかねなかった。ところでその孫娘にあたる世代は、ヒステリー患者の同性をまるで自分たちには無関係な存在のように笑って見のがし、せいぜい健康保険を使って手厚い治療を受けるようにすすめるのが関の山であろう。じっさいまたこの世にあり得ぬようなことを望んでヒステリーを思う女性など、今日では見あたらない。彼女たちは、災いが凱歌を奏する日を待ちきれずにもの狂わしくせわしなく立ち廻る白痴の女性に取って代られたのである。——しかし何事にせよ、古びるというのはこういうことを指すのであろう。ことは時代的な隔たりだけでは説明がつかないのであって、そこには歴史の判決が働いているのである。この判決の具体的な現われが、過去の可能性を目のあたりにして後代に生を享けたものの覚える羞恥であり、そうした可能性の実現に手を貸すことを彼は怠ったのであった。首尾よく成就された事柄は、現在の一部となって残っているために忘れられるということがあるかもしれない。時代おくれなのはつねに挫折した事柄であり、画餅に帰した新生の約束だけである。イプセンの作品に登場する女性たちが「当世風」呼ばわりされているのは理由のないことではない。当世風への憎しみと時代おくれになったものへの憎しみは、楯の両面にすぎないのである。

58

ヘッダ・ガブラー(七七)にまつわる真実――十九世紀の唯美主義はその根底にある社会的葛藤を孕んだ現実との関係においてのみ理解されるのであって、精神史的にそれ自体について見るだけでは理解できない。背徳の根には疚しい良心がまつわりついている。ブルジョア社会の批判は、経済的にも、道徳的にも、それ自体の規範によってこの社会を裁くことであった。それにたいする支配層の対抗策としては――宮廷詩人や国家の護持に協力する三文文士のように無力な擁護論の嘘八百を並べることをいさぎよしとしないなら――社会を測る基準となっている建前そのもの、ということは彼ら自身の道徳をかなぐり捨てるしかなかった。ところでブルジョアの側の急進思想が後詰めの思想に突きあげられて取るにいたった新しい立場は、もの狂わしい自己破壊熱に駆られつつ、いつでも敵の軍門に降る用意のある反抗的にいきり立った真理を見せかけのイデオロギーに代えて宣告するだけで能事終るものではなかった。ブルジョア的な善にたいする美の反乱は、善意にたいする反乱であった。善意というのは善のデフォルメされたものである。善意は道徳原理を社会原理から切り離し、個人的な心構えに移し換えるのだが、それによって道徳原理は二重の意味で制限されることになる。道徳原理のなかに暗々裡に含まれている人間にふさわしい状態の実現ということを、始めから断念しているのが善意なのである。善意から出た行動には、どんな場合でも慰めのうちにあきらめを含んだような趣があるのだ。それが目指しているのは、病の全治ではなく病苦をやわらげることであり、とうてい病を癒すことができないという意識によって、結局、その事実と妥協してしまうのだ。こうした形で善意はそれ自体においても制限されたものとなる。それが罪作りなのは、それがなれなれしいからである。善意は人間同士の間に直接的な関係が可能であるかのように人目を欺き、お互いの隔たりを跳びこえるのだが、この隔たりがあるからこそ一般社会の干渉から個人は守られているのだ。個人は膝つき合わせるような触れ合いにおいてこそ、自他の相違をいやというほど思い知らされるのであり、疎外にたいする抗毒素としては疎遠ということしかないのである。善意は万人の和合している図を思い描いて悦に入る。しかしそうしたはかない想像図によって、とげとげしい人間関係に悩む現実の苦しみは――善意はおろかにもそれを認めようとしないのだが――いっそう無惨にきわ立つばかりである。善意の行動は趣味の原則に反し、他人への配慮を欠く嫌いがあり、それによって画一的な水準化を押し進めるのだが、無力ながらもその傾向に逆らおうとするのが美のユートピアだ。かくして高度に発達した産業社会の当初から、悪を信奉することが――野蛮の先触れという一面もあるが、それだけでなく――善の仮面となったのであった。本来善の面目であったものが悪に転移した。なぜなら、それ自体が悪であることを棚に上げるために傘下の全員に善を叩き込むのが体制というものの有り様《よう》であるが、そうした体制の憎悪や敵意を悪は一手に引き受けるものとなったのである。根っから善意の人であるユレ叔母の心をこっぴどく傷つけたり、ユレ叔母が将軍の娘に敬意を表して買い込んだおそろしく趣味の悪い帽子をわざと下女の持ち物だと勘違いしたりするとき、欲求不満のヘッダは、べとべとした結婚生活にたいする憎しみを無抵抗なかよわい相手にサディスティックにぶちまけているだけではないのだ。むしろ彼女が彼女の交際範囲での最善のものにたいして罪を犯すのは、そのなかに善の面汚しになるものを見て取るからだ。彼女にはその自覚がなく、またそのやり方も理不尽であるが、能なしの甥を熱愛する老婦人を向うに廻して彼女が身に体しているのは絶対的なものである。犠牲者はユレではなく、ヘッダの方である。ヘッダがその固定観念に支配されている美なるものは、道徳をあざ笑う前にそもそもの始めから道徳と対立している。なぜなら美はどんな一般的なものにたいしても頑なに自らの殻を閉ざし、要するにいろいろなものの間に出来・不出来を作り出した偶然でしかない、たんなる存在の差別規定を絶対視するからである。美においては、規範通りの通常の一般性があまりに透明なものとなったために、不透明に個別的なものが唯一の一般的な規範として主張される。そしてそのことが、なにもかもおしなべて不自由であるという一般的な状況にたいする美の挑戦となるのだ。しかしそれによって美そのものにも咎《とがめ》を生ずることになる。なぜなら一般的なものと断絶することは、たんなる存在——それが不透明なのは悪しき一般性の虚偽性の反映でしかない——を乗りこえる可能性の方も切り捨てることを意味するからである。かくして美は正道にたいして不正を働きつつ、しかもそれなりに正当であることになる。美はまだ基礎の定かでない未来が現体制のモロク神に捧げる生贄である。言い換えれば、現段階においては善というものがあり得ぬからこそ、善そのものが邪《よこしま》となり、裁きに敗れつつ裁き手そのものの罪を明かすのである。善にたいする美の抗議は、ギリシャ悲劇の主人公によって犯される増上慢《ヒュブリス》の罪をブルジョア社会において世俗化したものにほかならない。社会の内在的な地平においてはそれ自体の否定的な正体の意識は死角に入っているものであり、抽象的な否定だけが真理の側に立つことができるのである。道徳における不道徳性ともいうべき抑圧を指弾する反道徳の立場は、実はそうした指弾によって、あらゆる制限とともに暴力そのものの全面的な消滅を願う道徳自体のもっとも切実な要求をわがものにしている。であればこそブルジョア階級の行った仮借のない自己批判のモチーフは、その自覚を側面から促している唯物論の立場から打ち出されたモチーフと軌を一にしているのである。

59

彼を見初めてからというもの（七八）——女性の性格も、その原型になっている女らしさという理想も、男性中心に作られた社会の産物である。損われていない自然のイメージは、損われた状態においてこそ対照的に喚起されるのだ。男性中心社会は口先では人間尊重を唱えながらも、それ自体の埋め合せ的存在に女性たちを飼育しようとしているのであり、そのためにさまざまの制限を加えるのだが、そこには無慈悲な飼主の正体がいかんなく現われている。女性の性格なるものは支配体制という陽画の写しなのである。ということは、支配体制と同様に出来が悪いということでもある。大体ブルジョア階級の瞞着の体系において自然の名で呼ばれているものは、片輪になった社会の傷痕でしかない。精神分析の基礎的な理論によれば、自分たちの身体の出来具合を女性たちは去勢の結果のように感じていることになるのだが、もしこの理論が正しいとすれば、彼女たちはノイローゼ状態においておぼろげながらに真実を感じ取っているわけだ。月のもののために出血するさいに自分の存在自体を一つの傷のように感ずる女性の方が、その方が相手の男性に都合がいいということで自分を花のように思っている女性よりも、おのれをよく知っているのである。辛うじて目こぼしにあずかり、枠をはめられてしまっているのに、それこそは自然であるかのように言われていることが欺瞞であるだけではない。文明社会において自然の保証と目されているのは、その実体からいって自然にもっとも縁遠いもの、自らに背いて客体になりきるということなのである。本能を頼りにする女らしさなぞというものは、女性たちが強引に——いわば男性のように強引に——むりやり身につけなければならない人為的な性質でしかない、というのは、女らしい女なぞ男の変種でしかないということである。こうした女らしい女性たちが彼女たちの女らしさを意のままに操り、目をきらきらさせたり、気性の烈しいところを見せたり、ともかく必要に応じてその女らしさなるものに物を言わせる様を嫉妬に駆られながら仔細に観察したことのある男性なら、知能に損われていないということで大事にされている無意識的なものの正体がなんであるか、よく知っているはずである。そうした無意識の無垢の純潔さなるものは、自我や検閲や知能の仕業なのであり、だからこそまた、合理的な支配体制を成り立たせている現実原則にいざこざなしにすんなりと適応しているのだ。女性の性《さが》は例外なしに体制順応型なのである。さすがのニーチェも女性問題に関してはいつものしぶとさが見られない。女性について未経験であるために、他の問題ではあんなに徹底して不信の目を向けていたキリスト教文明から女性の本性にまつわるイメージをそのまま受け継いでいるのだが、そのことが結局苦汁に充ちた彼の思想の営みをブルジョア社会に隷属させることになった。女性について語るとき「おんな」を口にするといういかさまを彼は免れなかった。だからこそ「おんな」のところに行くときには鞭を忘れるな、という陰険な忠告も出てくるわけだが、「おんな」という名で呼ばれる女性そのものがすでに鞭の産物なのだ。女性の本性を解放するためには、自分からおんなになりたがる彼女たちの性《さが》をまず矯正しなければならないであろう。女性的特質の礼賛のなかには、そうした特質をもった女性たちみんなにとっての屈辱が含まれているのである。

60

道徳のために一言――ニーチェが古来の偽りを攻撃するために唱えた背徳主義にしても、歴史の判決を免れるものではない。宗教とまぎれもなく宗教の世俗版である哲学が解体するとともに、節制を目的にしたさまざまの禁制は確かな裏づけのある実体性を失った。しかしさしあたり物の生産がまだ未発達であったため、まだみんなに行き渡るほど十分に物がないのだから辛抱しなければならないというお説教にもある程度の根拠があった。経済学そのものを批判するのでないかぎり、節約を原則として遵奉せざるを得ないというのが一般の状況で、それがのちに合理化されていない収奪を弱者の犠牲において行うためにひろく唱えられるようになった。ところでそうした状況の客観的な前提がその後変化した。つい目と鼻の先で物資のあり余っている現状からすれば――社会のしきたりに順応しない人ばかりでなく――節制を強いられた当の市民にしても節約なぞということは余計なお題目のように思わざるを得ないのである。ニーチェの君主道徳のうちに含まれていた、生きるためには摑みどりしなければならないという考えは、十九世紀の牧師のお説教よりも見えすいた嘘になってしまった。ドイツの小市民が金髪獣の正体をあらわにしたことも国民性などで説明のつくことではないのであって、社会的な略奪を事とする金髪の獣性なるものが――物があり余っているという隠れもない事実のために――田舎もの、眩惑された小市民、まさしく君主道徳というものをあみだす上でニーチェが目の敵にしていた「人生の空籤を引いた連中」の態度となったことから来ているのである。今日ツェザーレ・ボルジア（七九）が世に出るなら、ダーフィト・フリートリヒ・シュトラウス（八〇）に似た存在となり、アードルフ・ヒトラーを名のっていることであろう。背徳性を説くことは、まさしくそんな必要がなくなったからこそ野蛮な生存闘争を金科玉条にしてむやみと振り回すやから、ニーチェが軽蔑していた進化論者たちのおはこになった。今日における高貴の美徳は、他人に先んじてうまい取り分にありつくことにはないであろう。むしろ取ることにうんざりして、ニーチェにおいては精神化された形でしか出て来ない「贈り与える徳」を現実に実行することにあるだろう。八十年前に生を存分に謳歌することには自由主義下の抑圧にたいして抵抗するという意味があった。しかし現今では禁欲主義の理想が、気違いじみた経済の利潤追求にたいする抵抗という点でもっと大きな意味をもっている。背徳者はいまこそおおっぴらに、背徳主義を唱えたニーチェが現実にそうであったように、エゴイズムを超越し、胸襟を開いた、思いやりのある、親切な態度で他人に接してもよいだろう。それでも抵抗者としての彼の立場は変らない。その証拠に、それ自体のおそるべき倒錯性を規範にたいして思い知らせるために規範に従った世間の面前に悪の仮面をかぶって対していた当時と同じように、あい変らず彼は孤独なのである。

61

控訴審級——ニーチェが『アンチ・クリスト』のなかで行った神学にたいする論難は、同時に形而上学にたいするこの上なく強力な反論となっている。神学や形而上学においては希望が真理と混同されている、絶対者を想定しなければ幸福に生きることができない、いやそもそも生きて行けないからといって、そうした想定が正しいということにはならない、というわけだ。彼は信仰はひとを幸せにするから真実であると説くキリスト教の「効力に基づく証明」が誤っていることを論証する。なぜなら「至福というもの——もっと専門的なことばを使うなら——快感というものが、真理の証明であったためしがあるであろうか？　そんなことはあり得ない、むしろ〈何が真理であるか？〉という問いの決定に快感が物を言っているとすれば、そのことは真理の反証にしかならない、すくなくともその〈真理〉なるものの実体がきわめていかがわしいということにならざるを得ない。〈快感〉に基づく証明は〈快感〉の存在を証明している——それだけのことで、それ以上の意味はない。いったいどんな確たる証拠があって、正しい判断の方が間違った判断よりも大きな満足を与え、予定調和の法則にしたがって必然的に快い感情を伴うというのであろうか？」（『アフォリズム』第五十番）。しかし当のニーチェが運命愛《アモール・ファティ》を唱え、「お前は自らの運命を愛さなければならぬ」と説いた。『偶像のたそがれ』のエピローグでは、それこそは彼自身のもっとも根深い本性であるということが言われている。となれば、自分の身の上を愛し存在しているというだけの理由から現在を肯定することは、期待の内容を真実と見なす以上に根拠のあることであろうかと反問せざるを得まい。曲げることのできない事実 stubborn facts を実在しているというだけの理由で最高の価値に祭り上げることは、希望から真理にいたるのと同じように誤った推論ではあるまいか、と。ニーチェは「固定観念から生まれた至福」に似つかわしい場所は精神病院であると言っているが、同じような理屈で運命愛の出所を牢獄に求めることも可能であろう。囚人はその視野のなかに他に愛情の対象を見出せぬために、ついにはコンクリートの壁や鉄格子の窓を愛するようになるのである。いずれの場合も似たような汚辱にまみれた適応が働いているのであり、この意味での適応は、おそろしいこの世をどうにか切り抜けるため、あだな望みに現実性があるように思ったり、理不尽な強制に意味を見出したりすることなのだ。あきらめて強大な支配体制の前に膝を屈するという点では、この上ない不条理を礼賛する運命の立場も、不合理なるがゆえに信ずる立場 credo quia absurdum とすこしも変らない。それになんといっても現実を否定しながらその桎梏を脱け出る希望は、真理の顕現する唯一の形態である。希望がなければ真理の理念というものも考えられぬであろうし、だいたいその劣悪さを認めた現存在をともかく認識し得たというだけの理由で真理と称することは、根本的におかしいのである。むしろこうした点に――その逆の場合ではなく――神学の犯した過ちがあるのであり、ニーチェはその過ちを告発しながら最終審まで持ち込むことができなかったのだ。彼の批判の威力がいかんなく発揮された箇所の一つにキリスト教の神話性を咎めた次のようなくだりがある、「罪の生贄、それも、罪深い人びとの罪業のために罪のない人を生贄にするという、この上なく厭わしい、この上なく野蛮な形態におけるそれ！　なんというむごたらしい邪宗であろう！」

（「アフォリズム」第四十一番）。しかし運命への愛とは、こうした生贄が果てしなく続出する事態を無条件に是認することに外ならない。神話に加えたニーチェの批判を真理から遠ざけているものも神話なのである。

62

論述を手短に切りつめること――『エピクロスの園』がその例であるが、さまざまな考察を綴ったアナトール・フランスの書物の一つを読み返すと、寛い心で啓発されることに感謝しつつも、ある種の不快感を押さえることができない。そうした不快感は――合理主義の伝統に背を向けたフランスの非合理主義者たちはしきりにその点を強調するのだが――この作家の時代的な古さというようなことで説明し果《おお》せることではないし、彼の個人的な虚栄心などで説明のつくことでもない。もっともどんな精神的人間の場合でも、自己を表現する段になると虚栄心めいたものがどうしてもちらつく、そうしてそこをそねみ心をもった連中につけこまれることになりがちである、という事情などを考え合わせると、いま言った不快感の原因もそれにつれて明らかになってくる。不快の種は、じっくり時間をかける観想者の態度、人差指のジェスチャーを交えながらひとに説法する――たしかにその現われは屈折しているし、相手への思いやりにも欠けていないが――説教者の態度にある。せっかく批判的な思想内容の方も、国家の柱石をもって自認する大学教授たちの先例でおなじみの縷々自説を開陳するといった身振りのために帳消しになっているのであり、わざとヴォルテールの顰《ひそ》みに倣《なら》って自著の扉にフランス学士院の会員である身分を明記しているようなことにしても、御当人はアイロニーでしゃれているつもりかもしれないが、そのアイロニーが彼自身にはね返ってくるのである。人道主義を謳歌しつつも、その語り口にはどこか押しつけがましい強引なところがあるのであり、みんながかしこまってお説を拝聴する大家だからこそこんな口も利けるのである。傍若無人は大学教授の講義の口調やみんなに読んで聞かせる朗読にさえついて廻るものだが、たっぷり時間をかけてこの上なく不愉快な事柄を問題にする明晰な綜合文の仕組みのなかになにかそうした調子のものが入り込んでいる。人間の尊厳の最後の弁護士ともいうべきこの作家の心中には人間蔑視の念がひそんでいるのであり、ここは自分の独壇場で他のだれにも口出しさせないというような調子で平然と陳腐なことを口にするのはその紛れもないしるしである。「芸術家は人生を愛し、人生が美しいということをわたしたちに示さなければならぬ。もし芸術家がいなければ、わたしたちはそのことに確信がもてないのである」。ところで古めかしい文体で綴られたアナトール・フランスの省察において著しい以上のような点は、隠微な形にもせよ、当面の直接的な目的への奉仕を免れた、その限りにおいて特権的なあらゆる考察に当てはまることである。直接性のせわしなさがまやかしに通ずることは言うまでもないが、余裕派の悠長もまやかしを免れないのだ。その内容からすれば、どんどん水位の高まる恐怖の高潮に抵抗するのが思想というものである。しかし歴史意識の触角となって働く神経は、その思想の形態に、もっと言えば思想が臆面もなく思想面《づら》をしている事実そのものに、現実世界との合意のしるしを感じ取るのである。現実世界を哲学の対象とするためにはそこから身を引かなければならない。しかし身を引いた途端にその有り様《よう》を多少とも承認したことになるのだ。大体ものを考えるためには一切に超越していなければならない。しかし超然たる態度のうちには、そうした立場に置かれた自分の特権を鼻にかけているようなふしも出てくるものである。こうした点にたいする反感がおいおい理論のもっとも重大な障碍となってきた。そうした反感のままに行動するとなれば沈黙せざるを得ないであろうし、そんなことに左右されないとすれば、身に体した文化を過信するあまり、俗臭ふんぷんたる野暮天になりかねない。一般に話というものを、仕事に関係したそれ、まったく儀礼的なそれ、という風に分けてしまうのはまったく嫌味なやり方であるけれども、自分の考えを述べればどうしても傲慢になり、相手の時間を侵犯することになりかねない実情をそれなりに感じ取った割り切り方なのである。すくなくともある程度の堅実性をもった叙述を目指すのなら、以上のような経験を絶対に見失わぬこと、そして、テンポや、簡潔さや、密度や、また反面では無碍の自在さなどに、それを反映させることがなにより肝要である。

63

不死の死――フローベールは、自分はそれに生涯を賭けているが、実は名声というものを軽蔑している、と語ったと伝えられている。しかし彼はそうした矛盾を自覚している場合も、ブルジョアの旦那として『ボヴァリ夫人』を執筆したときと同じように結構な御身分だった。彼は腐敗した世論に愛想をつかし、新聞にたいしてのちのカール・クラウスと同じような態度で反応しているが、その代り後世を当てにできると思っていた。つまり、いずれはブルジョア階級も無知の禁縛《いましめ》から解放され、その無知蒙昧ぶりを正当に批判していた人間を尊敬するようになるだろう、と考えていた。しかし彼は無知蒙昧というものを過小評価していた。彼が代表している社会は、それ自体の実体を自らあからさまに告げることはできないものなのであり、それが全体性の社会に発展するに及んで――知能と同様に――無知の方の度も進んで一種完璧なものとなるにいたった。こうした事態は知識人の活力の中枢を蝕まずにはおかない。すでに後世に俟つことさえ許されぬような状態に彼は置かれているのであって、後世に望みをつなげば、過去の偉人たちの心境にあやかるというような形におけるそれにもせよ、順応主義の誹りを免れないのである。しかしそうした希望を断念すると、今度は目先の利かない頑迷さのようなものが彼の書くものに入り込み、一種のシニスムからいつなんどき敵方の軍門に陥るとも知れぬような気配がちらつき始めるのだ。市場社会における客観的な過程の結果である名声には、偶然の要素が含まれ、いかさまの産物であることが珍しくなかった、しかしそれなりに公正さや自由な選択の名残りもそこに認められたわけだが、そうした意味での名声は地を払った。名声は今日ではもっぱら金を貰って仕事をする宣伝機関の役目になり、当人や黒幕の利益団体が効果を当て込んで投下する投資額で量られるものとなっている。ドーミエ(八二)の目には一種の片輪者のように映じていたさくらが文化体制の公式の代理人の地位に収まり、世間体の悪い商売ではなくなった。有名になりたい著作家が自分のエージェントについて話す口ぶりはおよそ忌憚のないもので、むかしの著作家が出版者――その出版者にしてからすでに宣伝のためにある程度の金を使っていたわけだが――について語ったのとまったく同じような調子である。著作家は自分の知名度と、ということはある程度は後世の評判の方も――なぜなら、こんな風に徹底的に組織された社会において、前もって知名でないものに後世の記憶によみがえるチャンスがあろうとは思われぬからだが――自分で演出し、かつては教会であがなった不死の切符をトラストの従僕たちから買い取るのだ。しかしそんなことをしても御利益《ごりやく》はない。無理に記憶に詰め込んだことはえてしてきれいさっぱり忘れてしまうようなもので、計画的に操作された評判や思い出は無に帰するのが落ちであり、有名人たちの熱病を病んだような動きにはすでにその予感めいたものが見て取れるのである。名士たちの心境はお義理にも明るいとは言えない。銘柄品の一種と化した彼らは自身にとってもうとましい理解しがたい存在であり、死者同然に自分自身の活人画になっているのだ。彼らは僭越にも一身の栄光を思い患うことで、本来なら事柄にふりむけなければならない、そしてそれだけがあとあとまで残るものを作り出すかもしれないエネルギーをいたずらに浪費している。文化産業の花形たちはいったんその座をすべり落ちるとたちまち非人間的な無関心と侮蔑の的になるのだが、そうした事の成り行きに彼らの名声なるものの正体が現われている。もっともだからといって名声など歯牙にもかけない連中の方が後世に残る可能性が大きいというわけでもない。こうした形で知識人は自分を動かす内密の動機のはかなさを思い知らされ、しかもそれにたいしてこうした認識をも包まずに述べるという以外にどうすることもできないのである。

64

モラルと文体——正確を期して事柄に叶った表現に良心的に苦心すればするほど書き上げたものは難解と見なされるのに、ぞんざいで投げやりな書き方をするとある程度理解してもらえるというのは、著作家ならだれしも経験することだろう。自制して専門の術語に類するものを避けたり、いまでは自明の教養として読者に期待できない事柄をそれとなく引き合いに出すようなことを慎んでもなんにもならない。むしろ言語構成の厳密さと純正さは、極度に簡明である場合さえ一つの真空状態を作り出す。反対にありきたりの文体の流れに沿ったぞんざいな書きっぷりは、気心の通じ合う仲間うちの証左と見なされる。他人の要望を心得ているから、自分の要求にも心得がある、というわけだ。表現のさい心がけなければならないのは伝達ということで、事柄の方に注意を払うのはいかがわしいとされ、所定の図式の引き写しでない独自の内容は、他人への配慮を欠いた偏屈のしるし、悪くすると精神錯乱の症候と見られかねない。明晰であることをたいそう鼻にかけている当今の論理学は、無邪気にもこうした倒錯を日常語のカテゴリーにおいて受け容れている。曖昧な言い回しは、それを聞き取る者が、自分にぐあいのいいことや、かねがね考えていることを漠然と心に描くのに都合がいい。それに反して、厳密な言い回しの強要する曖昧の余地のない理解や概念的思考の辛酸は、人びとが意識的に自分たちの習慣から遠ざけていることである。また内容がどうこういう以前に通常の判断を停止し、ひいては周囲から孤立することを要求するのだが、人びとははげしくそれに抵抗するのである。理解の努力を要しないことだけが彼らには理解できることなのであり、コマーシャルの作り出した、本当は疎外されたことばだけが彼らの耳には親しみがあるように感じられるのである。こうした状況ほど知識人のモラルを低下させることも少ない。それを免れるためには、何より伝達方法に留意するように促す忠告が伝達内容にたいする裏切りであることを見破らなければならない。

65

腹ぺこ——文章語を貶めるために労働者の訛りをもちあげるのは反動的なやり方である。余暇、それに思い上った高慢な気風でさえ、上流階級のことば遣いに自主性やたしなみの趣を与えてきた。もっともそのために、それが行われている社会的な範囲とこのことばは対立を来たすことになった。このことばの指示するところに従わない上流階級の人びとは、逆にそれを命令のために濫用するのだが、そのためにことばの方でも彼らに逆らい、彼らの利益に奉仕することを拒否するのだ。ところで被抑圧階級のことばに影を落しているのは支配体制そのものであり、不具化していない自主的なことばが恨みがましくなく正々堂々とそれを口にできるほど自由な人びとのすべてに約束している公正さというものを、彼らから奪っているのである。プロレタリアのことばは飢《うえ》の口授したことばである。貧乏人の話っぷりはすき腹を一杯にするためにことばをじっくりかみしめるといった風がある。社会の与えてくれない栄養の糧を言語の客観的(八二)精神が与えてくれることを期待しているのだ。だからほおばるもののない口で大口を叩く。そしてこういう形で言語に仕返しをしているのであり、愛することを許されていない言語の肉体に凌辱を加え、無力の強さでもって自分自身に加えられた屈辱を反復するのだ。ベルリン北部の訛りやロンドンの下町訛りに見られる一番の美点は打てば響くような頓智の才であるが、そうした才智の閃きでさえ、絶望せずに絶望的な状況を切り抜けるために当面の敵とともに自分自身を笑いのめし、結局、世の成り行きを是認するような嫌いがある。文章語にはたしかに階級間の隔たりを成文化したようなところがある。しかしその隔たりは口語に後戻りすることで縮まるものではなく、厳密きわまりない言語表現の客観性を一貫して追求することによってしか解消しない。文語を内面的に止揚した語り口だけが、人間性の発露であるかのように装っている偽りから人間のことばを解放することができるのである。

66

ごたまぜ――寛容の立場に立つ人は人間や人種の間に差別はないということをよく口にするが、この論法はブーメランのようなものである。それは日頃の見聞によってでもなく反駁されかねないのであり、ユダヤ人がまとまった一つの人種でないことを立証する動かしがたい人類学上の証拠でさえ、いざユダヤ人を迫害するということになれば、自分たちが殺そうと思っている相手と殺す必要のない相手の区別を全体主義者たちが実によく承知しているという事実を根本的に変えるものではない。それにたいして人間の顔をもっているものはすべて平等であるということを、事実と見なす代りに一つの理想として打ち出したところで、それでどうなるというものでもない。そうした抽象的なユートピアは、その実、社会のもっとも陰険な傾向とほどよく両立するものなのである。まさしく万人が似たり寄ったりであることこそ、社会にとってはお誂え向きなのだ。個人間に事実上もしくは想像上の差異のあることを社会としては汚辱と見なさざるを得ない。なぜならそうした差異は、事態がまだそこまで進展していない、まだ何かが機構の枠の外に野放しにされていて、完全に全体性から規定されるところまで行っていないという証拠にほかならないからだ。強制収容所の手管は、せんじつめれば、囚人を看守のような存在と化し、殺害された人間を殺人者にすることを目指している。人種の差別をいやが上にも強調して絶対視するわけだが、その目的は何かといえば、千差万別のものがこの世から姿を消すという形にもせよ、そうした差別をきれいさっぱりとなくしてしまうことにあるのだ。ところで解放された社会とは、一色に統一された統制国家などではなく、種々異なるものの間の和解という形で普遍的なものが実現した社会であるはずである。したがって社会解放と真剣に取り組む政治は、人間の抽象的な平等ということを理念としてすら唱導すべきではないであろう。そうした政治は、その代り、同一グループが映画産業と軍需産業に関係しているというような面に現われた現代の悪しき無差別性を指摘し、他面では、なんの不安もなしに他と異なっていられるような状態をこそ望ましい状態として思い描くべきであろう。実情はそうではないのに、白人と少しも違わないことを黒人に保証してやるなどというのは、表向きはどうであれ、黒人にたいする相も変らぬ不当な仕打ちであるというべきだ。つまりこの場合、体制の重圧にひしがれた黒人としてはどうしてもその水準に達することができない、しかもその水準に達することがその努力に値するかはなはだ疑わしいような尺度で彼を測っているわけで、友人面をしながらも相手を辱しめる仕業なのである。現に一元的な寛容の唱導者たちには、適応しない集団にたいしてつねづね不寛容な態度で望む傾向が見られる。つまり、ばかに黒人に熱を上げることと、礼儀知らずのユダヤ人に憤慨することとが彼らにおいては見事に両立しているのである。人種のるつぼ melting pot は野放し状態の産業資本主義の作り出した仕かけであった。そのなかに落ち込む場面を想像すると、デモクラシーよりは拷問死の連想が心にうかぶのである。

67

無法なしっぺ返し――ドイツ人たちのやったことは理解を絶している。とりわけ心理的に理解できないと言っていいのだが、それというのもあれだけの残虐行為が、自発的な満足を得るためよりも、計画一点ばりの、疎外された、おそるべき行政措置の形で行われたというのが事の真相であるらしいからだ。目撃者の報告によれば、拷問するにしても、殺害するにしても、それによって彼らが快感を覚えている様子はなかった。まただからこそあれだけ度外れなことをやってのけられたのであろう。もっともそうはいっても、言語に絶した事態に押し流されまいとする意識は、理解しがたいことを理解する試みに何度となく立ち戻って来ざるを得ない。でなければ客観的に支配している狂気に自らも染まりかねないからだ。そんな場合にどうしても頭からふり払うことができないのは、ドイツで起きたおそろしい事態は復讐の先取りのようなものではあるまいかという考えである。何事につけても、ということは世界征服でさえ前貸してくれる信用制度は、この制度を含めた市場経済の全体を終らせる行動をも律しているのであり、それが独裁制の自殺する日まで続く。言ってみれば強制収容所とガス室においてドイツの没落が割り引《ディスカウント》きされるのだ。一九三三年のベルリンでナチスが政権を奪取した当座の数カ月を観察した人は、太鼓を打ち鳴らしたり松《たい》明《まつ》行列を繰り出したりする押しつけがましい祝賀気分の中に半ばそれと知りつつ不吉な未来に身を委ねる、お通夜のようにしめっぽい気配が忍び込んでいるのを見逃さなかった。あのころドイツ人たちは「国民よ、銃を取れ」という歌をよくうたったものだが、ウンター・デン・リンデン（八三）の界隈ではその歌がなんと陰気くさく響いたことであろう。毎日のお題目のように繰り返される祖国の救済は最初の瞬間から破局の様相を帯びていたのであり、勝利を祝うにぎやかな街頭行進がその予感をかき消している間に、強制収容所では破局の予行が行われていたのであった。こうした予感はべつだん集合的無意識というようなもので——もちろんそれが物を言っていることははっきり耳に聞き取れるほどであると言っていいのだが——説明するまでもないことである。列強が張り合う帝国主義の争いにおけるドイツの立場は、自由に使える原料の量から言っても、潜在的な工業力の大きさから言っても、平時と戦時の別なく絶望的なものであった。それを認識できないほどみんな馬鹿だったとも言えるし、それを認識できないような馬鹿は本当は一人もいなかったとも言えるのである。競争の決勝戦に一か八かで乗り出すことは破滅の淵に飛び込むようなものだった。だからそうすれば自分たちはその運命を免れるだろうと思って、ドイツ人たちはまず他国民をその淵に突き落したのである。尖鋭な恐怖政治と、機先を制することによって、総生産高におけるハンディキャップを取り返そうとするナチスの企てが成功する見込みは微々たるものであった。当のドイツ人たちよりもむしろ他の国民の方がそれを信じていたと言っていいくらいで、ドイツ人たちの心はパリ占領によってさえ浮き立たなかったのである。彼らは全ヨーロッパを手中に収めたときでさえ、どうころんでももともと無一物の人間にしか見られぬような狂暴ぶりを発揮したのであった。ドイツ帝国主義の発端にはワーグナーの『神々のたそがれ』のような作品が作られている。自己の没落を熱狂的に予言するこのドラマの作曲にワーグナーが取りかかったのは、ドイツ側の勝利に終った普仏戦争と同時期だったのである。似たような意味で、レークファーストにおけるツェペリン号の最後を写した映画をドイツ人たちが観たのは第二次大戦の始まる二年前のことであった。それまで所定の航路を悠々と飛んでいた飛行船がとつぜん真逆さまに墜落してしまった。人間の破壊衝動にとっては相手が他人であろうが自分自身であろうがもともとはっきりした区別はないのであって、他にどうしようもない場合にはその点の見境が全くなくなってしまうのである。

68

人びとがお前をじっと見ている——現実に行われた残虐行為を新聞などで読んで普通の読者の覚える憤慨は、被害者が彼に似ていなければいないほど、つまりブリュネットがかっていて、「不潔で」、肌の浅黒いディゴー(八四)じみていればいるほど、小さくなっていく。この事実は、そうした傍観者の態度だけでなく、残虐行為そのものの実体をも明らかにしている。社会的に図式化された反ユダヤ主義者たちの知覚の有り様《よう》からすれば、ユダヤ人たちはそもそも人間として見られていないのではないかと思われる。未開人や黒人や日本人はけだものじみている、猿そっくりだ、などというのはしょっちゅう耳にする言い草だが、そうした言い草にユダヤ人迫害の謎を解く手がかりが含まれているのだ。迫害の可能性が決定的になるのは、致命傷を受けた動物の目がじっと人間を見る、その瞬間である。そんなときその視線をはね返す——「たかが動物じゃないか」——依怙地な態度が人間を相手にした残虐行為においてもとめどなく繰り返されるのであり、そうした行為に従事する連中は、手を下す度ごとに「たかが動物」を念仏のように心のなかで唱えなければならないのである。それというのも、動物についても彼らはそれを全面的に信じていたわけではないからだ。抑圧的な社会においては人間の概念自体が同形説(八五)のパロディーである。権力者たちが自分自身を鏡に映したような存在だけを人間として認めるのは、「病的投射」の機制に属することで、人間性をまさしく十人十色のものとしてとらえる能力を彼らは失っているのである。となると殺害は、こうして狂気のために狂いを生じた知覚を、それに輪をかけたような気違い沙汰をやってのけることで道理に叶っているように見せかける試み、ということになるだろう。つまり、人間として見ていなかったけれどもやっぱり人間にはちがいない存在を、人間らしい動作を見せられて自分の目の狂っていることを証明されるなどということがないように、物体にしてしまうのがこの場合の殺人の意味なのである。

69

細民たち——客観的な歴史の力を否定する向きが今度の戦争の結末を自説を裏づける例証と見なすことは容易である。本来ならドイツ人たちは勝てたはずなのであり、勝てなかったのは指導者たちがばかだったからだ、という論法である。ところでヒトラーの犯した重大な「愚行」というのは、戦争に突入した段階でイギリスと交戦することを拒否したり、ロシアやアメリカに攻撃を加えたことであろうが、それには社会的に仔細な意味があるのであり、その弁証法的な展開の道筋において冷静な判断に基づく一連の措置が不可避的に破局に結びついていったのであった。またかりにそれが愚行であったとしても、それなりに歴史的に把握することが可能であるはずだ。大体愚かさなどというのも天与の素質ではなく、社会的に生み出され、助長されるものだからである。ドイツを支配する党が戦争に飛び込んで行ったのも、彼らが帝国主義的な大国の位置から締め出されていたからであった。そしてまさしくこんな風にのけ者の立場に置かれていたということが、彼らの山出し振りや不手際や見通しの悪さの根本的な原因ともなったわけで、ヒトラーやリッベントロップの政策はそのために国際場裡で他国に太刀打ちすることができず、彼らの始めた戦争も博打《ばくち》同然のものとなったのである。赤軍の兵力や、トーリー党の抱えていた経済の全体的利益とイギリスの特殊利益との間のバランスの問題について彼らがあんなに不正確な情報しかもっておらず、その点において第三帝国のカーテンによって周囲から隔離されていたドイツの大衆と似たり寄ったりであったこと、この事実は国家社会主義の歴史的運命と切り離すことができない、いや、その威力と不可分であるとさえ言えるかもしれない。向う見ずな行動が成功する見込みは、彼らがそれよりもましな手段を知らなかったという点にのみ存したのであり、同時にそのことが彼らの失敗の原因であった。ドイツが産業面で後れているために、まさに「持たざる者」という資格においてその後れを取り戻そうとする政治家たちは彼らの身近な狭い経験だけが頼りであった。それが華やかな政治の現象面に限られていたために、彼らに向って歓声をあげる集会の群衆や、彼らの権幕に怯える交渉相手しか彼らの眼中にはなかったのであり、そのことが他国のより大きな資本力に備わる客観的な力を認識する妨げになった。自由主義社会の死刑執行人をもって任じていたヒトラーが、彼自身の意識の状態からするとあまりに「リベラル」であったために敵方の自由主義の装いのもとに圧倒的な支配力をもった工業力が形成されている事実を認識できなかったのは、言ってみれば獅子身中の虫にヒトラーがしてやられたということである。他のいかなるブルジョアにもまして自由主義の虚妄を見抜いていた彼が、自由主義の背後にひそむ力、彼自身が現実にはその太鼓叩きの役を演じたにすぎない社会の趨勢というものを、その実、完全に見抜いてはいなかったのである。彼がそれを足がかりに手取り早い方法でどうにか建て直そうとした立場、将来を見通せない劣勢な競争者という立場を彼の意識はどうもがいても抜け出せなかったのだ。おそまきに到来したドイツ人の時節がこうした愚かしさのために形無しになったのは一つの必然であった。なぜなら、世界経済に関しても国際情勢についてもごく限られた知識しかもっていない大衆の同類でなければ、そうした大衆を戦争に駆り立て、彼らの無知蒙昧を反省のブレーキのかからない企てに動員するなどという芸当はできなかったであろうからだ。ヒトラーの愚かしさは理性の狡智であった。

70

素人の意見――第三帝国は、自由主義時代によく唱えられた「一定の水準」というしみったれた要求をどうにか充たしたような芸術作品や理論的構築物すら生み出すことができなかった。人本主義の廃絶と精神の所産の保存とは、防空地下室とこうのとりの巣が両立しないように両立しなかったのであり、勇ましいかけ声とともに刷新された文化は、最初の日から最後の日を迎えた都市の瓦礫の山に似ていたのであった。一般の国民はすくなくともこうした文化にたいして消極的な抵抗をしめした。もっとも、活動領域を失った文化創造のエネルギーが、技術、政治、軍事などの分野に吸収されたわけでもなかった。野蛮は掛け値なしに全面的なものであり、それ自身の精神をさえ蹂躙して憚らぬものであった。その一例が兵法である。ファシズムの時代は兵法の全盛時代になるどころか、それを廃棄処分に付したのである。偉大な過去の軍事理論には必ず狡智や想像力などの要素が含まれていた。もっと言えば、個人的な才覚や創意を抜きにしては考えられなかった。そうした軍事理論は生産過程から相対的に独立した部門に属していた。斜に構えた戦闘隊形とか砲兵隊の弾着距離といったような専門上のいろいろな新機軸から決断を下すことが戦略の要諦であった。どことなく自営ブルジョアの独立した企業精神を思わせるようなものが、そこには働いていた。ハンニバルは戦士の出ではなく、もとは商人であったし、ナポレオンも民主的な革命をかいくぐって出て来た人である。用兵のなかに含まれていたブルジョア的な競争の要素が、ファシズムとともに極端化した。ファシズムは兵法の根本理念を絶対視し、殺戮のために組織化された尖鋭な自国と厖大な潜勢力をひめた他の諸国の間に一時的に生じた不均衡を、とことんまで利用し尽した。しかしこうした理念から必然的に導き出される結論として総力戦というものを考え出し、軍隊と産業界を隔てていた垣根を取り払ったファシストたちは、それとともに兵法そのものを清算してしまった。兵法は軍楽隊の楽の音《ね》や戦艦の画のように大時代のものとなった。ヒトラーは恐怖政治の手綱を引きしめることで世界支配を達成しようとしたが、そのさい彼の用いた手段はすでに用兵の名に値しないような代物だったのであり、特定の地点への圧倒的な物量の集中、変哲もない中央突破、突破した前線の背後に取り残された敵軍を型通りに孤立させることでしかなかった。物量一点張りで、実証主義的で、不意打ちなどの見られない、したがってあらゆる局面が「公開」された宣伝の鳴物入りのこうした戦法ではすでに勝味がなかった。比べものにならぬくらい豊富な経済資源を有する連合国側がヒトラーを倒すためには、そうしたドイツの戦術をもっと徹底して行いさえすればよかったのである。無気力で滅入りがちな戦争気分、災いをかえって長引かせることになった国じゅうにみなぎる敗北主義といったものは、兵法の堕落の結果生じたのであった。数学的に計算し尽されたものであるのに、どことなく間の抜けたところがあらゆる作戦行動について廻るのである。レーダーや人工港を使った戦争でありながら、反面では味方が勝ち進むごとに地図の上の占領地に小旗を立てる高校生が頭に描いているような戦いの進め方だったわけで、本来ならどんな人間にも国を統治する能力があってしかるべきであるという思想をポンチ絵にしたような趣がそこにはあった。シュペングラーは西欧の没落によってエンジニアの黄金時代が招来されることを期待していた。しかし西欧の近い将来には技術さえも零落する時代が訪れるかもしれない。

71

Pseudomenos（こじつけ論法）——完全に見えすくようになってからでもイデオロギーには人びとを引きつける強大な力が備わっているものだが、こうしたイデオロギーの牽引力は心理学などで説明のつくことではないのであって、その背後に論理的明証性そのものの崩壊という客観的に規定された事態がひそんでいる。現今では嘘が真らしく響き、真実が絵空事めいた外観を呈するようになったのだ。発言、報道、思想といったものが、ことごとく文化産業の中枢部の鋳型から作り出されている。そうした鋳型の刻印をとどめているものだけが一般にはなじみがあり、そうでないものは始めから信憑性を欠いているというのが実情で、こうした傾向は、世論を作り出す諸機関が八方に触手を拡げて収集した事実や証拠でその産物たる世論を裏付ける力を持っているだけにいっそう拍車をかけられている。だからこれに反対する真理の側は見た目にもっともらしさを欠いているだけでなく、相手方の高度に集中した宣伝機構と張り合うにしてはあまりにも貧しいということにもなってくるのだ。こうしたからくりの全体について教えてくれるのがドイツの極端な例である。ナチスの一党が残虐行為を開始したとき、それによって内外の民衆が恐喝されたばかりでなく、恐怖がとめどなく増大するほどに彼らは真相の暴露を気遣う必要がなくなったのであった。人びとの心のうちには平和に未練があるためにナチスの暴虐を信じたくない気持ちがあった。信じ難い事態を信じないのはそれだけ容易であったわけだが、他面ではそのために人びとが参っていたことも事実であった。人びとは恐怖に戦きながらも、なんとしても針小棒大の話が多すぎるなどと遁辞を弄していた。イギリスの新聞紙上では、強制収容所についてこまごまと報道することは戦時に入ってからも歓迎されなかったという事実があるのだ。文明開化の世界で起る残酷な出来事は必然的に残酷物語という名のお話になってしまう。それというのも、無意識の琴線に触れる一つの核心のようなものが真理の虚妄性にはひそんでいるからである。人びとの無意識がぞっとするような出来事を待望しているというだけではないのだ。他の場合には隠匿されている支配の原理を率直に表明しているファシズムは、実際その分だけ「イデオロギー的」である度合いが少ないのである。民主主義の諸国が何かと言えば楯に取る人道なるものを論破することは、ファシズムにとってはいともたやすいことである。なぜならファシズムの側は、そんなものは人間性の全貌ではなく、その幻でしかない、自分たちはそんなものは男らしくきれいさっぱり捨て去った、と言い切ることができるからである。ところで人びとは文明世界の中で絶望してしまったために、現実の世界の方でいかにそれ自体が邪悪であるかを自認し、それによって彼らの悪意をくすぐりさえするなら、相対的な善などという頼りない代物はいつなんどきでも投げ出す気構えになっている。一方、ファシズムの政敵たちも事あるごとに嘘を方便に用いざるを得なくなっているのであって、さもなければ有害の烙印を押されて抹殺されるというへまなことになりかねない。彼らが同調することを肯じない現体制は同時に彼らをもっとひどい未来から守る隠れ家ともなっているのだが、彼らを現体制から隔てる溝が深ければ深いほど、ファシストたちとしては彼らの虚偽性を槍玉に挙げることが容易になってくる。今では絶対的な虚偽だけが曲りなりに真理を告げる自由を持っている。真理と虚偽の取り違えによって両者の差異を立てることがほとんど不可能になり、単純この上ない認識を把持することすらシシフスの苦役めいた困難を伴うようになってくるのだが、軍事的に敗れ去ったファシズムの原理がこうした形で論理構成のうちに勝ち残っているわけだ。嘘の馬脚はたちまち露見するどころか、その駿足は時代に先駆ているといわねばならない。今日真理の問題はことごとく権力の問題に置き換えられており、権力のためにむざむざ滅ぼされたくないのなら真理自体もこの点を避けて通ることができないと言っていいのだが、過去の独裁の下でのようにそのために真理が弾圧されているというに留まらないのだ。かねがね選言律の廃棄ということには論理学の傭兵どもの甲斐甲斐しい協力が見られるわけだが、真偽の選言律自体、内うらにいたるまでこうした事態に蝕まれているのが現状である。その生死について確証のないヒトラーはこうした形でも生きのびているのである。

72

落穂拾い――才能というのは、ひょっとすると憤怒の首尾よく昇華された姿に外ならないかもしれない。言い換えるなら、手に負えない対象物を破壊する目的のために無際限に増大していたエネルギーを、精神を集中した辛抱強い省察に振り向ける能力、ちょうど幼少のむかし金切声を出すまで玩具を痛めつけなければ気がすまなかったように、しつこく対象の秘密に食いついて離れぬ能力の別名であるかもしれない。

誰しも、外界の事物を没却して物思いに耽る人の面上に、ふだんなら経験の場で発揮される攻撃性があらわれているのを見た覚えがあるのではあるまいか？　何かの制作に従事する人なども、熱中するほどにけだものじみた狂暴性に取りつかれ、「憤ろしく制作に打ち込んでいる」わが身に心付くことがないであろうか？　もっと言えば、囚われの状態から自由になり、囚われていることへの憤怒から脱却するためにも、こうした憤怒が必要なのではあるまいか？　宥和的な要素にしても、破壊的要素の抵抗を経て始めて獲ち取られるものではあるまいか？

今日では大抵の人が刺々《とげ》しく足蹴して憚らない（八六）。

ある種の物には、それを使う人間の身ぶり、ひいては行動様式が書き込まれている。上履――スリッパ――は、始めから手を使わないで足を滑り込ませるように出来ている。それは身を屈める動作への憎悪の形見である。

抑圧的な社会においては自由と破廉恥は結局相互に見境のつかないものになってしまう。このことを証明しているのは十代半ばに達した若者の屈託なげな物腰で、彼らは自分の労働を切り売りしないですむ間は「世間なんざ屁の河童」とうそぶいている。他人を当てにする必要がない、したがって他人など眼中にないことを誇示するために、彼らはズボンのポケットに手を突込んでいる。しかしそのさいこれ見よがしに突き出された肘は、彼らの邪魔になるであろう人間を片端から遠慮会釈なく突き倒す構えを早くも示しているのである。

ドイツ人というのは自分でもそれを信じ込まなければ嘘のつけない人種である。

「そんなことはぜんぜん問題にならない」というきまり文句は二十年代のベルリンで流行《はや》り出したものらしいが、この文句には早くもナチスによる政権奪取の可能性が忍び込んでいる。なぜならその要求がましい調子には、現実の処分権を拠にしていることも間々あるけれども大抵はいけ図々しさだけが身上の個人の意志がとりも直さず客観的必然性の現われであり、その必然性の前ではいかなる抗議も許されない、という意味が込められているからだ。これを突きつめるなら、破産したパートナーが何一つ取り立てるものがなくなった自分の状態をよいことにして、取引上の相手に鐚《びた》一文でも払うわけにはいかないと居直って見せているのだ。三百代言の手練手管が大口を叩きながら英雄的な不屈を気取っているわけで、横領者の言語の定型ともいうべきものがここにある。こうしたはったりが国家社会主義の勝利と没落の両面をひとしく性格づけているのである。

パン工場の存在を考慮に入れるなら、日々のパンを乞い求める主禱文の祈りはたんなるメタファーになってしまった、と同時にその反面ではどぎつい絶望の隈取りを帯びるにいたったと言っていいのだが、イエスの生涯に加えられたどんな啓蒙的な批判よりもこの事実の方がはるかに雄弁にキリスト教の可能性を否定している。

反ユダヤ主義はユダヤ人についての風評である。

外来語は言語におけるユダヤ人である。

身も世もあらぬ悲しみに沈んでいたある夜のこと、わたしは自分が変てこりんな接続法を用いているのにふと気がついた。それはわたしの生まれたフランクフルトで行われている方言であり、それ自体まともな標準語とは言えない動詞の接続法なのであった。わたしはこのなつかしい奇形語を低学年の学童だった頃を境に以後ずっと耳にしたことがなかったし、まして自分で使ったことはなかった。わたしを幼年期の奈落の底までずるずると引きずり込んだ憂鬱な気分が、そのどん底に眠っていた、無力なあこがれを秘めた旧知の音声を呼び覚ましたのだ。そして、わたしという人間を無視した災難のためになめさせられたかつての恥辱が、この言葉によってこだまのように記憶のうちに甦ったのであった。

晦渋と寓意性で悪評の高い『ファウスト』の第二部には、『ヴィルヘルム・テル』にも負《ひけ》を取らぬくらい周知の引用が盛沢山に詰まっている。あるテクストが平明で分りやすいことと、それが後世に残ることとは必ずしも正比例の関係にない。何度でも新たな解釈を必要とするとっつきの悪さの方がかえって権威を生じやすく、そうした権威によって、ある章句なり、ある作品なりが、後世の人に引き継がれるということがあるかもしれない。

どんな芸術作品も割安にやってのけた犯罪である。

「様式」によってたんなる存在との間に厳正この上ない隔たりを設けている古典悲劇は、反面では、群衆の繰り出す行列や、仮面や、人身御供を伴っており、その点ではもっとも忠実に原始人の鬼神信仰の名残りを留めている。

リヒャルト・シュトラウスの『アルプス交響曲』に出てくる日の出の場面がつまらないのは、月並みな反復進行《ゼクヴェンツ》のせいもあるけれども、華麗な効果そのものに問題があるのだ。なぜなら、日の出というのは――この点、高山におけるそれも例外ではない――絢爛豪華なものでも、威風堂々たるものでもない。むしろどんな日の出も、いつかは良いこともあるだろうという一縷の希望と同じように、弱々しい、ためらいがちの気配のうちに生ずるもので、ほかでもない、強大な天体のこうしたつましい佇《たたず》まいのうちにこそ、日の出というものの圧倒的な感動が宿っているのである。

女性と電話で話をするとき、その声を聞けば相手が美人であるかないか判断することができる。のびやかな自信のこもった、そして自分の声に自分で聞き耳を立てているような声音のうちには、これまでに彼女が受けてきたおびただしい賛嘆や欲望のまなざしの照り返しがある。それは優雅《グラチア》という言葉がもともとラテン語として持っていた、感謝と恩寵という二重の意味を響かせている。本来なら目の領分であるものを耳が知覚するわけだが、それというのも同一の美の経験が根底にあるからだ。始めてであるのにその声の主には聞き覚えがある、いわば、出会ったこともないのに古い馴染《なじみ》の声を聞くような。

たとえどんな悪夢であろうと、夢のさなかに目が覚めると、これからいよいよ佳境に入ろうとしていたのにそれを見損ねたような失望を味うものである。しかしお誂え向きに楽しい夢などというものがあり得ないのは――シューベルトの言葉にあるように――音楽に陽気な音楽などないのと似たようなものである。この上なくすばらしい夢でさえ、現実とのずれ、それによって与えられるものがたんなる仮象にすぎないという意識が、一つの汚点のようにこびりついている。だからこそ、とびきりすばらしい夢に限ってどことなく疵物のようなところがあるのだ。こうした経験を比類のない筆致で書きとめたのが、カフカの『アメリカ』の中のオクラホマ野外劇場を描写したくだりである。

所有の対象でなく、わたしたちが身を置いている状態である点、幸福には真理と似たところがある。そもそも幸福とは、母胎の中で安らかに眠っていたそれが原型となるようなすっぽりとわが身を包まれた状態にほかならない。しかしだからこそ、当の本人は自分が幸福であることを知り得ないのである。幸福を見るためにはその状態の外に出なければならないであろうが、それをたとえれば胎児が新生児になるようなものであろう。自分を幸福であると称する人は、それを断言することで嘘をつき、ひいては幸福自体に背《そむ》くことになる。自分は幸福だった、と過去形で語る人だけが幸福に対する節操を貫いているのだ。自覚的人間にふさわしい幸福に対する態度としては感謝があるのみであり、それでこそ幸福の無類の品位も保たれるのである。

長い休暇から帰って来た子供の目には、自分の家が真新しく晴れがましいものに思われる。しかし、子供が家を空けていた間に家の中の模様が変ったわけではなかった。ただふだんなら、家具にしろ、窓にしろ、電燈にしろ、家中の目に触れる限りのものが果さなければならない義務を思い出させずにおかなかったのだが、休暇の間それを忘れていられたために安息日の安らぎが家の中に立ち戻ったのである。九九《くく》のようにそらで覚えている大部屋や小部屋や廊下に囲まれて、ほんの束の間それこそアット・ホームなくつろぎを覚えることにもなるのだが、わが家だからこうした状態が全生涯にわたってめんめんと続くと思ったら大間違いである。これと同じ理屈で、世の中が労働の掟の支配を免れ、わが家に帰ってくる人びとを待っている務めが休暇先での遊び同様に気軽に行えるようになれば、いまの状態がそれほど変らなくてもこの世の全体がたえ間ない祝日気分に充たされることになるだろう。

かつては恋人を飾るために花を手折った。こうして自分の心の丈をあらわすためにひとりの女人に供物を捧げるのは他の女性をないがしろにする行為でもあったわけだが、そうした不正もあえて身に引き受ける心意気がそこにはあって、見た目にも悪くなかった。ところでこうした風習がすたれて以来というもの、花を摘むという行為に何かよこしまなところが目につくようになった。いまでは、すぐに凋んでしまうはかないものを生け捕りにして永久保存するためにのみ、花を摘むのである。しかしこれほど有害無益なことはない。なぜならのちのちの記念のために作られた香りを失った花束は、あとに残るものを保存しようとして、その実それを殺している。束の間の瞬間が生き残るのはささめきにみちた忘却の深みであり、それにいつか光が射し込んでぱっと記憶の中に甦るというのが本来で、瞬間を所有しようとすればかえってそれを失うのが落ちである。子供が母親のいいつけで戸外から集めて来た賑やかな花束も、見えやすいように鏡台の傍《わき》などに置かれるとたちまち六十年前の造花に見紛うようなことになりかねないのだが、こうした方向が行きつくところまで行きついたのが何かと見れば撮りまくる旅先での早撮り写真の流行である。そうした風景写真の中にまるでごみ屑が散らかったように写っている当人たちは、肝心の景色を自分ではぜんぜん見ていない、ただ旅の思い出のためにせかせかと撮りまわるだけなのだが、写真になったものは彼らの記憶の中からはすっぽりと脱落しているのだ。一方、燃える思いを花に託して送ろうとする人は、見るからはかなげな花に思わず知らず手を出すにちがいないのである。

産業時代の後期にさしかかった経済上の基盤と政治の表構えの間にはずれがあるのだが、わたしたちはそのずれのおかげで生存を全うしている。理論的批判の見地からすれば両者の区別は取るに足らない、たとえば世論と称するものの仮象性がいたるところで露呈され、実際に事を決定する場合には経済が優先することが立証されている。しかしおびただしい数に上る個々人にとっては、頼りない薄皮の部分が彼らの全存在の基盤である。それだけが本質的に重要な変革の帰趨がその人たちの思想や行動によって定まる、そういった人びとが、本質的でないもの、仮象、大きな歴史の発展法則に照らして見れば偶然にすぎないことが明らかであるようなものに、その存在を負うているのである。ところでこうした事態は、本質と現象の構成全体になんらかの影響を与えるものではあるまいか？　概念に比べるなら、個人性などというものは、ヘーゲル哲学によって先取りされている通り実際無いも同然のものになってしまった。しかし個人の見地に立つなら（sub specie individuationis）、どうにかこうにか生き続けるという、全くの偶然でしかない、言ってみれば変則的な事態が何より肝心である。この世は恐怖の体系である、しかしだからといってそれを百パーセント体系として考える向きは、あまりにこの世に敬意を払いすぎているというべきである。なぜならこの世を統一している原理は分裂ということであり、この世は普遍と特殊の不和性を徹頭徹尾貫くことにおいてのみ和解を生ずるものだからである。この世の実体 Wesen は Unwesen（無法性）である。一方その仮象の面、それによってこの世が存続している虚偽性の方は、いつでも取って代られるように真理のための場所を確保しているのだ。

偏向――労働運動の堕落を物語っているのは、この運動に従う人びとの公式的な楽天主義である。その楽天性は資本主義社会が鞏固になるにつれてかえって増大して行くようだ。革分けたちは運動の成功は保証付であるなどと思っていなかった。だからまた、彼らの目の黒い間は労働者の団体にむかっていろいろと苦言を呈することを止めなかった。ところが労働者の敵の側が、その立場も、大衆の意識を操作する力も、はるかに強力となった今日、合意を御破算にしてそうした大衆の意識を思い切って変えようとする試みは反動的と見なされるのである。プロレタリア階級は資本主義の進展状況をただ受動的に反映するような傾向をしだいに深めつつあると言っていいのだが、資本主義批判と合わせてそうしたプロレタリア階級を批判したりすると、たちまちあらぬ嫌疑がふりかかってくるのだ。階級間の境界を度外視して否定的要素を含んだ考えを述べることなどもってのほかという次第で、「余は暗い面ばかり見たがる人間は我慢がならない」というヴィルヘルム皇帝の金言が当の皇帝の目の敵にしていた陣営に共鳴者を見出すにいたったわけである。ナチス体制の下で労働者たちに少しも自発的な抵抗の動きが見られないことを指摘すると、すべてはまだ流動的で、判断を下せる段階ではないという答えがはね返って来たものだ。大体、ドイツの空爆犠牲者たちの身になってみるがいい――(そうは言っても、空襲が他国民に向けられていた間は彼らもそれに喝采を送っていたのだが)――被爆の現場に居ないものはえらそうな口を叩くべきではないし、それに当面のさし迫った問題はルーマニアとユーゴスラヴィアの農地改革である、などと切り返されるわけである。さてしかし社会の宿命に現実的な変化の生ずる筋道立った期待が遠のくにつれて、大衆とか、団結とか、党だとか、階級闘争などといった昔ながらのお題目を唱える彼らの口つきは、ますますうやうやしくなって行く。左翼の陣営に属する人びとの間でも、経済学批判の思想がしっかり根を下ろしているわけではないし、彼らの機関紙が馬鹿の一つ覚えのように毎日繰り返している修正主義に対する高飛車なテーゼには、実際にはなんの意味もなく、指令があり次第、明日にも反対のテーゼに差し替えられるような代物でしかない。ところが党の路線に忠実な連中は、そうした現状にはまったく無頓着であるにもかかわらず、理論の脱け殻のような合言葉にほんのちょっとでも敬意を欠いた発言があると、たちまちそれを聞き分ける異常に鋭い耳を具えているのである。こうした掛け声ばかり威勢のいい楽天主義に呼応しているのが、世界にあまねき愛国主義の風潮である。忠誠心のある人間は、どの民族でもいい、とにかくある民族の一員であることを表明しなければならないのだ。しかし民族という教条的な概念においては、人間同士の運命的な連帯と称せられているものが行動の最高の規範として認められているわけで、自然の約束から解放された社会というイデーは暗々のうちにそこでは否定されているのである。

もっとも掛け声－楽天主義でさえ、往時はちがった響きを持っていた、いつまでも待ってはいられないという動機の倒錯した姿である。当時は技術の到達した水準に対する信頼があり、変革はつい目前にあり、すぐにも実現可能であると思われたのだった。いろんな予防処置を講じたり、民衆教育などという迂遠な方策を取らなければならない長期にわたる構想は、運動に従う人びとの奉じている目標を放棄するものと疑われた。その頃の楽天主義には死をも怖れぬ気概があり、自主的な意志のあからさまな表明があった。現在残っているのは、組織の力と大きさを信頼するという形での当時の楽天性の形骸にすぎない。そこには自前の行動への気構えがなく、あまつさえ、たしかに現在では自発的行動は不可能になったが、終局において勝利を収めるのは赤軍である、という有害な信念が瀰漫している有りさまだ。しかもみんなが必ず事態は良くなると異口同音に唱和するように執拗な検閲の目がたえず光っていて、それに同調しない人間は敗北主義の変節者ということになりかねないのである。童話の世界では水底からやって来たヒキガエルは大きな幸福をもたらす使いだった。悪魔が聖霊とまぎらわしい存在であるように、ユートピアの放棄がその実現に酷似している今日、ヒキガエルというのは自分たち自身どん底の方に沈んでいる連中の間での罵り言葉になった。左翼の楽天主義は、不吉なことを口にすればろくなことにならない、すべからく建設的なことに拠を求めるべきであるという悪ずれしたブルジョアの迷信を踏襲している。「あの人はこの世がお気に召さないんだって？　だったら、もっとました世界を自分で探し出すんだな」――これが社会主義リアリズムの日常会話である。

74

マンモス――何年か前に、保存状態のいいディノザウルスがユタ州で見つかったという報道がアメリカの新聞紙上を賑わせたことがあった。記事の中で強調されていたのは、今度見つかったのが同類の仲間のあとに生き残ったものであり、従来知られているのより数百万年ほど新しい世代に属するということだった。この種のニュースは、ネス湖底にひそむ怪物を種にしたたちの悪い冗談の流行やキング・コング映画と同じように、巨大な全体主義国家が集合意識に投げかける影である。人びとはばかでかい怪物たちに慣れることで、無意識のうちにそうした国家のもたらす恐怖への心仕度をしているのである。ばかばかしい怪物趣味の流行と見えるものは、その実、通常の経験の手に負えないものをなんとかして経験に同化しようとする無力な人類の絶望的な試みなのだ。もっとも、現存のものにせよ、数百万年前に死に絶えたものにせよ、その種の原生動物をめぐって働く人びとの想像が今述べたような点だけで説明し尽されるというのではない。最古の動物の存在にかけられた期待のうちには、造物主の手で造られた動物たちに――人間自身のあとに生き残るということではないにしても――人間によって加えられた不当な仕打ちのあとに生き延びてほしい、そしてそれこそ造化の傑作であるようなすぐれた種をあらたに生み出してほしいというひそかな念願がこめられているのである。早い話、動物園はこうした念願から作られた。動物園はノアの方舟を原型にして設計されていると言っていいので、現にその創設とブルジョア階級が大洪水を予期するようになった時期とは一致しているのである。その効用が娯楽や教化にあるというのは見えすいた口実であると言わねばならない。種の全体に襲いかかる危難をせめて一頭なり一対なりだけは免れてほしいという念願の寓意化したものが動物園なのである。だからヨーロッパの大都市に見受けられるあまりに多くの動物を収容したような類のものは、どことなく堕落した感じを伴うのであり、象やキリンはそれぞれ二頭、河馬は一頭もいれば十分であって、その数をこえるとどうも印象がよくないということがあるわけだ。檻を取り払ってその代りに掘割りを設けたハーゲンベック[八七]の行き方もそれほど有難味はないのであって、アララテ[八八]の山によって始めて約束される救いを見かけだけつくろっている点ではむしろ方舟を裏切っていると言うべきである。その設備は目に見える柵を目に見えぬそれに代えることで生き物の自由をより完璧に否定しているのであり、目に見える柵の場合なら、ひろびろした天地へのあこがれの引金の役くらいは果しているのである。この手のものとまともな動物園の関係は、植物園と温室の間のそれに対応している。自然を保存したり移植したりする文明の手ぎわがあざやかになるにつれて、自然支配は苛酷の度を加えて行く。しだいに大きな自然単位を掌中に収め、その範囲の自然を無疵に残して置くようなことまで可能になってきているが、動物を個々に選び出して飼い馴らした往時のやり方にはまだ自然を相手に格闘する人間の辛苦のほどがにじんでいた。檻の中を際限なく行ったり来たりする虎にしても、否定的な形にもせよその物狂わしさのうちに人間性の影のようなものを宿しているのだが、跳び越えられない掘割りの内側を駆け回っている虎にはそうした風情すらないと言っていい。ブレームの動物記の大時代な美点は――豊かな想像力に恵まれた探検家たちによる野生の生態に関する報告が折りおり引用されているにしても、引用はまさに引用でしかないわけで――もっぱら動物園の金網ごしに見られた動物たちの生態を記している点にあった。ところで、一定の空間に野放しにされているより、檻に囲われている方が動物にとって苦痛が大きいことも確かである。だからハーゲンベックは、実際に人間性の進歩の現われであることにもなるわけで、動物たちはどのみち監禁状態を免れないとも考えられる。それは歴史の必然的な帰結である。真正な形態における動物園は十九世紀の植民帝国主義の産物である。動物園はアフリカやアジア奥地の未開地帯が開拓されるようになってから隆盛期を迎えるのだが、それらの地方から送られてくる動物はいわば象徴的な貢物であった。貢物の価値は、エキゾチックなもの、めったに捕獲できないものということを基準に測られた。技術の発達でそうした段階は過去になり、異国情調は地を払った。飼育場で育ったライオンは、ずっと前から生産調整を施されている馬と同じように、温順に飼いならされている。ところがそれによっても至福の千年期は到来しなかった。実際は文化の不合理を物語る壁や囲いで仕切られた場所においてのみ自然は保たれるのであり、諸都市の市中に設けられた動物園の櫓《やぐら》や防壁や稜堡などはその部類に入るのである。自然のために窓を開放する文化の合理性はその窓ごしに自然を完全に吸収同化するものであり、自然との差異を取り払うことで、実は和解の可能性という文化の原理の方も御破算にしてしまうのだ。

75

冷たい宿――その中ほどのところで「わたしは夢などというものとは縁がなくなった」というくだりの出てくる『冬の旅』で、シューベルトの幻滅のロマン主義がことさらに墓地を指して宿屋呼ばわりしている(補注四)のには何かの虫の知らせがあったのかもしれない。幻に見た怠け者天国は死後硬直を起しているのだ。客も主《あるじ》も魔法にかけられており、客の方は先を急いでいる。彼らはできることなら帽子なんぞもかぶったままでいたい。坐り心地の悪い椅子に坐らされた彼らは、小切手へのサインはせかされるし、後詰めの客の道義的な圧力もあって、人を小馬鹿にしたようにカフェなどと称しているその場所を早々に立ち去らざるを得ないように仕向けられているのだ。ところで多勢の使用人を下知する主《あるじ》らしい人間も実は本物の主ではなく、お抱えの身分でしかない。たぶんホテル商売の堕落は古代では一体だった宿屋と女郎屋が分離した時期まで遡るのであり、客引用のウェイトレスや部屋付女中の曰くありげな素ぶりを未練たらしく追いかける客の視線のうちにはそうした兼業時代の遠い追憶がまだ生きているのである。ところで流通面の業種の中ではもっとも歴史の古い水商売の世界から交通 Verkehr（九〇）という単語などにはまだ残っている多義的曖昧さがあますところなく追放されて以来というもの、事態は格段に悪くなった。それぞれもっともらしい理由をつけて矢継早に打ち出される新手の手段が、どれもこれも目的をぶちこわしにするようなものばかりである。分業が進められ、いろんな業務が自動化された結果、客を快適にすごさせるために意を用いる者が一人もいなくなった。客の顔さえ見ればその要望を察知できるなどというのは昔の語り草である。それというのも、現今ではメニューの内容について弁えている給仕などいなくなったし、また仮に特定の品を客にすすめたりすれば、越権のかどで口うるさくあとで非難されることにもなりかねない。係りの者が忙しくて長い間待たされている客があっても、代りに注文を聞くために駆けつけるということもない。刑務所にその完璧な標本を見出すことのできる施設の機能に関する配慮の方が——この点大病院などにも似ているのだが——主体たる人間に対する配慮よりも優先しているわけで、主体はそこでは管理の対象となる客体なのである。がらんどうの寝室の容器でしかないホテルがいわゆる「レストラン」などとは明確に一線を画した存在であることは自明の事実であり、食事や「ルーム・サービス」の時間が制限されていることも同様である。この「ルーム・サービス」という不愉快な代物から逃げ出して駆け込む先は屋台の延長ともいうべきドラッグ・ストアだが、そこの味も素っ気もないカウンターのうしろに陣取って目玉焼やこんがり焼けたベーコンやソフトクリームなどを軽業師めいた早業で捌いてのける店員には、まだしも客もてなしの上手な愛想のよさが残っているのだ。ところがホテルと来た日には、フロント係でさえ、ちょっと勝手のちがう質問を持ちかけると他の窓口に行ってくれという不機嫌な返事が返ってくる、しかもその窓口がたいてい閉まっているという始末である。こうした言い草は何かと言えば昔はよかった式の繰り言に過ぎないという反論もあるだろうが、的を突いているとは言えない。たしかに部屋の中に浴室がないし、朝っぱらから必ずその音でこちらの目をさますセントラル・ヒーティングが引けているわけでもないけれども、プラーハの「青い星」やザルツブルクの「オーストリア館」のような昔流のホテルの方を好もしく思わない人がいるだろうか？　身近な生活面に及ぶほど、生産を偶像視して得られた勝利の代償が大きすぎるのではないか、進歩そのものに問題があるのではないかという疑いが濃くなってくる。ときには進歩自体その行き過ぎがそら恐ろしくなり、いったん計画的に分割した職務を――象徴的な形にもせよ――再び一本化したりする。そうした試みから生まれたのがホステスのような存在で、これは言ってみれば人工的に作られた女将《おかみ》である。彼女は実際には何一つ手を下さない。また細分化されて温か味の通わなくなったあれこれの仕事を一まとめにする具体的な権限を持っているわけでもなく、ちょっとした送り迎えの役をしたり、せいぜい従業員の取締りに当るくらいのものだが、見た目の印象の方も、すらりとした、いやに若作りの、しかしどこか険のある美女といったところである。彼女が目を光らせているために入って来た客は自分で自分の座席を選ぶことすらできない。そうさせないところに彼女の本来の役目があるわけで、所定のテーブルにつかされた客はなすがままにされるほかないのである。彼女の優雅な物腰は、いつなんどきでも客をつまみ出せる居丈高な威厳を裏返しにしたものでしかない。

76

祝宴――今日進歩と退行がいかに分ち難く交錯しているかは、技術上のさまざまな可能性に関する考え方を見れば分る。機械的な再生産の方法は再生産される物と無関係に発達し、ひとり立ちした。それらの方法は進歩的と見なされていて、それに関わりを持たないものは、反動的であり、泥臭い、ということになっている。こうした信条は、巨大な設備を錆つかせればたちまち投資の誤算という咎めを受けかねないだけに、いやが上にも煽り立てられる。もっともそうした設備の開発はおおむね自由主義の時代に外装《アウフマッフング》と呼ばれたものに向けられており、もともと設備自体が外面的な関わりしか持たない肝心の物の方をその自重によって圧倒してしまうために、需要がこうした設備に適応するとともに実質的な要求は根絶やしになって行く。そのつど最新の方式に血道を上げるようになれば、伝達内容に無関心になるだけではない。旧態依然たるがらくたや計算ずくのおろかしい代物を進んで迎え入れるようになるのであり、そうした代物は古手の際物《キッチュ》に次々に新しい装いを施して最新の流行に仕立てあげたものでしかないのだ。技術上の進歩に呼応するのは、どんなことがあっても店晒《たなざら》しの品だけは買いたくない、生産された物の意味が何であろうと、ともかく、野放しにされた生産過程の歩みに後れたくないというやみくもな願望である。何によらず、人集《だか》りに加わったり、行列に並んだりする附和雷同性が多少とも理に叶った欲求に取って代るようになる。あまりに現代風のラジカルな作曲に対する一般の敵意には根深いものがあるが、三カ月ほど前の映画に対する敵意にもおさおさそれに劣らぬものがあって、それと全く同工異曲であるにもかかわらず何がなんでも最新の映画に飛びついて行く。大衆社会の消費者たちは物見高い弥次馬根性に富むと同時に、事と場合に応じて切り捨てるすべを知らない。十九世紀の通人には、どんな見世物にせよそのための会食の時間を端折《はしよ》りたくないという野蛮な下心があって、オペラなども一幕だけ観て引き揚げた。ところが会食という恰好の退路を絶たれた当今のバーバリズムは、文化の産物をたらふく食らってなお飽きるということを知らない。どんな番組も最後まで見なければ気がすまない、ベストセラーは片端から読み、新作の映画は封切り早々に直営館で観なければおさまらない、というわけだ。こうして見境もなく消費されるおびただしい文化消費財は害毒を孕んでいる。その中で自分を見失わぬことなど不可能な仕業で、巨大な百貨店の中で途方に暮れた客が案内嬢の姿を探し求めるように、提供された品々で身動きの取れなくなった大衆はひたすら自分たちの導き手を待ち望むことになるのである。

77

競売――無制限な技術は贅沢を締め出す。と言っても、その特権を一般の人権のうちに数え上げることを通じてではなく、全般的な水準の向上にもかかわらず成就の可能性を絶ち切ることによって。丸二日と三夜をかけてアメリカ大陸を横断する急行列車はたしかに一つの驚異である。しかしこの列車の旅にはかつてのブルー・トレインが持ち合わせていたような色褪せた栄光のかけらもない。開け放った窓から手を振りながら見送り人と別れを惜しむ駅頭の情景に始まって、チップを与えた給仕たちの行き届いた世話、食堂車でのセレモニーめいた食事、至れり尽せりの待遇を受けているという感情に終始すっぽりくるまれている快さなど、旅の歓びの種であったものがことごとく消え失せた。それとともに発車前にいつもホームをぶらついていた優雅な人士も見られなくなり、今となっては贅を尽した高級ホテルのロビーにさえその人たちの姿を見出すことはできないのである。現今の鉄道では昇降用のタラップが引込み式になっている。この事実が乗客に示唆しているのは、高い料金を取られる特急の場合でさえ、鉄道会社の強制的な指図に囚人のように従わねばならぬということである。たしかに会社は正確に乗客が支払った金額に見合うだけのサービスを提供する。しかしすべてが、調査の結果、利用者の平均的な要求であることが明らかであるようなものばかりである。こうした条件の下で、むざむざそのことを承知しながら、その昔パリからニースへ旅したように恋人と連れ立って旅行する気になる人がいるだろうか？　ところで鳴物入りで宣伝される規格外の贅沢なるものにしても、任意に高踏的なものをでっち上げる人為的な要素が入り混っているのではないかという疑いがどこまでもついて回るのである。そうした贅沢は、どちらかと言えば——ヴェブレン(九二)の理論が説いているような意味において——羽振りのいい連中が自他に対しておのれの地位《ステータス》を誇示するための具となっているのであり、そうでなくてもいやましに無差別になっていく彼ら自身の需要に応えたものではない。たしかにキャデラックは、シボレーと比べるなら値段が高い分だけ相応の長所をそなえているだろう。しかしキャデラックの卓越性は——この点が古いロールス・ロイスのそれと違うわけだが——それ自体が綜合的な生産計画から生み出されたものであり、この種の計画は、大量生産の基本方式を堅持しながら、その枠組みの中で抜け目なく品質のちがうシリンダやねじや付属品などを車種ごとに振り分けるのである。だから生産工程をちょっとずらしさえすれば、シボレーはたちまちキャデラックに早変りするわけだ。こうして贅沢の空洞化が進行する。それというのも、何もかも代替される時世にあって幸福が寄り添うのは例外なしに代替の利かないものだからである。たとえて見れば御伽噺にあるような美しい服を着ているのは、二万人の女性ではなく、たった一人の女性でなければならない、このことが幸福の不可分の要素であって、人道主義の甲斐甲斐しい努力も型通りの理屈もこれだけはどうしようもないのである。唯一無二であるために支配的な交換関係の圏内に入ってこないものこそ質的なものの名に値するであろうが、こうした質的なもののユートピアが資本主義下にあって逃げ場を見出すのは物神的性格である。しかし贅沢にひそむ幸福の約束はそれ自体が経済的不平等から生じた特権を前提にしており、代替機能の上に成り立つ社会を背景にしている。したがって質的なもの自体、数量化の特殊ケースとなり、代替不可能なものは代替可能なもの、贅沢は快適の別名となり、ついにはからくり Gadget に類したものとなるのだ。こうした循環に巻き込まれれば——かりに反動的な連中の感傷的な慷慨の種である大衆社会特有の画一的な水平化の傾向がなくても——贅沢の原理そのものが消滅せざるを得ないであろう。贅沢の内部組成は、何もかも効用の領分に組み込まれて行く全般的な趨勢の中で無用なものが蒙る運命と深く関わり合っている。無用の遺物は、最高度の質を備えている場合でさえ、今日ではがらくたのような外観を呈している。大金持の邸宅に山と積まれた宝物はよるべなさのあまり博物館に救いを求めている。しかし当の博物館にしても——ヴァレリの知見によれば——彫刻や絵画の存在理由を殺しているのであり、彫刻や絵画はひとえにその母である建築によってしかるべき場所を与えられていたのであった。ところで本来縁もゆかりもない屋敷の内に貯えられた造形美術の類は、私有財産がその間に身につけた存在の有り様《よう》と真向うから矛盾することになる。第一次大戦前に億万長者たちが屋内の飾りつけに使っていた骨董品には、ブルジョアの住まいの理念を夢——悪夢——の域まで飽和させながら、それを破裂させる一歩手前で踏み留まった趣があり、まだしも見所があったと言っていいのだが、そのあとはやり出した支那趣味がどうにかこうにか似合うのは贅沢品の山に埋もれていなければ生きた心地がしないような類の物持ちだけである。新即物主義的な贅沢などというのは愚にもつかぬ代物で、そんなもので食って行けるのは室内装飾家としてハリウッドのおえら方たちに抱えられているにせのロシア皇子くらいのものだろう。他にさきがける趣味が目指している方向を辿って行くと、最後は禁欲に行き着くのである。わたしは子供の頃『アラビアン・ナイト』を読んで、そこに出てくる紅玉《ルビー》や緑玉《エメラルド》にわくわくしながら、物語ではこれらの宝石は交換の手段には使えない宝物ということになっている、だったらそれを持っている倖せは一体どんなところにあるんだろう、と子供心に不審の念を抱いたものだった。この疑念は啓蒙の弁証法の核心にふれている。啓蒙は一面では理に叶っており、他面では理に反している。理に叶っているのは偶像化の弊に目覚めるものだからであり、理に反しているのはそれ自体の目的である幸福に背いているからだ。幸福は規範や意図などに照らして正当化される必要のない場合にのみ現前しているのであり、早く言えば物神崇拝の気《け》のない幸福などないのである。ところで子供心に萌した疑惑は次第にあらゆる贅沢に波及し、いまではどんなに赤裸々な官能の快楽もそれに染まらないですむという保証がなくなった。功利の見地に対して無用なものを擁護する審美眼からすれば、力ずくで功利的意図から切り離された美的なものもまさに暴力を表現しているゆえに反美的なものとなるのであり、贅沢と称されているものが粗野の代名詞となるのである。結局贅沢に残されているのは、晴《はれ》の次元から転落して日常の手垢にまみれるか、それ自体のカリカチュアとなって保存されるか、二つに一つしかないことになる。恐るべき時代相のさなかにあって花を咲かせる美は嘲笑的であり、それ自体においても醜い。にもかかわらず、はかない美の形こそ最悪の事態を回避できるという保証である。この意味でのパラドックスがあらゆる芸術の根底に多少ともひそんでいるのだが、今日では芸術などというものがいまなお存在していること自体がパラドックスなのだ。堅持された美の理念は、幸福を拒否しなおかつ主張するという相反する二つのことを同時に求めているのである。

78

山のあなたに――どんなメールヘンよりも完璧に哀愁を漂わせているのは『白雪姫』である。そのまったき化身は前《さき》の后《きさき》で、后は窓越しに降る雪を眺めながら、生命がないのに生きいきしている雪片のような美しさと黒い窓枠のような悲しみと刺し傷からしたたる鮮血のような赤味を一身にかねそなえた姫が欲しいと心に願い、望が叶って姫が生まれるとともに身罷《まか》った。ところで発端のこうした不吉なトーンはめでたい結末によっていささかも柔らげられていない。后の願の成就が死を意味したように、救いも見かけ《シャイン》でしかないのである。なぜならガラスの棺の中に眠るように横たわっていた姫がその死の眠りから目覚めたなどという話は、誰ひとり心の奥底では信じられないからである。棺を担ぐ王子の召使いたちが蹴躓《けつまず》いた衝撃のあおりで姫の喉から飛び出した毒リンゴのかけらは、ひとを殺《あや》める道具というより、追放のうちにあだに過ごされた姫の生涯の残片に似ているではないか。姫は、彼女を殺めようとして甘言を操る物売り女の誘惑の手が届かなくなったそのときこそ、忌まわしい生涯から癒えたのではなかったか。「姫は王子が気に入ったので、王子と一緒に行きました」、という幸運を叙べた条《くだり》の調子はいかにも弱々しいし、その頼りない幸運にしても邪悪を制する勝利の有り様《よう》が邪悪であるために帳消しになってしまうのだ。こうした訳合いで、救いに期待をかけるとき、その期待の空しいことを告げる声をわたしたちは聞く。しかし——いかに無力であるにもせよ——この種の期待があるからこそ、わたしたちはほっと一息つくことができるのである。こうした意味での悲哀の両面性をさまざまの図柄や萌芽のうちにその度ごとに角度を変えて辛抱強く描き出すこと——冥想と呼ばれているものの本領は結局ここに尽きると言ってよい。仮象《シャイン》の図柄の中から、いつの日か仮象ぬきの救いが現われることを願うのは一つの妄想であるが、真理はこの妄想と不可分に結ばれているのである。

79

Intellectus sacrificium intellectus（知性を犠牲にする知性）——感情の退化は客観性の増大をもたらすから思惟にとってプラスである、あるいは少なくとも思惟とは無関係であると考えるのは、それ自体、愚鈍化が進行していることの現われである。社会における分業は——いかにそれによって一般の要請である能率が向上するにもせよ——人間にはね返って来ずにはいない。交互作用によって発達して来た人間のさまざまの能力は、互いに引き離されればどうしても萎縮してしまうのである。「一人の人間における性《セックス》の強度と性質は彼の精神の最高の頂にまで影響を及ぼす」というニーチェのアフォリズムは、たんなる心理上の事実を超えたものを言い当てているわけだ。思惟の客体化は枝葉末節にいたるまで衝動に養分を仰いでいる。したがって衝動を損う思惟はそれ自体の条件を損っているのである。たとえば記憶にしても、亡びて行くものをなんとかして繋ぎとめようとする愛情の念と切り離すことができないのではあるまいか？どんな想像の働きも、現存するものの要素を——それ自体を裏切ることなく乗りこえながら——転位させようとする願望の所産ではあるまいか？　この上なく単純な知覚でさえ、当の対象に対する不安もしくは欲望によって形成されているのではないか？　たしかに認識の客観的な意味は、世界の客体化が進むにつれて衝動の根からしだいに遠く引き離されてしまった。また対象化する働きが願望に呪縛されている認識など、ものの役に立たぬことも事実であろう。しかしそうした呪縛を振り切る想念の中に揚棄された衝動が脈打っていなければそもそも認識というものは成り立たないのであり、自らの父である願望を殺《あや》める想念は早晩愚昧化の復讐を受けるのが落ちである。記憶はあやふやで当てにならない、合理的でない、ということでタブーになっている。その結果生ずる、そして意識の中から歴史的次元が脱落するという形で完成される知性活動の息の短さは、直ちに綜合的統覚の機能低下をもたらすのであり、カントによればこの統覚は「構想力による再生」——つまり想起——と分ち難く結びついているのである。想像力は今日では無意識の領分に属するものと見なされ、判断力を欠いた幼児期の形見ということで認識の縄張りから締め出されている。しかしあらゆる判断の不可決の源である客体間の関係はひとえに想像力によって打ち建てられるのであり、そうした想像力が排除されれば認識行為の要である判断の方も体よく厄介払いされることになるのだ。ところで欲望の触手である予見など一切認めない制御の機制が働いて知覚が去勢されることになれば、知覚はいやでも既知のものを型通り無力に反復せざるを得なくなる。既知のものしか見てならないということになれば、その結果犠牲になるのは何よりも知力である。生産至上主義が罷り通り、向うべき目標を失ってそれ自身と外部権力の物神崇拝にまで身をおとした理性は道具としてさえそれにつれて退化するのであり、その思考装置を専ら思考を妨げることに用いている理性のテクノクラートに丁度お誂え向きのものとなるのだ。感情の名残りを払拭された場合、思考に残されるのは完璧な同語反復《タウトロギー》だけである。「ある対象を当の対象が眼前になくても脳裡に描き出す」能力を完全に放棄した人たちの申し分のない純粋理性は、完全な無自覚、文字通りの意味での精神薄弱に極まるのが落ちであろう。なぜならカテゴリー抜きの所与という法外にリアリスティックな理想を尺度にするなら、どんな認識も誤っていることになるのであり、正しいのは正しいか誤っているかを問題にすることさえ出来ないような事柄だけということになるのだ。この傾向が多方面に広く滲透していることを示す実例は学問という名の企業体の実地に無数にころがっており、その活動は小間切れにされた無抵抗な世界をその残骸にいたるまで支配下に置くことを目指しているのである。

80

診断——ナチスの一味が箍《たが》のゆるんだワイマール共和国を罵倒するときに体制《システム》呼ばわりしたのは見当違いだったが、とかくするうちに世界が本当に体制と化してしまったことは、もろもろの機関とそこで働く人たちとの間に一種予定調和的な関係が成り立っている事実に照らして明らかである。理不尽に存続する支配権力はさまざまな強制や制約を人間に課すわけだが、そうした強制や制約をすすんで渇望するような種類の人間がいつの間にか育って来ているのである。ところでこの種の人間は、客観的な仕組みの後押しもあって、本来の建前からすれば予定調和的和音に不協和音を対置しなければならないような職能までひっさらってしまった。いろんな諺が今では通用しなくなったと言っていいのだが、その中には「押せば必ず押し返される」も含まれている。圧力が大きくなればそれに対する反撥力の方は消滅してしまうというのが当今の実情で、社会そのものが緊張の致死的な均衡をはかりつつエントロピーに対して先手を打っているように見受けられるのだ。学問という名の企業体は、そこで働いている人間の精神状態の中に正確な対応物を持っている。ここに言うのは地金のままで自発的かつ熱心な自主規制者としての実を挙げられるような人たちのことだが、職場以外では物の分った人間味のある持味を発揮する人の場合でさえ、いざ職業的に考える場合になるとたちまち病的愚鈍の塊りになるのだ。さまざまの思考上の禁制の中に敵側の悪意を感じとるなどというのは思いも寄らぬことであって、しかるべき地位にありつくために待機している彼らにしてみれば――ついでに言えばすべての研究者がこの部類に属する――むしろそれで肩の荷が下りた感じなのである。物を考えるためには個人的な責任を一身に引き受けなければならないが、生産過程の中に組み込まれた自分たちの立場がその責任を果すことを妨げているといったような訳合いで、彼らは物を考えることを断念し、胴震いしたのち、敵の陣営に走ってしまうのである。思考ぎらいから思考能力の喪失まではほんの一跨ぎである。認識をサボタージュする目的のためなら統計上の数値を挙げて巧妙きわまる反論を滔々と述べたてるような連中が、この上なく単純な事柄について権威ヲモッテ ex cathedra 実質的な予見を試みる能力を欠いているのである。彼らは思弁を袋叩きにし、その息の根を止めることで実は健全な良識を殺している。彼らの中の頭のいい連中は自分たちの思考能力が病んでいることにうすうす気づいている。それというのもこれが差し当ってそこらじゅうのありふれた病ではなく、彼らがその働きを切り売りしている器官にだけ現われる病だからである。なかには、不安と羞恥心に戦きつつ自分の欠陥が発《あば》き出されることを期待している向きもある。しかし表向きには当の欠陥が道徳上の手柄としてちやほやされ、彼ら自身にとっては禁欲どころかひめられた弱点の現われでしかないものが、学問上の禁欲として公認されるような環境の中に彼らは置かれているのである。思考に対する彼らの陰湿な敵意も、思考は非科学的である、というような言い方で社会的に合理化されている。しかも彼らの知力は管理体制の締めつけがあるためにいろんな面で最大限に高められたのであった。技術者的研究者たちの集団的な白痴性はただ知的能力が欠如しているとか退化したということではない、むしろ思考力の病的な肥大によるもので、思考力自体が肥大のあまり自力で自身を蚕食した結果にほかならない。若い知識人たちのマゾヒスティックな悪意は彼らの病気が悪性であるところから来ているのである。

81

事の大・小——今日では理論といっても全体の見取り図程度に考えられているのが実情だが、その理論の領域に経済企画の領域から持ち込まれて害悪を流していることの一つに、知的な仕事も管理の対象になり得るという妄信がある。その場合に尺度になるのは研究テーマの必然性もしくは合理性ということであり、緊急度に従って優先順位が定められる。ところが思想は本来目論見通りに運ばぬ要素を含んでいる。だからその要素を奪えば、肝心の必然性が御破算になり、思想自体が任意に他のものと差し替えられる構想の類に成り下るのである。原料の割当てやいろんな型の武器の製造に当って優先順位を決定する戦時経済を思わせるような形で、重要度に応じたヒエラルヒーが理論の策定の中に忍び込んでくる。そのさいとくにアクチュアルなテーマやとくに重要度の高いテーマが優先され、重要でないものは後廻しにされたり、せいぜい基本事実を飾る添え物としてお目こぼしに与ることになるのだ。重要度の高いものという観念は組織上の観点から作り出されたものであり、アクチュアルなものという観念は、その時点において客観的にもっとも優勢な傾向を基準に測られる。すべてを枢要なものと副次的なものに振り分ける図式的な行き方は、内容的にそれに反対している場合でさえ、形式の面において現行の価値体系を是認している。進歩的な哲学の濫觴であるベーコンやデカルトに早くもこの意味での事大主義の兆が見えており、それが行き着くところへ行き着いて隷属的で退行的な面を露呈するにいたったのだ。散歩の途上、一時《いっとき》の間、一心不乱、うさん臭げにもったいらしく特定の場所を嗅ぎ廻り、それからその場所で小用を足し、後足で掻いて砂をかけたのち、まるで何事もなかったようにその場を走り去る——まだ野生だった当時はそのことに生死が関っていたかもしれないが、人間に飼い馴らされてから何千年も経った今では無意味な儀式でしかなくなった犬の行動、重大事と称せられているものにはこうした犬の行動を思わせるところがある。委員会がくそ真面目に問題の緊急度を検討する光景を目の当りにすれば——研究者の一団が周到に選定された期限付きの課題に取り組まされるのはそのあとのことである——そんな連想を働かさずにはいられないのである。重大事と称せられているものにはこうした時代錯誤の鈍感さが多少ともまつわりついており、それを基準に思想を判定することは、思想をがんじがらめにし、自省を放棄することにひとしい。大きなテーマなどというのは犬を立ち止まらせる臭いのようなもので、それがまた新たに臭いを生じさせる原因《もと》になったりするのである。もっとも、だからといって重要度のヒエラルヒーを完全に無視してよいというのではない。その俗物性が体制の俗物性の忠実な反映であるように、そのなかには体制の威力や厳酷さも滲透しているのである。ただ思想としてはいたずらにそれを踏襲するのではなく、追随しながら解消する方向に持って行くべきであろう。この世のすべてを大事と小事に分けるやり方は、従来、極端な社会的不正のような枢要な現象を例外扱いして中和することに役立って来た。だからそのやり方につき従い、その欺瞞性が明るみに出るところまで追いつめなければならない。すべてを客体化するこうした分割法に思想の舵取りをさせるのではなく、逆にそれ自体を思想の客体として対象化しなければならないのである。その場合でも、大きなテーマは出てくるかもしれないが、伝統的な意味での「主題」としてではなく、中心から外れた屈折した相を呈することになるだろう。無反省に大きなものを尊ぶ野蛮な風習は、行政官や数学者と手を結んでいた往時の遺風として哲学に残された。世界史の檜舞台上の出来事というれいれいしい極印のついたものだけが哲学の専売で、その他のものは実証的な諸学の処理に委ねるというわけである。こうした哲学の態度にはヘボ絵描きを思わせるところがあって、ヘボ絵描きというのは、作品の尊卑と作品の獲ち得る名声は描かれた題材の高下で定まることであり、ライプチヒの(九二)戦いを描いた絵は斜めに遠近法を取って描いた机よりも有用であると思い込んでいるような手合いである。概念的な媒体と芸術上の媒体という違いはこの場合問題にならないので、性質《たち》の悪い無邪気さという点では同罪である。たしかに抽象化の過程を通して行われる概念形成には誇大妄想がつきものであるが、行動目標からの隔たり、反省、透明性などを通じて、この過程そのもののうちにその毒に対する解毒剤が貯えられている。早く言えば、理性の自己批判は理性固有のモラルということである。ところが自身を意のままに操る思考が到達した最近の段階に現われているのはその反対の傾向であり、まさしく主体の廃棄ということである。重要度に応じてテーマを扱う理論上の仕事の行き方は、その仕事に従事する当人を無視している。一定数の――しかもその数はだんだん切り詰められていく――専門的な技能さえ身につけていれば、当の研究者が所定の課題と取り組むのに不足はないだろうというような考え方なのである。ところで物を考える主体性というのはまさしく上から他律的に定められた課題の範囲に組み入れられないもののことであり、その範囲内の課題に対してさえ、そこに組み込まれていない程度に応じて対応できるものである。したがって主体の存在は客観的に拘束力を持ったすべての真理の前提である。真理を究明するために主体を犠牲にする客観至上主義は、主体とともに真理と客観性自体を放擲しているのだ。

82

三歩下って――思想が現実に対して距離を置くことはすでに現実そのものが許さないというのが昨今の情勢であるが、その距離をさらに縮めようとするのが実証主義である。しかし萎縮した思想が内包された事実の要約というような仮初《かりそめ》の形に甘んじてしまえば、現実に対する独立とともに現実を洞察する力も失われて行く。生に対する隔たりがあるからこそ思想の生の成り立つ余地もあるのであり、また逆にそれだけが現実の生に的中するということにもなるのだ。思想はたしかに事実に関係し、事実に対する批判を試みながら運動するものであるが、その運動が差異《ディフェレンツ》を保ち続けることによって行われるというのもそれに劣らず確かなことである。外でもない、現実がそれ自身の述べる通りのものでは決してないということを通じて、思想は現実を的確に言い表わすのである。度を過ごしてやりすぎたり、当面の問題をこえて深入りしたり、事実の重味を振り切ったりすることは思想の本質に属すると言っていいが、そうした要素があるからこそ——たんなる存在の再生産に終らないで——厳正かつ自由に存在を規定することも可能となるのである。この点、あらゆる思想が戯れ《シュピール》に類した面を持っていると言っていいわけで、現にニーチェだけでなくヘーゲルも精神の働きを遊びになぞらえたのであった。哲学の野蛮でない面はそうした無責任性の要素に関する暗黙の意識の働きによるのであり、この無責任性を別の言葉で言えば——次々に判断の対象を取り替える変り身の早さが思想の身上であるが——その変り身の早さに伴う無上の愉楽ということになるだろう。こうした放埒ぶりを咎め立て、それを痴愚の仕業と見なすのが実証主義の立場である。その立場に立てば、事実との差異は誤謬の別名でしかないし、遊びの要素は、知性の機能的活動が分秒にいたるまでタイム・レコーダーに基づく報告を求められているような時代における許し難い贅沢ということになるのである。しかし取り除くことのできない現実との隔たりを否認し、手の込んだ数限りない論証で逃げを打ちながら正確さを一枚看板にする思想は、たちまち割りを食うのが落ちである。潜勢的な含み、所与の事実による完全な裏付けを持たない先取りといったものが思想の媒体になっているわけだが、思想がそうした媒体から転落する場合、言い換えるなら、解釈を断念して単純な言説になろうとする場合、その言説の内容はそれこそ本当にまやかしになってしまうのだ。確信のなさや良心の疚しさの息のかかった思想擁護論を反駁することはたやすい、それ自体が認めようとしない、しかしそれのみが思想を思想たらしめている事実との不一致を随所に指摘することができるからである。ただし、特権かなんぞのように現実との隔たりに逃げ場を見出す思想の在り方がそれよりましだということにもならない。その行き方は、事実に基づくそれと概念に基づくそれと二通り真理があることを宣言するようなもので、ひいては真理そのものを解消し、思惟を告発することにもつながるからである。現実との隔たりは、本来安全地帯ではなく、緊張の場である。隔たりは、必ずしも概念的思考の真理に対する請求権が後退するところに現われるのではなく、むしろ思惟そのものの傷つき易さや脆さに現われるのである。実証主義に対してはいたずらに自説の正しさを主張したり、お上品に構えても仕方がない。むしろ、概念と概念を充足するものの間の一致などとうていあり得ないことを認識批判の見地から証明することこそ、それに対する正当な対し方である。名辞の異なる両者を相互に溶解させようとして躍起になるのは、その行手に救済の待ち構えているたゆみない（補注五）努力などとは似て非なるもので、うぶと未経験の証拠でしかない。実証主義が思惟について非難しているようなことは、これまで思惟そのものが意識し、ついで忘却するという繰り返しを幾度となく重ねて来たことであり、またそうした繰り返しがあったからこそ思惟はその名の意味する通りのものとなったのであった。前に述べた思想と現実の間の隔たりにしても、歴史が諸概念のうちに沈澱した結果にほかならない。その隔たりを無視して概念を操るのは、口ではいろいろ悟ったようなことを言っていても、というかまさにそうであるからこそ、子供のすることである。なぜなら思想は対象に完全に到達できないからこそ対象の頭越しに狙いをつけなければならないのであり、本当は到達できるのだけれども良心的な余りにためらっているだけであるなどとうぬぼれている実証主義は、その実、無批判的なのである。自身の不完全性を斟酌している点では、学問上の管理体制に操られた思想より、いま言ったような意味で対象を超越する思想の方がよほど徹底している。外挿法になぞらえられるような行き方をするのは——いかに望みうすであるにもせよ——行きすぎになるくらいありたけの精根を傾けて、どのみち避けられない寸足らずの不十分さにうち勝つためである。哲学には最終的な断を下すような趣があり、その点を不法な絶対主義の廉で非難されたりするわけだが、その絶対主義なるものにしても底無しの相対性に由来している。思弁的形而上学に見られるさまざまの誇張は反省的な悟性の傷跡のようなものであり、証明されないことだけが証明と称されているものの同語反復《タウトロギー》にすぎないことを暴露しているのである。それに反して、相対性を無媒介に保留し、制限を設け、境界の明らかな概念の範囲にとどまる行き方は、まさしくそうした慎重さによって——ヘーゲルのすばらしい知見によれば——それを考察することがそれを踏み越えることに通じている限界の経験を避けているのである。こうしてみると、相対主義者たちこそ正真正銘の——ということは悪質の——絶対主義者ということになってくるのであり、その上、私有物かなんぞのように認識を確保しようとして、そのためにかえってすってんてんの無一物になってしまう一種のブルジョアということになる。自身の影を跳びこえる類の不可能事にはちがいないが、絶対的なものを請求する行き方だけが相対的なものを正当に扱うことになるのだ。この行き方は虚妄の危険をあえて冒しながらも、人間の認識に制約があることを具体的に自覚しつつ真理の間近まで肉迫するのである。

83

副総裁——知識人たちに忠告しておきたい、代理人を立てることは止めたまえ、と。どんな仕事の場合でもそれに携わる人間を任意に取り替えられるということ、そこから引き出された誰でも何でもできるのが本筋であるという信条は、現状ではむしろ束縛になっている。代理が可能であるという平等主義的な理想は、その地位にある人間をいつでもリコールできるような仕組みがあり、その地位にある人間が卒伍の面々 rank and file に対して責任を負うという原則の裏付けがなければ、ペテンにすぎない。自分で手を下す仕事を最小限にとどめ、名前だけ貸して甘い汁を吸うような仕事を最大限に他人に押しつける者こそ、権勢絶大な人間というべきである。見た目には集産主義のようでも、一皮むいたその実態は、自分が手を下すまでもないといううぬぼれ、他人を意のままに動かせる立場にあって自分はまんまと労働を免れる、ということでしかないのだ。もちろん、こと物的生産に関してなら代理交代の原則には客観的な裏づけがある。作業過程の数量化が進むにつれて、総支配人の職務とガソリン・スタンドで働く人の労働の間の差別がしだいに縮まり、事の処理に当るという点ではいずれも似たような性質を示すにいたった。現在の諸条件の下ではトラストの管理職とマノメーターを読む仕事の間にさしたる懸隔はないのであって、前者にはより多くの頭脳、経験、さらに基礎的な教育が必須であるなどというのは取るに足らぬイデオロギーでしかない。ところで物的生産の場では頑なにこのイデオロギーが守られているのに、精神はこれと正反対のイデオロギーに従わされている。後者は学問の共和国における成員各位の平等を謳った中世の大学の理念 universitas literarum のなれの果てともいうべきもので、この共和国では各自が他の成員の監督の任に当るばかりでなく、他の成員になり代ってその仕事を立派にやりこなすだけの能力をそなえていなければならないと考えられているのである。代理交代の原則によって思想は物品が交換によって受けるのと同じような扱いを受けることになる。言い換えるなら、同一規準で量れないものはふるい落されてしまうのである。ところですべてを同じ規準で割り切る交換関係に由来する慣習を批判することは思想の当面の課題であるわけだから、精神の世界における生産関係と化したこの慣習は生産力としての精神と真向うから対立することになるわけだ。代理が利くというのは物的な領域ではすでに実現可能の事態であり、代理が利かないなどというのはその事態を妨げるための口実にすぎない。一方、その本領がこうした取り違え quid pro quo を見破ることにある理論の分野では、研究要員を代謝するという名分が客観的にはその反対が好ましい場合にも適用されているのが実情である。本来なら代替が利かないという原則だけが精神的人間のサラリーマン化を阻止できるのである。研究組織に属するしかるべき資格を備えた成員なら、誰でもどんな精神的作業でもやりこなせるという風でなければならないということがしごく当然の要求であるかのようにまかり通っているが、その結果、この上なく視野の狭い研究技術屋が精神の尺度と見なされるようになるのだ。しかしそうした技術屋に自分自身の技術化を批判する能力など求むべくもないのではあるまいか。以上に見たような形で、経済は悪平等の弊風を生んでいるのだが、当の経済界は盗賊の現場を取り押えるのにも似た居丈高なジェスチャーでこの風潮に憤慨している有りさまである。個性の問題はその根絶化が進む時代にあってあらためて問い直されなければならない問題となっている。個人本位の生産方法がすべてそうであるように、個人そのものも技術の到達した水準から取り残され、歴史的に時代おくれの存在と化しているのが現状であるが、その反面、そういう風に運命づけられた個人の肩に勝利者に抗いつつ真理を担う役目がかかって来ているのである。それというのも、あらゆる技術化の正当性の根拠となっているもの、しかし技術化自体はその自覚を切り捨てているものの名残りを、どんなに歪められた状態においてにせよ今なおとどめているのは個人だけだからである。野放図な進歩が直ちに人類の進歩を意味するものでないことが明らかである以上、その反対の方向に進歩の難を避ける避難所が見出されるということになってくる。思想にとっては鉛筆と消しゴムの方が、大勢の助手よりよほど役に立つということがあるのだ。精神的生産の個人主義に無反省にのめり込むことも、平等主義的に見えてその実人間侮蔑を含んだ代理交替制の集産主義を盲信することも、いずれも潔しとしない者に残された道は、共同責任の下に連帯して自由な共同研究を行うことである。それ以外の道を選んだ精神は商売のしきたりに身を売り渡し、ひいてはその世界の利害に染まるのが落ちである。

84

時間割——仕事と娯楽の二者択一を認めないことほど、知識人にふさわしい生き方とブルジョアの生き方の間に明確な一線を引くことも少ないであろう。現実の要求に応えるために、あとでそのとばっちりが他人にも波及するいろんな良からぬことを先ずその主体が引っかぶらなければいけないなどといったことのない仕事は、そのためにどんな辛酸をなめることがあっても一つの快楽である。その眼目である自由は、ブルジョア社会がリクリエーションについてだけ認めている、しかしそうした規制を設けることで事実上取り消している自由にほかならない。逆に自由を体得している者にとってブルジョア社会の許容している娯楽のすべてが耐え難い代物であり、自分の仕事以外に——もちろんその中にはブルジョアが「文化」という名目で勤務後の時間に取って置くようなことも含まれているわけだが——気晴らしを求めるような気持にはどうしてもなれないのである。働いている間はよく働き、遊んでいる間はよく遊べ Work while you work, play while you play——というモットーは、抑圧的に自己を紀律する原則の一つである。子供がいい成績を家に持って帰らなければ自分たちの面子にかかわると思っていた親たちは、子供が夜ふかしして本を読んだり、親から見て精神的に無理と感じられるようなことに手を出すのをもっとも厳しく禁じたものだった。しかし親たちの愚かしさは、彼らの属する階級の精神の現われにほかならなかった。アリストテレスが唱えて以来人びとの胸に焼きつけられて来た中庸の教えは、一つには、互いに無関係な諸機能に人間を分割するという社会の要請にしかるべき根拠を与え、それらの機能が入りまじってもとの人間を思い出させることがないようにする試みであった。しかしたとえばニーチェのような人が電話係の女性秘書を控えの間に侍らせたオフィスで机に向い、一日の仕事を終えたあとでゴルフに出かけるなどという図は想像することもできないのである。社会の重圧の下、幸福と仕事を巧みに組み合わせる行き方だけが本当の経験のための余地を残していると言っていいのだが、情勢はそうした行き方を許さないような方向にどんどん動いている。いわゆる精神的な職業にしても、普通の生業《なりわい》との差がなくなって持前の醍醐味をすっかりなくしている。原子化は人間関係の間で進行しているだけではない、個々人においても、その生活領域が分断されるという形で進んでいるのである。勤労に充足感は禁物である。さもなければ目的に統合される全体の中でそれが果していている機能的なつましさが失われてしまうからだ。余暇のさなかに思慮が閃めくのも禁物である。さもなければそれが飛び火して勤労の世界に火をつけることにもなりかねないからだ。勤労と娯楽は構造面においてだんだん似通って来ているのに、目に見えない境界線による両者の分離はますます厳重の度を加えて行く。しかし境界線のいずれの側からも愉楽と精神が駆逐されてしまった。いずれの側でも動物じみたくそ真面目とまがいものの活気がはびこっている。

85

検査――利害の追求や計画の実現につとめる人、つまり世間流に言って実際活動《プラクシス》の場に身を置いている人は、接触する相手を自動的に友か敵に選り分けてしまう。相手を見る目にしても自分のもくろみへの適合の度合いを主眼にしているわけで、この連中は使いものになり、他の連中は邪魔者であるという風に始めから相手を客体の位置に貶めている。どんな活動も当面の目的に合わせた座標系がなければやって行けないわけだが、異なる意見はその座標系に照らして、片っ端から、しちめんどうな妨害、サボタージュ、陰謀の類と見なされる。これに反して賛成意見は、どんなに陋劣な利害が動機になっている場合でも活動を推進するものとして重宝がられ、盟友の証として歓迎される。その結果、他人との関係が貧しくならざるを得ない。つまり他人を――自分の意志の機能としてではなく――他人として認める能力、みのり豊かな対立の才能、反対者を包み込むことによって自分自身を超える可能性といった面が退化するわけだ。それに取って代るのが人物を判定する一種の世間知であり、その観点からすれば最善の人間でも比較的ましな災厄のようなもの、逆に極悪人でも最大の悪ではないというようなところに落ち着いてしまうのである。ところであらゆる行政や「人事」の図式と化しているこうした反応様式は、政治的な意志形成によって当人の旗幟が明らかになる前に、すでにそれ自体の傾向からいってファシズムを目指している。ひとの適性を判定する立場に立った者は、どうしてもテクノロジーがかった必要性の観点から相手を眺め、身うちとよそ者、純血種とそうでないもの、共犯者と犠牲者、という風に振り分けることになるのだ。ファシズムの指導者たちは一様にひとをじって見据えて射すくめるような坐った目つきをしているが、求職者の品定めをする経営者の目つきはその原型ともいうべきものであり、腰を下ろすように促しながら相手の顔をくまなく照らし出すその眼光は、使いものになるかならないかの明暗を冷酷無残に見分けてしまうのである。その傾向が極まると、徴用か収容所送りのいずれかを決定する身体検査ということになるわけである。「わたしに賛成しない者はわたしの反対者と見なす」という新約聖書の条《くだ》りは、遠い昔に反ユダヤ主義の心情を吐露したことばであった。おのれと一体化しない人間をそれだけの理由で片端から敵方の陣営に追いやるのは、前々から支配権力の常套手段である。カトリシズムがもともとギリシャ語であり、それに相当するラテン語がナチスの一党によって現実化された全体性《トタリテート》を意味しているというのも理由のないことではないのだ。全体主義とは、思想上の「偏向」であれ、人種が異なるということであれ、とにかく毛色の違ったものを敵と同一視することである。国家社会主義はこの点においてもそれ自体の歴史的意識を手中にしているのであって、現にカール・シュミット(九三)は政治的なものの本質をあからさまに友・敵のカテゴリーによって定義したのであった。こうした意識は、進んでいるように見えて、その実、好きなものとこわいものという二通りの反応しか知らない幼児の段階に後退している。人間関係を先験的に友・敵の関係に還元するやり方は、新しい人間学の根源的現象の一つとなっている。黒白いずれかを選び取るのではなく、所定の選択の圏外に出るのが本当の自由というものだろう。

86

ハンス坊や――知識人、わけても哲学的傾向を持った知識人は、物質生活の実地から遮断されている。それも無理からぬ話で、そうした実地がいやでいやでたまらないからこそ精神的な事柄と称されているものに携わる今の道に入ったのであった。しかし物質生活は彼自身の生存の前提であるばかりでなく、彼の仕事が結局その批判を目指している現実世界の土台でもあるわけだ。彼がそうした基盤について無知であるなら、彼の狙いも空振りに終る外はない。したがってその方面の知識を仕入れるか、いとわしい現実にそっぽを向くか、二つに一つの選択の前に彼は立たされる。情報に通ずることは、自分の個性を殺し、自分の衝動に反して物を考えることであり、おまけに悪くすると関り合っている対象と同じ水準まで品位を貶すことにもなりかねない。なぜなら経済においては面白半分などということは適用しないのであり、それを一通り理解しようとする場合でも、「経済的に考え」ざるを得なくなるからである。ところでそうした関り合いを避けるなら、もともと抽象的な交換条件という経済上の現実を拠に形づくられた精神を絶対者として実体化することになるわけで、本来ならこうした制約を自覚するところにのみ精神が精神となる道が通じているのである。精神的人間のかかり易い誘惑は、独善的に事物の反射を事物そのものとすりかえてしまうことである。これに世間一般の文化活動のなかで精神の所産に割り当てられているたあいないまやかしの重要性が加わって、認識の目をなまぐさい経済の現実から遮る塀が出来上る。精神を糧にする商売は、精神が商売の実地から孤立しているために安直なイデオロギーに染まり勝ちである。知識人の行動様式はこの上なく微妙な反応の末端にいたるまでこのジレンマにつきまとわれている。多少とも身の潔白を保つ者だけが、世間に抵抗する上で必要な、憎悪と、気力と、自由と、機敏さを備えている。しかし身の潔白を妄信するあまり——なぜなら彼の生活は「第三者」としてのそれである——自身をその局外に置いたはずの世間が彼の思想の内うらで勝ち誇るという結果を招く。逆に世間の仕組みを知りすぎた者はそのためにかえってその認識をなおざりにしてしまう。こうしたタイプは異議を唱えたり差異を守り通したりする能力を失い、もう一つのタイプに文化を物神崇拝する危険があるのに対して、野蛮に後戻りする危険がある。知識人自身下劣な社会の受益者でありながら、効用から解放された社会の成否は将来とも社会的効用を伴わない彼らの仕事にかかっているという矛盾——これはいっぺん取り上げておけばあとは取るに足らない問題というようなものではない。知識人の手がける仕事の質はたえまなくこの矛盾に蝕まれているのである。どんなやり方をしても誤りを免れないのが知識人の定めである。末期資本主義社会によって傘下の全員が暗々のうちに当面させられている、人並みに大人になるか、それともいつまでも子供のままでいるかという屈辱的な二者択一を、知識人は自身の人生問題という退引ならぬ形で経験させられるのである。

87

レスリング・クラブ——たゆみない努力、「精神上の真剣味」、また往々にして私情を混じえぬ謙譲さといったことで一般の好感を呼んでいるけれども、その分だけ徹底的に疑ってかからなければならないといったタイプの知識人がいる。彼らはたえまなく自分自身と闘い、全人格を投入して事を決しながら生きていく格闘型の人間である。しかしその実態は見かけほど物凄いわけではない。のるかそるかの大勝負には安全な武具の一式がいつでも使えるように用意されているのであり、それをここぞという場面で即座に用いるのだから、天使との格闘などといっても眉唾物なのである。ためしにオイゲン・ディーデリヒス書店（九四）の出版物や、教会の伝統に縛られていないと称する神学者たちの著述をパラパラとめくって見るがよい。そこに出てくるごつごつした用語は、準備万端も本番の闘いも内面性によって行われるこの種のレスリングの公明正大を疑わしめるていのものである。言葉遣いの方はすべて実際に生命の危険を伴う戦争の場面の借り物であるが、それによって描写されているのは反省上の過程にすぎないのであり、同じ過程にしてもレスラーたちが好んで引き合いに出すキルケゴールやニーチェの場合なら結果次第で命取りになりかねないかもしれないけれども、頼まれもしないのに彼らの従者を自任していて何かと言えば精神の冒険を呼号するこの連中の場合はゆめにも考えられぬことである。彼らは生存闘争を昇華しつつ、精神化と勇気という二重の矜持をそこから引き出している。しかし内面化によって闘争に伴う危険な要素は中和され、当人たちが大地にしっかと根を張って健全そのものとうぬぼれている世界観の体《てい》のいいだしにされている。

彼らは外界に対して無関心の超然たる態度で相対している。内界における事の決着の重大さに比べるなら外界など物の数ではないというわけだ。かくして外界は現状のままで放置され、結局あるがままの姿で容認されることになる。荒々しい言い回しは、レスラーたちがしきりと交際している体育連盟の女の子がペンダントにつけている宝貝に類した工芸的な飾りでしかない。剣の舞の帰趨は始めから定まっている。最後に勝つのが至上命令であれ、個人の権利であれ——牧師の卵が苦闘の末に一身上の信仰から自由になろうが、それを再び手に入れようが、直面したのが存在の奈落であろうが、衝撃的な思想上の体験であろうが、いずれにせよ当人の身にかすり傷一つつかぬ点では変りはない。それというのも葛藤を操る力である責任と誠実のエートスがおしなべて権威主義的な性質を帯びており、早く言えば国家の仮面にすぎないからである。彼らが一般に認められている価値を最終的に選ぶのなら、すべては円くおさまって申し分がない。またかりに反逆の道に走ったとしても、颯爽とわが道を行く男一匹を歓迎する世間の注文通りというわけである。いずれの場合も彼らは従順な息子であり、実を言えば内面の訴訟沙汰がその名において行われた、事と次第では彼らに責任を取らせかねない機関を素直に受け入れている。言い換えるなら、腕白坊主の殴り合いにも似た場面をじっと見まもるのは、ひとを罰するまなざしなのだ。審判のいないレスリングなどというものはないわけで、殴り合いの全体が個人の中にどっかり腰を下ろした社会によって興行されているのであり、社会はその場を取りしきりつつ自らも競技に加わっているのである。勝敗の帰趨が反対派に有利であればあるほど、社会の勝利は決定的である。良心に責められて止むにやまれず世界観上の信条を吐露し、そのために上司と悶着を起すにいたった牧師や高校教諭が揃いも揃って迫害や反革命の支持者であったなどというのは、その好例と言っていいだろう。本人が太鼓判を押す葛藤に妄想じみたところがつきまとうように、いったん活動を開始した自虐のダイナミックには退行がつきものである。彼らが内心の営みをえんえんと繰りひろげてみせるのは、妄想と激情のはけ口を外部に求めることを許されなかったからにすぎない。現に彼らは内部の敵との闘いを行為に移す気構えでいるが、もともと行為こそ一切の発端だった(九五)というのが彼らの言い分である。彼らの原型はルターであるが、実在しない悪魔の頭にインク壺をぶっつけたとき、この内面性の発明者が念頭に描いていたのは本当は農民やユダヤ人だったのだ。自己憎悪を引金にしなければ自己の精神の本領を発揮できない、しかもその実体が虚偽の塊りでやり方も腕ずくなどというのは、精神が片端の証拠である。

88

道化——個人などというのはたとえて言えば毛筋一本残さず根絶やしにされる時代である、というのはまだ考えが甘い。完膚なきまでに否定され、連帯を通じてモナドの状態が解消されるのであれば、そこに自ずから個体の救いのための道もひらけてくるわけで、もともと個体は普遍的なものと関係づけられることによって始めて個別者となるものなのである。ところで現状はそうしたことからよほど遠いところにある。かつて存在したものが根こそぎ消滅したというわけではないのだ。むしろ歴史的に命運の尽きた個人が、生命を失い、中性化され、無力化したていたらくで引きずられ、徐々に深間に引きずり込まれていくという形で禍いが生じているのである。規格化され、管理体制下に置かれた人間集団に挾まれながら、依然として個人は余喘《ぜん》を保っている。あまつさえ一定の保護を受け、独占的価値を帯びるにいたっている。しかしその実態はたんなる機能と化した独自性にすぎないのであって、むかし子供たちの度肝を抜き、物笑いの種ともなった奇形児を思わせるような見世物でしかないのだ。すでに自立した経済生活を営んでいないために、その性格は彼が社会で演じている客観的な役割と矛盾を来たしている。まさにそうした矛盾があるからこそ、自然保護公園の中に囲われ、閑人の観賞に供されているのが今日における個人の姿なのである。アメリカに輸入された際立った個性の持主たち——輸入によって実は本来の真価を失っている——は、生彩のある人物 colorful personality と呼ばれている。彼らがこれ見よがしに発揮する野放図な気性、矢継早に出てくる思いつき、ときには容貌のまずさだけが売り物の「変物」ぶり、さっぱり要領を得ない話し振りさえもが、人間性を生地にして仕立てた一種の道化服と化しているのだ。どんな世界にもつきものの競争のからくりに彼らも操られている。そのさい彼らとしてはひたすら一枚看板の特異性をたよりに市場に適応しつつ活路を見出す以外にないわけで、いきおい自分たちの特権的な自我にむしゃぶりつき、自分を誇張するあまり折角のトレード・マークが形無しになるような破目になる。彼らは抜け目なく自分たちの単純さをひけらかしているが、彼らの嗅覚に狂いはないのであって、指導的地位にある人物というものは単純さがお好きなのである。彼らが自分を売り込むときの能書きは商業主義の冷たい世界のさなかにあって人びとの胸にほのぼのとした温かさをもたらすということであり、相手にマゾヒスティックな喜びを与える攻撃的なしゃれを飛ばして後援者の歓心を買い、下品に笑いのめすことによって、彼らを客分として受け入れた国民の重々しく上品に構えた自尊心をくすぐるのだ。似たような傾向はローマ帝国の中のギリシャ人の挙動にも見られたにちがいない。自分の個性を売り物にする人間は自分自身の裁き手となり、社会が彼らについて下した判決を自発的に受け容れている。そのため自分たちの身に生じた不正を客観的にも正当化する結果になっている。彼らは一般の退行に輪をかけた退行を個人的に演じているのであり、彼らのしめす鳴物入りの反抗でさえ、多くの場合弱さから出た適応のための手のこんだ手段でしかないのである。

89

凶報——ひとの助言を聞き入れぬ者は助けてやりようがない、というのはブルジョアたちが好んで口にする言い草だった。金のかからぬ助言だけ与えて援助の方は御免こうむり、しかも援助を求めてやって来た相手を自分の勢力下につなぎとめたいという下心がそんな風に言わせたのである。しかしそのブルジョア好みの金言には少なくともまだ理性へのアッピールが含まれており、当の理性は援助を求める側と出し惜しみする側の双方において等しいものと考えられ、かすかに正義の記憶をかき立てるところがあった。だから時には賢明な助言に従った者の前に実際に活路がひらけるということさえあったかもしれないのである。しかしこんなことは今では通用しない。現今では援助の手だてがない場合は助言の方も思いとどまるべきであろう。ねずみの穴まで一つ残らず塞がれてしまったような閉塞状況においては、助言だけを与えるなどというのは相手を地獄の底に突き落すような仕打ちである。助言の結論は目に見えており、頼み手に自我のかけらでも残っていれば、それだけはしたくないと思っているようなことをしなければならない破目になるのが落ちである。これまでいろいろな目に遭って来たものだから、頼み手の方も相手からどんな助言を聞かされるか、始めからおおよその察しがついている。それにあれこれ考えてもどうにもならない、とにかく何か手を打たなければならない、というところまで追いつめられたからこそ相手の門を叩いたのである。そんな経験をしているうちに頼み手の方もかえって性質《たち》が悪くなっていく。助言を求めてひとの門を叩いたのに援助の手をさしのべてもらえない者、しまいには総じて弱者の部類に属する人びとまでが、のっけからゆすりとして登場することになるのであり、事実ゆすりめいた行為はトラスト化の進行とともに猛烈な勢いで蔓延している。こうした点が一番顕著に現われているのは人助けの好きなある種の連中で、生活に困っている無力な友人たちの救助にあたる熱意のうちにも何か脅迫じみた陰険なものを感じさせるのである。彼らの取っておきの美徳である私心のなさでさえいかがわしいところがある。彼らがその破滅をみすみす見過ごすわけにいかない友人のために動くのはたしかに正当な行為であるが、しつこく繰り返される「きみもひと肌ぬぐべきだ」という彼らの口上は言外に背後の有力な団体やグループをちらつかせるといった趣があり、誰しもそうした団体やグループからにらまれるような真似はできない立場に置かれているのである。慈悲心のない人間にしつこくつきまとううちに、慈悲心の塊りであるはずの当の彼らが無情残酷の使者と化しているのだ。

90

聾唖院——学校では交通事故にあった人の応急手当やグライダーの組立てと並んで話し方をきびしく仕

込んでいるというのに、仕込まれた当人たちの方はだんだん唖になって行く傾向がある。彼らは演説なら立派にやりこなす。平均的人間の代弁者として、マイクの前に立たされればしゃべる能力のあることは彼らの片言隻句に現われているというのに、お互いに語り合う能力の方は気息奄々の有りさまである。この種の能力は、語るに足る経験、表現の自由、自主性と人と交わる才能を兼ね備えていること、などが前提となって練られたものであった。万人を包み込む体制のなかで交わされる会話は腹話術になる。各自が自分自身のチャーリー・マッカーシー(九六)なのであり、だからマッカーシーはあれほど俗受けするのだ。むかしは出会い頭や別れの挨拶だけがそうであったのに、いまでは人びとの間に交わされることばがおしなべて紋切型めいている。たとえば近頃の世間の注文通りに申し分なくしつけられた女の子なら、いかなる場合にもその「場」にふさわしいことを正確に言えなければならないことになっていて、それにはしかるべき手引のようなものがちゃんと出来ている、といった具合だ。しかしこんな風に適応によって言葉遣いを規定するのは言語の生命に終止符を打つようなものである。現に事柄と表現の間の関係が絶ち切られ、あたかも実証主義者たちの考える概念が一種の数取《シュピールマルケ》りでしかないように、実証主義的な現代人の用いる概念は文字通り貨幣と化している。語り手の声に生じている変化は、語り手の言葉がことごとくその共鳴によって生命を与えられている良心の声について心理学の分野で確認されたのと同じ変化で、この上なく微妙な抑揚にいたるまで社会のお膳立てした心的機制《メカニズム》に取って代られつつある。この機制が働かなくなり、その場合の規定が不文律で定められていない間《ま》が会話に生ずると、たちまちパニックが起る。人びとが手の込んだ遊びやいろんな暇つぶしに熱中するのは一つはそうした間がこわいからであり、良心にのしかかる言語表現の煩わしさから逃れたいからである。しかし逃れられぬ不安は残された会話の上にくろぐろとした不吉な影を落している。問題になっている事柄を論ずるさいの公平無私な客観性はごく内輪の集まりにおいてさえ影をひそめつつあるが、これは政治の世界でとうの昔に権力者の命令が討論に取って代った事情に対応している。話し振りにも不愉快な身振りが伴うようになった。その身振りにスポーツめいたところが見られる。言ってみれば、われがちに得点の取り合いを演じるといった趣があって、競り合いのきっかけが毒素かなんぞのように瀰漫していない会話はないといっても過言ではない。かつて人間の品位にふさわしい会話において話題の内容に向けられていた感情の亢《たか》ぶりは、発言内容の重要性の度合いなどとはまったく無関係に、やみくもに自説の正しさを押し通すことに費されている。しかしいったん魔術から解放された言葉も、もっぱら力の手段として用いられる場合にはそれを用いる当人に対して一種の魔力を揮うようになる。これはしょっちゅう目撃する場面だが、どんなにそれが馬鹿げており、偶発的だったり間違っていたりしても、とにかくいっぺん口から出たことはまさにそれだけの理由で当の語り手を虜にする所有物のようなものになり、当人自身どうしてもそれを思い切れなくなるということがある。たった一つの単語、また数字や期日のようなものでさえ、胸で温められてから口外されると語り手を離れて独り立ちし、それに近づく者に次々に禍をもたらしたりするのだ。いわば偏執病の伝染区域がそれによって作り出されるわけで、その不合理な力を打破するためには理性のある限りの力が必要になってくるのである。政治スローガンは大小を問わずすべて魔力化されているのが現状であるが、同じことが見た目にはまったくなんでもない事柄について私的な領域でも起っている。社会を蔽う死後硬直は、安全と思われている個人生活の端々にまで及んでいるわけだ。人類の上に生ずることは、何事によらずただ外部から加えられるということはない。失語症も精神状態の客観的な現われである。

91

ヴァンダル族――大都会が興隆して以来認められるようになった、あわただしさ、いらいら、落着きのなさといったものは、今や往時のペストやコレラを思わせるような伝染力で蔓延している。表面を賑わせているエネルギーの凄まじさは、急ぎの用を持った十九世紀の歩行者から見ても想像を絶しているであろう。誰でもたえず何か計画を持っていなければならない。余暇は利用し尽されることを求めている。だから余暇を設計していろんなことを企てたり、ありとあらゆる催しに出掛けてみたり、時にはただ訳もなくせかせか歩き回ることでその空白を埋めることにもなる。こうした風潮は知的な仕事の上にも影を落している。本当は想像上のものでしかないのだが、何か緊急な用件の合間を盗んで良心の疚しさを覚えながら大急ぎでやっつけたという趣があるのだ。自分を自分自身に対して正当化するために限られた時間に追い立てられながら大車輪で天手古舞しているといった身振りを演ずることになるのだが、そうした身振りは精神の集中――ということは取りも直さず当の仕事――の妨げにしかならない。往々にして、知識人たちが本当の生産的な仕事に当てている時間は、職務、外出、約束、なしですませるわけにいかない娯楽などに費した時間のお余りでしかないような印象を与えられる。これに比べるなら、嫌味であるにしてもまだしも筋が通っているのは、有力者と見なされているためにしょっちゅう方々へ顔を出し、そのことで顔を売っているような人間の世渡りである。この種の人間は、会合ずくめの生活は閉口だなどとこぼしながら満更でもない様子がありありと出ているのだ。先約を理由に招待を断わる嬉しそうな声は、競争社会における勝利者の勝鬨にほかならないのである。この場合に限らず、一般に生産過程に伴う形態は、私生活や、そうした形態の埒外にある仕事の分野でも反復される。生活は挙げて職業のような外観を呈し、そうした見かけ上の類似によって直接稼ぎに当てられていない部分を蔽い隠さなければならない。しかしそこに現われている不安は、実はもっと深刻な不安の影にすぎない。個人の存在が歴史のリズムに同調できるのは思考過程の及ばぬところで無意識の神経感応が働いているからだが、当の神経感応は集団化の時代が近づきつつあることに感づいている。といっても総体的な社会は個々人をポジティブに揚棄してその中に迎え入れてくれるわけではない、むしろ個々人を押しつぶして御しやすい無定形の群衆と化すわけで、個人としてはこうした形で個人性を失う逃れられぬ趨勢に恐怖を覚えずにはいられないのである。Doing things and going places（いろんなことに手を出したり、いろんな場所に出掛ける）のは、さし迫った集団化に対抗するためにその刺戟を和らげる一種の保護膜を作り出そうとする感官中枢の試みである。表向きは自由に委ねられた時間に群衆の一員としての訓練を積んでおくことで、集団化の事態に備える試みである。その要領は可能な限り危険を出し抜くことである。言ってみれば、そうなることが今から予想される場合よりもっとひどい生き方をする、つまり予想される場合よりもっと自我を切り詰めた生を営むわけだ。ところがそうやって戯れ半分に自己放棄の度を過ごしているうちに、本当を言えば自我ぬきで生きることは難しくない、いっそ楽であることを知るのである。しかも事は急を要する。地震のときは前触れの鐘など鳴らないからだ。もし周囲に同調しなければ、ということは、それこそ文字通り人の波に身を投じなければ、あたかも全体主義政党に入党する時期を失する場合と同じようにひとり取り残され、あとで集団の復讐を招くことになりかねない——そんな懸念に駆り立てられる。活動の擬態は一種の再保険のようなもので、いつでも自己放棄の用意があるという意志の表明である。自己保存は自己放棄によってのみ保証され、身の安全は最悪の危険に順応することによって得られるというわけだ。人びとの脳裡に描かれた安全は、いざという場合にいち早く他の土地へ逃げ出す逃避行のための通行手形の形をしている。一般の気違いじみた自動車熱のなかには身の置き所を失った現代人の無宿感が漂っており、ブルジョアたちが誤って自分自身からの逃避、内面の空虚からの逃走、などと呼んでいる態度の底にも同じ感情が流れている。大勢に同調しようとする人間は自分を他と区別することなど許されないのである。内心の空虚ということ自体、間違った形で社会に同化吸収された結果にほかならないのだ。人びとは退屈から逃げ出そうとする。しかし退屈なるものもそれ自体こうした逃走過程の反映にすぎないのであり、人びとはつとにその過程の中に巻き込まれているのである。巨大な娯楽設備の経営が成り立ち、誰ひとりそれで楽しい思いをするわけでもないのに、どんどんふくれ上っていくのもひとえにそのためだ。娯楽は仲間と一緒にいたいという衝動のはけ口になっている。もし娯楽がなければこの衝動は見境もなくアナーキーに発動され、乱婚とか野放図な攻撃という形で集団社会の足手まといになるであろうが、この集団社会自体こうした放浪性の強い人間の集合にほかならない。彼らに一番近い存在は中毒者たちである。都会と田舎の境界がぼやけて曖昧になったり、家族制度が崩壊したり、何百万という失業者が巷に溢れたり、荒廃したヨーロッパ大陸でしきりに国外追放や民族移動が行われたり、総じて現代は人口の流動の激しい時代だが、彼らの衝動はこうした事態に正確に反応している。「青年運動」(九七)に始まるいろんな集団儀式につきまとう内容空疎な空しさも、今になって見れば歴史の側から加えられる圧倒的な打撃の模索的な先取りだったのだ。おびただしい数の人びとがある日突然麻薬か何かにとりつかれたように仲間の員数や機動性の虜になり、群をなして場所を移動することにうつつを抜かす様が見られるが、彼らこそ現代版民族移動の新入りの加入者であり、彼らの移動する荒れ果てた空間の中でブルジョアの歴史は終局を迎えているのである。

92

絵のない絵本(九八)——啓蒙には人間を支配する各種の偶像の力を御破算にする客観的な傾向が備わっているのだが、啓蒙された思惟の主体の側にはそれに見合うだけの進歩が見られず、本当に偶像なしですませる境地には達していない。形而上学的な観念を襲う偶像破壊は、これまでに理性的なものと理解され、本来的なものと考えられて来た諸概念を次々に叩きつぶす。しかしその一方で、啓蒙によって解放され、思惟に対して免疫の出来た新たな思惟が——偶像ぬきではあるけれども依然として囚われから抜けきれない——第二の偶像崇拝ともいうべき領域にはまり込んで行くのだ。人間同士と人間と事物の間の関係は全面的に抽象的なものになってしまったけれども、そうした関係の網の中で抽象化能力はかえって消滅しつつある。図式や分類とそこに包含されるデータの間にずれを生じているという事実、もっと言えば手を加えられ完全に数量化された資料が個人の経験の範囲と大幅にかけ離れてしまった現状が、何事によらずもう一度具体的な記号に翻訳し直すという古めかしい流儀をはやらせているのである。統計を飾っている人や家を現わす絵文字は、個々のケースについて見れば添え物の補助手段にすぎぬように思われるかもしれない。しかしそうした絵文字の類が、おびただしい広告や、新聞に現われる種々のステレオ・タイプや、おもちゃの人形などに酷似しているのは理由のないことではない。この種の絵文字においては、表示法が表示されたものを圧倒している。その度外れな解り易さ、簡易主義的であり、したがって見てくれだけのそれは知的な方法自体の解りにくさを証拠立てているのであり、もっと言えば、後者の解りにくさは――概念ぬきで行われる盲目的な包摂という――その虚偽性と表裏一体をなしているのである。いたるところに氾濫している形象などというのは形象の名に値しない。なぜならその種の形象は、平均値や標準型という百パーセント一般的なものを唯一独自の個別的なものとして呈示しつつ、同時に笑いものにしているからだ。これは意地の悪い仕打ちというべきで、個別者を廃棄処分しておきながら、そのこと自体からまた個別者を作り出しているのである。しかもこうした行き方が一般の要求となっており、要求は積って需要を生み出し、津々浦々にいたるまで新聞の漫画欄に代表されるような大衆文化に煽られて増幅されている。かつて才気の名で呼ばれていたものは今ではイラストレーションに取って代られた。一般人の頭が約《つづ》められた形で叩き込まれることしか受けつけなくなっているのは事実だが、そのことだけをここで問題にしているのではない。かつては精神の自由がさまざまの事実とぶつかり合い、事実を吹き飛ばすところに機知の本領があったわけだが、その機知でさえ今では挿画などの領分に移ってしまったということである。種々の雑誌に満載されている挿画や漫画に含まれた機知は、大部分、わさびの利かない、ふやけたものでしかない。その眼目は要するに読者の目を挑発して情況と格闘させることにあり、そのことに尽きている。読み手の側に要求されているのは無数の先例に鍛えられた目を働かせて何が「起って」いるかをすばやく見て取ることであり、情況に含まれた意味の諸契機が展開されるのをじっくり見定めることではない。甲羅を経た読み手がその手の絵のヒントに従って実際にやっていることは、情況にぴったり寄り添い、事物の無意味な優勢の前に無抵抗に屈服しつつあらゆる意味づけをバラストか何ぞのように投げ捨てることである。当世風の機知とは主体的な意向の自殺にほかならない。こうして自殺する者は笑いのめす連中の集団に受け入れられることで報われるのだが、この集団は世上に行われる残酷な事どもとひそかに気脈を通じているのである。反対にこの種の機知を考察しつつ理解しようとつとめる者は、ごく単純な戯画においてさえ、トリック映画の大詰を飾る追跡場面のようにめまぐるしく繰り出される主題のテンポについて行くことができないで途方にくれてしまうだろう。聡明さも退行的な進歩を相手取ればてもなく低能の一種に成り下るほかないのであり、考察者の側には、理解し難いものを前にした愕きという形での理解しか残されないのだ。街頭で美女の笑顔を使った練歯磨の広告を見かけるとき、注意深い目は雇われて白い歯をむき出した笑いのうちに拷問の苦しみが隠されているのを見逃さないだろう。またそれほどに注意深い目なら、現代風のあらゆる機知のうちに、あえて言うならあらゆる図柄的な構成のうちに主体（主観）に対する死刑宣告を読み取らずにはいられないだろうが、本来この宣告は主観的な理性の世にあまねき勝利のうちに含まれていたものなのである。

93

意匠と映像――文化産業に固有の様式ともいうべき似非リアリズムは、必ずしも映画界の大立者やその手下たちのいかさまの産物ではない。むしろ自然主義の様式原理自体が現在幅を利かせている制作上の諸条件と相俟って否応なしに作り出したものである。たとえばゾラ流の要請に従って映画制作者たちが日常生活の描写に血道を上げるなら――移動カメラや録音などの手段を駆使すれば実際にもそれは可能であろうと思われるが――出来上った作品は、観客の習慣的な視覚になじまない、とりとめのない、部外者には得体の知れない代物でしかないだろう。たしかに映画はその手法そのものがラジカルな自然主義の方向をさし示している。しかしこの方向にのめり込んで行けば、表面上の意味関連がことごとく解体し、日頃なじみのリアリズムと正反対のところに行き着くのが落ちだろう。映画は連結された映像の流れと化し、形式の拠としては映像そのものの内在的な構成以外にないということになるだろう。商業上の配慮が働いて、また時には制作意図がそちらを向いているためにそれと反対の行き方をする場合、つまり、制作者たちの苦心が全体の意味の大本にあるイデーと関連づけながら台詞《せりふ》や仕草を選び出すことに向けられる場合、おそらくこうした試み自体は不可避的なのであろうが、それが自然主義的な前提条件との間に矛盾を生ずることもまた避けられないのである。自然主義文学はまだしも写実の目の荒さが志向性の働く余地を残していた。ところが技術的な装備に恵まれた映画による現実の再現は、網の目がびっしり詰まっているため、あらゆる志向性が――真理のそれでさえ――そのなかではまやかしになってしまう。観客に語り手の性格を印象づけることを目的とした台詞、まして全体の意味を訴えかける台詞など、映像の額面通りの忠実さに比べるならどうしても「不自然に」ひびく。そうした台詞には現実世界そのものをそれと同程度に有意義なものに仕立てて早ばやと正当化する嫌いがあり、それをするのに計画的なペテンや本来の意味での歪曲の手を経るまでもないのである。実際にはそんな風な口を利く人間などいはしない、またそんな仕草をする人間もいるわけはないのだが、映画はみんなそんな風にやっているとたえず説きたててやまないのだ。ここに一つの落し穴がある。映画においては具体的な意味内容にかかわりなく意味づけの作用自体が先験的に体制順応主義を生み出しているのだが、本当を言えば、事実性をうやうやしく反芻する体制順応主義に揺さぶりをかけられるのは意味作用を措いてほかにないはずなのである。偽りのない志向性は志向性一般を断念することによって始めて可能になると言っていいだろう。志向性とリアリズムが両立しないのも、両者の綜合がまやかしに終ったことも、元はと言えば平明性の概念のせいである。この概念は両義的であり、作品そのものの構成と作品が公衆に伝達される過程に関して無差別に用いられている。もっともこの両義性は偶然ではない。平明性の概念は客観的な理性とコミュニケーションが収斂する一致点をあらわしている。客観的な形態に実を結んだ表現にはおのずから外部に向い外部に語りかける傾向がひそんでおり、その限りにおいてこの概念は正しい。しかし語りかける相手を斟酌することで形態を損ねている面があり、その点正しくないものを含んでいる。芸術上の制作は（そして理論上の労作も）こうした意味での両義性の困難を首尾よく切り抜けたものでなければならない。平明な形を取った作品はどんなに秘教的な装いをこらしていても消費の動向に流される嫌いがあり、平明さに達していない作品はそれ自体の内在的な尺度に照らしてディレッタント的であることを免れない。この二者択一的な難題を自身のなかに取り込んで解決しなければならないわけだが、その場合の取り組みの深さの度合いに応じて作品の質は決定されるのである。

94

政治劇——歴史的事件を題材にすることはいやましに困難になったが、これは芸術が死滅しつつある証左である。たとえばファシズムを扱った戯曲に見るべきものがないのは才能のある劇作家がいないからではない。むしろここで課せられているのがとうてい解決できない難題であることが劇作家の才能をいじけさせているのだ。劇作家としては心理学と幼稚化という二つの行き方のいずれかを選ばざるを得ないのだが、当面の課題に適していないという点ではいずれも似たり寄ったりである。心理主義は美の領域ですでに時代おくれになっているのだが、近代劇が政治の世界に題材を求めるようになって以来、すぐれた作家たちが後ろめたい思いをしながらも一種のトリックとして用いてきた。『フィエスコ』に寄せたシラーの自序には次のように書かれている。「感情だけが感情を呼びさますと言われている。もしそれが本当なら、政界の立役であるためには人間性をなおざりにしなければならないわけで、ちょうどその分だけ政界の立役は舞台向きの人物ではないということになってくるだろう。感激に貫かれた醇乎たる作品にみなぎっている生命の炎を、この作品の筋の運びに吹き込むことはわたしの手に余ることであった。その代り人間の心の動きから無味乾燥な政治劇の世界を展開し、まさにそのことによってこの世界と人情とのつながりをふたたび見出すこと――具体的には男一匹が政略に長けた頭脳の持主に陥れられたり――政界の権謀術数のうちに人間性一般の置かれている情況の例証を見出したり――そういった方面こそわたしの本領だった。わたしはかねてから市民の世界と浅からぬ交渉があるために内閣のことなどより人情の方に通暁している人間だが、まさに政治に苦手であることが文学の方の強味になっているかもしれない」。政治に苦手であることが文学の強味になるなどありそうもないことである。疎外された歴史を人情につなげる試みは、すでにシラーの段階において歴史の非人間性を人間的であり人間的なるがゆえに理解し得るものとして正当化する口実だったのであり、技法上の必要から「男一匹」と「政略に長けた頭脳」を一致させる場合など、ドラマトゥルギーの面で破綻をきたし、馬脚を現わしていた。レオノーレが彼自身の陰謀の裏切り者のために喜歌劇風の偶然によって殺害される場など、その一例である。美の領域で私人性に立ち帰る傾向は、人間性の保持を目指しながら、実際は芸術の拠《よ》り立つ地盤を切り崩している。シラーの戯曲はよく出来すぎていると言っていい位よく出来ている。しかしそこに出てくる「たくらみ」は、一般人の世界からかけ離れてしまった、したがってまた人間的な動機づけによってはすでに捉えられなくなった社会や政治の現実に人間のもろもろの情熱を絡み合わせるための一種の彌縫策でしかなかった。それがもっと次元が低くなると近頃はやりの三文伝記文学の類に堕すわけで、このジャンルは有名人たちを無名の読者たちの目に人間的に近しい存在にすることを主眼にしているのである。抜け目のない作家たちの手でまたぞろプロットが用いられるようになったのも、その根には誤った人間化を求める似たような衝動が働いている。プロットというのは読者が容易に跡づけられるような辻褄の合った意味関連としての筋を指しているが、その種の意味関連は映画の写真的リアリズムに伴う種々の前提条件の下などではとうてい維持できない性質のものだろう。意味関連を恣意的に再興する向きはすぐれたロマンが重ねて来た経験を度外視してそれ以前の段階にあと戻りしている。その点から言えば映画もその寄生的存在にすぎないのだが、大ロマンの持っていた意味はまさしく意味関連の解体ということにあった。

　だからと言って、いま述べたような行き方ときれいさっぱり手を切り、人間の内面によるまやかしに充ちた媒介を排除しながら、政治の世界を人間の埒外にある抽象的な領域として描き出す方向が坦々としているわけではない。それというのも、もし芸術による形象化をてんから受けつけないものがあるとすれば、現実に生じている事態の本質的な抽象性こそはその最たるものだからだ。この抽象性をなんとかして表現の域にもたらそうとする作家たちは、どうしてもそれを一種の小児語である原型的なパターンに翻訳せざるを得ない、ということは結局この場合も「身近かなものにする」以外にないということである。といってもその相手は感情移入ではない。叙事的演劇でさえ言語ぬきでは成り立たないのだが、そうした言語が構成される前の段階において理解や観察の役目を果す諸機能がこの場合の相手である。この種の機能への訴えかけは、すでにその形式自体が主体の集合的社会への解消を是認していると言っていい。ところで肝心の客体（対象）の方もこうした翻訳作業を通じて歪曲されることを免れないのであり、その点は宗教戦争の事の起りを王妃の引き起した色恋沙汰のいざこざから説明する場合とおっつかっつである。言ってみれば事柄を単純化する劇芸術が小児的なら、その種の劇芸術が描写の対象として見限った人間の方も小児的というのが現状である。ところで劇芸術が人間の代りに政治経済を描き出そうとする場合、政治経済の根本原理は不変でも個々の要因においては千差万別、かつ高度の発達をとげているために、型通りの譬え話などは歯が立たないということがある。産業界という広い世界での出来事を与太者がかった青果商人たちの内輪揉めとして描き出すのは（九九）、せいぜい一時的なショック効果があるだけで、弁証法的な劇の葛藤を織り成すにはいたらない。末期段階に入った資本主義をいくら一般人のイメージに訴えやすい農業や犯罪の世界からの借り物の情景で絵解きしても、複雑な現象の背後に隠された現代社会のおそるべき実相を発《あば》き出すことはできない。むしろ、本来なら実体そのものから引き出さなければならない種々の現象について無頓着であるために、実体そのものを歪める結果になっているのだ。またそうした点に無頓着だからこそ、大立者たちによる権力奪取を社会の外回りで行われる愚連隊の策動などという他愛ない話に見立てて平然としていられるのであり、それを社会自体が正体を現わす過程として捉えることができないのである。しかしファシズムが芸術表現の対象にならないのは、煎じ詰めれば、ファシズム体制そのものにも、またそれを考察する側にも、個人の自由がないところから来ている。完璧な不自由というのは、認識はできても、芸術表現の対象にはなり得ないのである。たとえば今どき政治小説などで、英雄的な抵抗を礼賛する形で自由のモチーフが出て来たりすると、断言的な調子のなかにも口先だけの無力感がありありと感じられ、読んでいる方が恥ずかしくなってくる。結末はつねに政治の大局による筋書通りであり、自由の出場《でば》は、イデオロギーの装いをこらし、紋切型の美辞麗句を並べた自由に関する演説としてのそれでしかなく、人間の寸法に合った行動という形では出て来ない。主体が抹殺されたあとでいくら主体を充塡してみたところで、それによって芸術を救えるものではないと言っていいのだが、一方、今日それだけが芸術にとって手がけ甲斐のある客体（対象）である余すところなく非人間的な情況は、まさにそれが非人間的であり度外れであるために芸術表現の埒外にあるのである。

95

弱音器と太鼓――趣味というのは歴史的経験に関してはもっとも正確な地震計である。これはおそらく他のいかなる能力にも見られぬことだが、趣味は自分自身の態度まで写し取ることができる。具体的には自分自身に反応して自分の趣味の悪さを認めることができる。手心を加えぬ残酷さを標榜することで一般の反感を買ったり、公衆に衝撃を与えたりする芸術家たちは、それぞれいま言ったような意味での趣味に導かれて異端ぶりを発揮しているのである。ところがネオ・ロマン的な傾向をもつ神経質な多感派の独壇場である「静謐」と「繊細」のジャンルは、この派の第一人者たちの場合でさえ鉄面皮の無知ぶりを露呈しており、リルケの有名な詩句「なぜなら貧しさは内部から射す光である」などはその一例である。人一倍ものに感じやすいためにふとしたはずみにも身内が戦くという思い入れは、抑圧の礼賛を内側に秘めたお仕着せの仮面にすぎないのである。まさに美の領分において時代に先駆ける神経にとって、独善的な美意識は鼻もちならないものになってしまった。個人というのは徹頭徹尾歴史的な存在であるから、ブルジョア末期に生を享けた洗練された体質がブルジョア末期の体制に特有の洗練に叛旗をひるがえすといったようなことが起るのだ。芸術上の主観主義は一切我慢がならない、表情たっぷりの魂の高揚など願い下げにしたいというのも、そこに認められる歴史感覚の欠如に身の毛もよだつほどの嫌悪を覚えざるを得ないからだが、かつては主観主義自体がブルジョア社会の因襲に対して似たような拒絶反応を示したものだった。新即物主義の根底を流れるミメーシスの拒否という動機でさえ、ミメーシスの一環である。主観的表現に対する断罪にしても、政治社会にまつわる反省のような形で外部から下されるわけではない、もっと直接的な感情の動きがそこに働いていて、文化産業の現状を目の当り見るにつけても、そこにありありと映し出された自分の顔を見る恥ずかしさに思わず面《おもて》をそむけずにはいられないのである。いま一番目につく傾向は恋愛感情が域外追放に処せられていることで、抒情詩の力点の移動や、カフカの作品に見られる集合的な呪縛にしばられたセックスの有り様《よう》などはその証拠である。また表現主義以降の芸術において、現実には死に絶えつつある売春婦が中心人物の座に躍り出たのは、今日、美意識に恥ずかしさを覚えることなく性愛を手がけられる当面の対象としては恥ずかしげもなく春をひさぐ彼女たちの外にないからだ。こうした形で深層にひそむ反応様式に変動を生じたために個人主義的な形態における芸術が衰弱し、かといって集合的な形態におけるそれが可能になったわけでもないという始末の悪い状態が現出した。個々の芸術家は、節操が固く独立独歩の気象に富んでさえいれば表現本位のわが道をまっしぐらに歩み続け、野蛮きわまる集団化の圧力にも耐え抜くことができるといった筋合のものではない。むしろ芸術家は、どんなに世間から雲隠れしてひと知れぬ庵《いおり》を結んでいる場合でも、またおのれの意志に反してでも、この圧力をひしひしと身に感じ取っていなければならないのであって、さもなければ時代錯誤の人間本位《フマニテート》（二〇〇）を振りかざしつつ非人間的（二〇一）な情況から取り残されるというぶざまなことになりかねないのである。シュトラムの抒情詩やココシュカの戯曲のような妥協を排した表現主義の文学作品でさえ、作者たちのラジカリズムの真正さにもかかわらず、その裏を返すと盲信に走りやすい自由主義特有の素朴な一面が出てくるのだ。しかしだからといって彼らを乗りこえて進みさえすれば問題が解決するわけではない。主観至上の無邪気さを自覚的に排除しようとする芸術作品は、それと合わせてポジティブな共同性を主張しているのだが、その共同性なるものは作品の内部に結実するにいたっていない、ただ声高《こわだか》に唱えられているだけのものである。その結果その種の作品はまがまがしい世の成り行きを代弁する恰好になり、自らも素朴主義を振りかざした近来の風潮の餌食となり、芸術としての存在に止《とど》めを刺されて終るのである。責任を自覚した作品の抱えているアポリアが無責任な作品を利する結果になっている。多感な神経の持主たちが残りなく一掃された暁にはのど自慢がわが世の春を謳歌するような滔々たる時流を拒むものは何ひとつないであろうし、野蛮な未来派から映画のイデオロギーまでを抱え込んだ人民戦線は向うところ敵なしだろう。

96

ヤーヌスの宮殿——古来、人間と人間の作り出した文化の間には断絶があるのだが、世界史の巨視的な展望のなかでとらえるなら文化産業独特のやり口はその断絶を計画的に食い物にすることにあると言っていいだろう。進歩には二重性格があって、一面では自由の潜勢力を伸ばすとともに、他面では抑圧の現実をたえまなく助長してきた。そのため、時代が進むとともに自然支配の体制と社会機構のなかに洩れなく組み込まれていく一般の庶民が——文化にはそうした統合をこえる要素があるのに——常日頃文化から受ける圧迫感に悩まされているためにその種の要素を理解できなくなるという結果を生じた。文化の人間的な側面、彼らに代って彼ら自身の問題を外界に対して代弁している本来ならもっとも身近であるはずの一面が当の人間によそよそしく感じられるという皮肉なことになった。現に人びとは外界と共同戦線を張って自分自身に敵対している。どこもかしこも商品だらけ、彼ら自身は社会機構の添え物と化しているというこの上なく疎ましい事態を、彼らは身近に親しみのあるもののように錯覚している。すぐれた芸術作品や哲学体系は、人間の経験の核心にあまりに迂遠であったために理解されなかったのではない、むしろあまりに身近かだったために理解されなかったというのが真相であり、無理解自体ももとはと言えばあまりによく理解できるところから出て来ていると見られるふしがある。世にあまねき不正に加担していることにはなんといっても内心忸怩たるものがあるわけで、あえて理解に踏み切ればその恥ずかしさに耐えられなくなる惧れがあり、そのために無理解を装っているわけである。だから彼らはその種の作品を敬遠し、いやにすべすべした見てくれによって彼らの本然の姿が損われていることを裏書きしつつ、彼ら自身をあざ笑っているような代物にしがみつくのだ。こうした心の惑いは不可避的であると言っていいので、都市文明の栄えた時代には既成秩序の幇間たちがそれを利用して寄生的な存在を営む図が必ず見られたのであった。末期のアテナイ喜劇、ヘレニズムの美術工芸品などは、機械的な再生産の技術や工業的な設備を駆使できる時代ではなかったけれども際物《キッチュ》のはしりだったのであり、そのための工業的な設備にしても、ポンペイの廃墟など見れば早くもその原型らしきものが存在していた気配が濃厚である。またクーパー（一〇二）のそれのような百年前の大衆小説を読むと、いまハリウッドで用いられているあの手この手がそっくりそのまま萌芽の状態でそこに見出されるのである。文化産業の停滞性はおそらく独占化が進んで始めて生じた結果ではなく、娯楽と呼ばれているものに始めからつきまとう属性だった。哲学者たちは彼らのしかつめらしく勿体ぶった企てをそんな風に詐称しているが、キッチュこそは不易の価値による構成物である。このての有象無象は、一切不変という鉄則を人びとの頭に叩き込まなければならない、だからそれ自体においても何一つ変らないことが原則になっているのである。ところで文明の過程が無計画的かつ匿名裡に運ばれていた間は、客観的精神はいま見たような野蛮な要素をおのれに必然的に内在するものとして自覚していなかった。実際は支配を媒介している場合でもひたすら自由を援護していると妄想していられた客観的精神は、少なくともじかに支配の再生産に奉仕することなどてんから念頭になかった。客観的精神は影のようにまといついて離れないキッチュを放逐することに熱心だった。もっともその熱心さは高度文化の良心の疚しさの現われでもあったわけで、高度文化はそれ自体、支配体制の下ではその名に値するものでないことをうすうす承知していたのであり、キッチュはそうした芳しくない実体を当の文化に思い出させるよすがともなっていた。支配階級の意識と社会の全体的な傾向が重なり合うようになった昨今では、文化とキッチュの間の緊張関係が解消しつつある。仇敵のキッチュを軽蔑しつつ、かといって振り切ることもできないで影のように引きずっていたのは過ぎし日のことで、今日の文化はキッチュを自ら司っている。全人類を管理下に置いた文化は、人類と文化の間の断絶まで管理するようになったのだ。被支配者たちが客観的に強いられている、粗野、鈍感、偏狭といった有り様《よう》まで、主観至上の流儀でユーモアのほしいままな対象になっている。こうした形で野蛮が文化に組み込まれていることほど、敵対性を孕んだまま統合の完了した現状を正確に特徴づけている事態はない。しかもそうした現状を牛耳っている連中は、自分たちの意志は世間の意志の代弁にすぎないと主張できるのである。彼らの大衆社会は消費者の注文に応じてがらくたを生産する前にまず消費者たちを生み出したのであり、こうして生み出された消費者たちの渇望しているのが、映画であり、ラジオであり、娯楽雑誌であった。体制は彼らから奪うばかりで約束したものを与えてくれない、そのために彼らの内部には少なからぬ欲求不満が蟠《わだかま》っており、何はともあれ牢番が飢えている彼らのことを思い出し、彼らの飢えを充たすために――右手でパンをよこさないのなら――せめて左手で石を恵んでくれるように、大きな口を開けて待っているのである。これは四半世紀前あたりから見られるようになった光景だが、本来ならもっとましな文化の有り様《よう》を知っているはずの年輩のブルジョアたちまでが年甲斐もなく文化産業の部門に殺到するようになっている。文化産業はそれほど正確に飢えきった人心の動向を計算し尽していることにもなるわけだが、年輩者たちも、近頃の若い者はファシズムに毒されて骨の髄まで腐っているなどと大きな口を利けた筋合ではないのだ。主体を失った文化の廃嫡者たちは、文化の正当な相続者なのである。

97

モナド――個人が個体として結晶できたのは、政治経済の諸形態、とりわけ都市における市場制度の賜物である。個人は社会化の圧力に反対する場合でさえ社会化の産物であることに変りないのであり、その刻印を自らの上にとどめている。個人の反抗を培っている自主独立の気風は、モナド特有の個別的利害とそれが沈澱して性格と化したものに由来している。個人は、ときにはきわめて間接的な形態を取ることがあるけれども、つねに他の一切に優先する収奪という社会の原則をまさしく個体化の有り様《よう》のうちに反映している。ということはしかし、現段階における個人の零落という現象にしてもその原因を個人本位に考えるべきではない、ただ個体化に敵対しているわけではなく、むしろ個体化を介して貫徹される社会の趨勢の方から捉えていかなければならないということをも意味している。反動的な文化批判とそうでない文化批判が袂を分つのは、ここのところである。反動的な文化批判にしても、個性の零落や社会の危機について見通しを持っていないわけではないのだが、それにまつわる存在論的な責任を個人自体に押しつけ、また個人を他から切り離された内面的な存在と見ている。そのため、深みがないとか、信仰を欠いているとか、実体を失っているなどといった個人に対する非難が取っておきの結論になり、慰めの言葉としては回心しか知らないということにもなるのである。ハックスリやヤスパースのような個人主義者たちは、機械的に空虚であるとか、神経症的に弱いという理由で、個人を断罪している。しかし彼らの断罪の狙いは、社会の個体化原理を批判することより、個人そのものを血祭りに上げることの方に向けられている。彼らの論法は半面の真理を含んでいるようでいて、実際は嘘の塊りでしかない。彼らは人間が寄り集まって生活を営んでいるのが社会であると単純に考えている。だから個々人の心がけ次第で全体の有り様《よう》も定まると見ているわけで、個々人を取り込んで奇形化するばかりでなく、かつて個人を個人として確立した人本主義の内うらまでくまなく滲透している一つの体制として社会を見る視点を欠いている。現実のあるがままの姿に汎人間的な解釈を施すために、それを告発する場合でさえ生《なま》な物的現実を受け入れる結果になっているのだが、この現実は人間存在を非人間的な条件に縛りつけているのである。まだ今日のように落ちぶれていなかったブルジョア階級は歴史を考察する場合などこうした錯綜した事態を十分に承知していたのであり、その点が忘れられたのは、この階級の教義が反社会主義にこりかたまり、一種の護教論に堕して以来のことである。ヤーコプ・ブルックハルトの『ギリシャ文化史』は、ギリシャ人の個性の荒廃をポリスの客観的な凋落に関連づけるだけでなく、まさに個人の崇拝に関連づけて見ているが、洞察にみちた同書のなかでもきわだった洞察であると言わねばならない。「デモステネス（一〇三）とフォーキオン（一〇四）が死んでからというもの、アテナイの政界はおどろくほど人材に乏しい、いや、事は政界に限らないのであって、サモス島のアテナイ人植民者の家に生まれたエピクロス（一〇五）を最後に——その生年は三四二年まで遡る——アテナイ人は世界史の檜舞台から姿を消してしまうのである」（第三版、第四巻、五一五ページ）。個人が姿を消す情況は、その裏を返せば、無軌道な個人主義がのさばり「一切が可能」であるような状態である。「なかんずく、神々の代りに今度は個人が崇められるようになる」（前掲書五一六ページ）。ポリスの空洞化によって招来された個人の野放し状態が個人の抵抗力を強める方向には働かず、抵抗力はおろか個人性そのものを減殺する結果になり、その挙句に独裁国家の興隆を見ることになる——十九世紀の流れからファシズムの抬頭を促すにいたった矛盾は目ぼしいものだけでも多々あるであろうが、その一つの原型がここにある。社会の手で仲介された諸形式を場として展開され、個人的な感情表現を禁欲しつつ一定の方向づけを持った社会闘争の反響をひびかせているベートーヴェンの音楽は、まさにそうした禁欲から個人存在の充溢と威力を引き出している。リヒャルト・シュトラウスの音楽はこの点対照的であって、全面的に個人の要求に奉仕するもの、自己充足した個人を賛美する線に添ったものでありながら、まさしくそうした傾向によって個人を引きおろし、マーケットのたんなる受容器、手当り次第に選び取った着想や様式の追随者と化しているのである。抑圧的な社会における個人の解放は個人のプラスになるどころかマイナスになる傾向があり、社会からの自由は自由を求める力を個人から奪ってしまうきらいがある。それというのも、他人との関係においていかに現実的であるにしても、絶対視された個人は一個の抽象でしかないからである。個人の内実をなしているのはすべて社会的に構成された要素であり、社会をのり越えようとする個人の心ばえでさえ、煎じ詰めれば社会状態がそれ自体をのり越えることを目指している。死と不死にまつわるキリスト教の教理は人格を絶対視する思想の基礎になっているのだが、この教理でさえ、もしそこに全人類的な観点が含まれていないのならまったく無意味なものになってしまうだろう。自分ひとりのために何がなんでも不死を手に入れようとする個人は、その排他性のうちに自己保存の原則を理不尽な域にまで拡大しているだけであって、命を投げ捨てよ、されば汝はこれを得るであろうというキリストの教え（一〇六）は、まさにこうした自己保存の在り方を戒めているのである。社会関係の全面的な媒介は、交換という形で具体化されつつ当の交換において現実化される個別的利害をも制限するように働くのだが、社会的に見た個人の絶対化はこの段階からひとにぎりの強者に掌握された直接支配に移る移行期に位している。個人がいっぱし社会的主体であり得たのは個人そのものにおける種々の媒介的要素の賜物だったので、そうした要素が解消するとともに個人自体も弱体化して粗野になり、その挙句に社会のたんなる客体に成り下るのだ。ヘーゲル的な意味において抽象的に実現された個人は、実現された途端にそれ自体を揚棄してしまうのである。現に自分のことしか念頭になく、鵜の目鷹の目私利私欲を追求する連中に限って——その数はおびただしい——体制やテロルの手がのびると、たちまちその軍門に降ってしまうのだ。今日人間性の痕跡をとどめているのは没落に瀕した個人だけであると言っていいのだが、人間を個体化し、ばらばらにした挙句に各個撃破する忌まわしい道行に終止符を打つように促す警告もそこには含まれている。一般的原理として、あるものを維持するためにはその逆手に出るしかないのである。

98

遺産——弁証法的な思惟は論理につきまとう強制的な性格を論理自体の手段を用いて打破する試みである。しかしいずれにしてもその手段を用いざるを得ないために、それ自身も強制的な性格を帯びる危険にたえずつきまとわれている。理性の狡智には弁証法でさえ手に負えぬような滲透力が備わっているわけだ。既成秩序をのりこえる場合でも、既成秩序自体から借りてきた普遍的なものの力に頼る以外に手だてがない。普遍的なものは既成秩序に固有の概念を通じて既成秩序に打ち克つと言ってもいいわけだが、であればこそ、そうした勝利のうちにもたんなる存在者の勢力がそれを打ち破った同じ力を拠に巻き返してくる危険がつねにひそんでいるのである。内在的な矛盾の図式にのっとり、独裁的に幅を利かせる否定を介して行われる思想と歴史の運動は、単純明快、排他性、実証性一点張りといった性格を帯びるようになる。その挙句に社会の総体において歴史的に重要な意味をもつ経済の局面とその発展の中に一切を包摂することになるのだが、この種の思考法には、なにがなし、パリの芸術家たちが傑作ばりの流儀 le genre chef d'oeuvre と呼んでいるものを思わせるところがある。まさしくこうした展開に伴う強い説得力が災いを生み出しており、その有無を言わせぬ調子に支配と相通ずるものがあると言っていいのだが、この点は批判的理論においても十分に解明されているとは言い難いのであって、段階的な展開に救いを期待していることでは批判的理論も伝統的理論と軌を一にしているのである。論理の緊密性と全面性、ブルジョア的思考の理想である必然性と普遍性は、確かに歴史自体の公式を言い換えたものである。しかしだからこそ、支配的な威力をもった伝来の諸概念のうちには——弁証法的な批判と実践がその矛先を向けている——社会体制が沈澱しているとも見られるわけだ。ベンヤミン（一〇七）は、歴史は従来勝者の立場から書かれてきた、だから敗者の立場から新たに書き直す必要がある、と言っているが、それに付け加えて次のように言ってもいいだろう。たしかに認識は勝利と敗北の不幸な連鎖を描き出さなければならない、しかし同時にこうした力学に組み込まれないで置きざりになったもの——弁証法の網にかからなかった落ちこぼれや盲点の類にも目を向ける必要があるのだ、と。無力であるために、本質的でない、本筋から外れている、滑稽である、という風に見られるのが敗者の本質である。ところで既成の社会はそれ自体の開発した潜勢力のために乗り越えられるということがあるわけだが、歴史の運動法則にぴったり当てはまらない要素によっても乗り越えられるのだ。理論としても、筋違いなもの、不透明なもの、番外のものを無視できないのであって、そうした要素にはたしかに始めから時代錯誤的なところがつきまとっているけれども、歴史の力学を頓挫させるような働きもあって、一概に時代おくれのものと割り切ることもできないのである。こうした点を一番手っ取り早く見て取ることができるのは芸術である。『不思議の国のアリス』や『シュトゥルヴェルペーター』はもともと子供向きに書かれた本であり、進歩と反動というような問題となんの関わりもないと言っていいだろうが、にもかかわらずこれらの作品には、悲劇的な罪過、時代の転換、世の成り行きと個人というような公式の主題を扱ったヘッベルの本格演劇など及びもつかぬほど雄弁な符丁が――歴史の符丁さえもが含まれている。またサティ（一〇八）の愚にもつかぬピアノの小品にさえまったく新しい経験が閃いているということがあり、現代音楽の発展に注がれる情熱がこぞって後押ししているシェーンベルク楽派の徹底した行き方からは思いも寄らぬようなものがそこに認められるのである。まさに首尾一貫した運びに伴うかかりの大きさが思いがけなく泥臭い地方性を帯びるということがあるのかもしれない。ベンヤミンの著作は、何度も振り出しに戻りながら、遠大な目的にまだ枠づけられていないものを哲学的に稔り豊かにする試みである。彼の遺産を継承する者は、この試みを意外性に富んだ思想の判じ絵の段階にとどめずに、さらに一歩進めて目的や意図に枠づけられていないものを概念化する課題に取り組まなければならない。一言で言えば、弁証法的でもあれば非弁証法的でもあるような思考法を自らに課さなければならない。

99

試金――ブルジョア道徳は、持ち前の宗教的な規範が解体し、自律的な規範も形骸化したためにさまざまの概念に収斂して今日に至っているが、その中でも「本物《エヒトハイト》」という概念は上位に位している。今日では人間を内的に拘束するものは何もないかもしれない、しかし各人がどこまでも自分自身に徹するのは最少限の要求である、という風に考えられている。何ものにも惑わされぬ真理への要請と事実性の称揚ということが、啓蒙された認識から倫理の分野に転用されて各人各自の同一性に対する要請となった。ほかでもない、批判的に一本立ちした、伝統的な判断や理想主義の空念仏にあいそづかしをしたブルジョアジー末期の思想家たちがいま言ったような点において軌を一にしている。イプセンが人生の虚偽性に対して下した――そこに屈折したものがあることは言うまでもないが――きびしい裁定や、キルケゴールの説く実存は、本物主義の理想を形而上学の中心題目に据えた。またニーチェの分析の中でも、「ほんもの」という言葉は始めから、問題のないもの、概念の仕事から除外されたものとして別格の扱いを受けている。最後にファシズム体制下の哲学者について見ても、転向組と非転向組の別なく、本来性とか、個人的実存の「投げ込まれている情況」（被投性）の中での英雄的な忍耐だとか、限界情況といったような価値が、宗教的内容抜きで宗教－権威主義的なパトスを横領する手段と化している。このパトスの赴くところ、堅実味を欠いたもの、純正でないものは片っ端から告発される、ということはつまりユダヤ人の告発に通ずるものがそこにあるということだが、つとにリヒャルト・ワーグナーは舶来のがらくたを貶めつつ純正なドイツの国風《くにぶり》を謳歌し、（一〇九）ひいては文化のマーケットに対する批判を野蛮の擁護に悪用する結果になった。しかしこの種の濫用は本物という概念の内実から来ている。着古しのお仕着せよろしく棚卸しで売りに出たこの概念にはつぎはぎや傷んだ箇所が目につくと言っていいのだが、反対派の手中にあったぱりぱりの時代にもそうした箇所は目に見えぬ形ですでに存在していたのである。虚妄は本物概念の土台になっている個体の中にひそんでいる。個体化原理のうちに世界過程の法則を認める点において、互いに対蹠的な存在だったヘーゲルとショーペンハウアーは一致していた。しかし個我に究極的かつ絶対的な実質を認める見方は、その内実が崩壊しつつある段階にあって既成の秩序を防衛する仮象の餌食になる。大体、本物と真理を同一視することに無理がある。冷徹な自己省察はニーチェ流に言えば心理学ということになるわけだが、その流儀で自己の真相をとことんまで突き詰めてみると——物心のつき出した幼年期の経験においてすでにそうだったように——反省の対象になる自分の心の動きが百パーセント「本物」ではないことがそのつど明らかになってくる。心の動きには、たえず、模倣とか、遊戯とか、現状とは違ったものでありたいという願望などがつきまとっている。ひたすら各自の個性に沈潜することによって——となれば当然それを社会的に認識する面はなおざりになる——無条件に強固なもの、存在者の存在と呼ばれてしかるべきものを探り当てようとする意志は悪無限にのめり込んでしまうのだが、キルケゴールこのかたまさにこの種の悪無限を断ち切る役目が本物の概念に負わされてきたのである。以上のような経緯をショーペンハウアーほどあけすけに語った人はいなかった。実存哲学の仏頂面をした先達であり、偉大な思弁哲学の悪意にみちた相続人であった彼は、個人‐絶対主義の洞穴や深淵にくまなく通暁していたのであり、その点余人の追随を許さなかった。この面での彼の洞察は、個人はたんなる現象で物自体ではない、という思弁的なテーゼに引き続いて出てくる。『意志と表象としての世界』第四編の脚注の一つに次のように書かれている。「各人は一面では認識の主体、つまり、客観世界全体にそなわる可能性を補完する条件であるが、他面では個々の事物に客体化される意志の個別的な現象である。しかしこうしたわたしたちの本性の二面性は、独自に存在する一つの統一体の中に宿っているわけではない。さもなければ、わたしたちは認識や意欲の対象と無関係に自分自身に即して自身を自覚できるはずである。ところが、そんなことは到底わたしたちの手に負えることではない。仮にそれを試みるために、我に帰り、認識の目を内部に向けながら自身をとっくり省察しようとしても、底無しの空虚の中に迷い込むのが落ちである。そんな時のわたしたちはたとえてみればガラス製の中空の球のようなもので、がらんどうの内部から声が洩れてくるけれども、声の主を突きとめることは出来ないといった具合である。わたしたちは自分自身を捉えようとするのだが、摑まえたものが捉えどころのない幽霊でしかないのを見て身ぶるいするのだ」（ヴィルヘルム・エルンスト大公版第一巻三七一ページ以下）。ショーペンハウアーは要するに純粋我というのは神話めいた欺瞞であり、絵空事でしかないと喝破しているわけだ。純粋我というのは一個の抽象物である。根源的実在を装い、モナドとして振舞っているものの実体は、社会過程からの社会的分離の所産ということであり、ほかならぬ絶対者としての個人が所有関係の反映形態でしかないのだ。実際は社会全体から個人を分離できるのは理不尽な力だけであるのに、単独の生物がその意義からすれば社会全体に優先するという作り話が個人の名においてでっちあげられ、個人的偶然でしかないものが真理の尺度と詐称されている。ところで個我はただ社会に組み込まれているばかりでなく、文字通りその存在を社会に負うている。個我の内容となっているものはことごとく社会から来ている、あるいは端的に客体に対する関係から来ている。だから社会を反映しつつその中で自由な発展をとげる個我はそれだけいよいよ豊かになるということがあり、逆に個我を根源に祭り上げながら外界と交渉を絶って自身の殻に閉じこもるような行き方は、かえって当の個我を狭い世界に安住する貧しい存在に切り下げてしまうのである。単独者として自己の内面に引きこもることでその豊かさを手に入れようとするキルケゴール流の試みが、終局的には当の単独者を犠牲にする結果になり、彼自身が観念論の体系について諷刺した抽象性の弊に自ら陥ることになったのも謂れのないことではなかった。純粋主義《エヒトハイト》というのは頑冥一徹にモナド的形態を固執することにほかならないが、モナド的形態そのものは本来抑圧的な社会が人間に押しつけたものなのである。枯渇を望まない者は、むしろにせものの汚名を甘んじて身に受けるであろう。その場合の養分になるのはミメーシスによる遺産である。模倣を離れて人間性はあり得ないのであり、人間は他人を模倣することで始めて人間となるのである。またそこに愛の原形もひそんでいるわけで、そうした模倣の有り様《よう》のうちに純粋主義の司祭たちは支配構造をぐらつかせかねないユートピアの気配をいち早く嗅ぎつけるのだ。ニーチェは真理概念をも貫く透徹した省察の力を持ちながらも独断に禍いされて本物という概念の前で立ち止ったために、彼自身一番なりたくなかったルターの徒になってしまったのであり、芝居がかっているものへの彼の激しい怒りも、根っからの俳優ワーグナーにおいてあれほど彼を憤らせた反ユダヤ主義の同類なのである。彼は芝居がかっているということでワーグナーを非難すべきではなかったのだ——なぜならあらゆる芸術、なかでも音楽は芝居と類縁関係にあり、ニーチェ自身の装いをこらした総合文《ペリオーデ》のはしばしにも、ローマ元老院で熱弁をふるう雄弁家たちの声音のこだまが遠く十幾世紀の隔たりをこえて響いているのである——むしろ、芝居がかっていることを俳優である当人が否認していることこそ非難されるべきだったのだ。それに、実質があるかのように装っているにせものの虚偽性を発《あば》く前に、本物自体が本物になった途端に虚偽性を帯びることに留意すべきだろう。なぜなら、自らを省み、自身を本物と見定めた拍子に、同一性の主張が裏目に出て何か別の物（二一〇）になってしまうからである。自我を話題にするのなら、存在論的な拠としてではなく、神の似姿たる人間の名において神学的に語るのがせいぜいのところだろう。神学上の概念を放棄しているくせに自我にしがみつく者は、むき出しの利害という悪魔的にポジティブなものの正当化に一役買っているのだ。その種の人間は借物の意味の霊気《アウラ》でむき出しの利害を取り繕い、自己保存を司る理性の命令権のために仰々しい上部構造をでっち上げているわけだが、現実世界における現実の自我は、とっくにショーペンハウアーが自己沈潜において認めた通りのもの、つまり亡霊になり果てているのである。自我の仮象性は本物という概念自体に含まれている歴史的な含蓄に見て取ることができる。この概念のうちには本源にあるものが派生したものの上に位するという観念がひそんでおり、後者の観念はつねに社会上の正統主義に結びついていた。支配層というのは、どの土地でもひとより早く住みついた原住民であることを事あるごとに言い立てるものなのである。俗世間を超越していると称する内面性の哲学なるものは、先に住みついた者の権利の方が大きいという不合理きわまる蛮風をとことんまで純化したものであり、自我の優先性がまやかしであることは土着者たちの優先権がまやかしであるのと同様である。この辺の事情は、本物概念を physei（自然のもの）と thesei（人工のもの）という対概念の次元に引き戻し、人間の手の加わっていないものは人間の手の加わっているものよりすぐれていると考える場合も少しも変らない。世界は人工物の網に蔽われていると言っていいが、その網の目が密になるにつれて、そうした事態を作り出している連中の世界の自然性や原初性を説く声はいやましに喧しくなって行くのだ。個人主義的な倫理学の最後の防塁としての本物概念の発見には近代工業による大量生産の事実が反映している。おびただしい数に上る規格品が利潤をあげるためにいっぺんこっきりのものという触れ込みで市場に溢れるようになると、そうした情況に対抗するアンチ・テーゼとして——もっとも基準そのものに変り映えはないのだが——これこそは複製の利かない正真正銘の本物という観念が形づくられるわけだ。昔は精神の所産について真贋を詮議するようなことはなかったと考えられるので、その点、バッハの時代にはまだ知られていなかった独創性の問題と相通ずるものがあると言っていいだろう。本物主義の欺瞞は、元はと言えば交換過程についてブルジョアの抱いている幻想から来ている。本物の外観を呈しているのは、商品やその他の交換手段を還元するさいの土台になるもの、とりわけ金である。ところがあたかも金がそうであるようにその純分度から抽象された本物概念の方も物神になる。金も本物も一切の根底にある基体のような扱いを受けているわけだが、いずれも代替や比較の利く物品相互の関係の指標にすぎないのであって、基体の実体は社会関係でしかないのである。言い換えれば、まさにこの両者こそ即自的ならざる対他存在である。本物のにせもの性は、交換に支配された社会にあって謳われている通りのものではとうていあり得ないのに、額面通りのものであることを僭称せざるを得ないところから来ている。権力側に立つ本物主義の使徒たちは、しきりと流通面に攻撃を加え、流通的なものを葬ると称しつつ実際は金のヴェールの踊りを踊っているのである。

100

水の上——解放された社会の目的をひとに訊くと、人間としてのさまざまの可能性の実現とか、豊かな人生といった答えが返ってくる。避けられぬ問いに理不尽なところがつきまとうように、答えの方にもひとの反撥を唆るような高飛車な調子がついて廻るのだが、そこには九十年代のひげもじゃの自然主義者たちが抱いていた社民党寄りの人格理想を思い出させるところがある。彼らもまた人生をぞんぶんに楽しむことを念願していたのであった。この場合穏当なのは、誰ひとりひもじい思いをしないですむような社会、という一番荒っぽい答えだけであろう。それ以外の答えは、おしなべて、本当は人間の欲求にのっとって定めなければならない状態が問題であるのに人間の態度を問題にしているのであり、しかもその態度というのが自己目的としての生産をモデルにかたどられたものなのである。たとえば精力絶倫かつ自由奔放な創造的人間という理想像にも商品の物神崇拝がしみ込んでいると言っていいのだが、当の物神崇拝は、現実のブルジョア社会においては、心的抑制、無力感、千篇一律に伴う不毛性などの事態を招いている有りさまだ。ブルジョアの「没歴史性」と相補的な関係にある力学の概念にしても、現在では絶対的なものに祭り上げられているけれども、もともと生産面の法則が人間学の次元に反映されたものであり、社会が解放された暁にはあらためて人間の欲求と批判的につき合わせて見なければならない性質のものである。束縛のない行動、倦むことを知らぬ性欲、底なしの健啖、最大限に活用された自由時間などといった観念に養分を供給しているのはブルジョアの自然概念であるが、この概念はかねがね社会的暴力を万古不易の健全な状態と触れ回る上でもっぱら有効性を発揮して来たのであった。マルクスの反撥した社会主義の建設的な構想なるものは、以上のような点、言い換えるなら野蛮に同調している点において旧態依然たるものがあったわけで、悪平等呼ばわりされているような面に問題があったのではない。おそろしいのは全人類が贅沢三昧になれて柔弱になることではない、汎自然に化けた社会的要素が野放図に拡大され、何かしていなければおさまらぬような熱病に集団ぐるみとりつかれることこそ恐るべき事態である。将来への発展はひとえに生産の向上にかかっているという無邪気な考えはブルジョア気質にかぶれているので、一つの全体としてのまとまりをもつブルジョアは数量的思考に支配され、質的差異に敵意を抱いているために一方向にむけての発展しか認められないのである。解放された社会をまさにこうした全体性から解放された社会として心に描くとき、生産の向上やそれを反映した人間像などとあまり関わりのない展望がひらけてくる。抑制のない連中は必ずしも好ましい存在ではないし、本人たち自身、真の自由人とは言い難い。こうした例に顧みて、束縛を脱した社会は、生産力でさえ人間の究極的な拠というわけではなく、商品生産に合わせて歴史的に作り出された有り様《よう》でしかないことに思い至るかもしれない。真正な社会は発展そのものにうんざりして、何がなんでも他の遊星を征服するというような気違い沙汰はやめにして、ある種の可能性は利用しないでそっとして置くような自由を獲得するかもしれない。これまで窮乏状態を免れるためにいろんなことがなされて来た、またいろいろやっているうちに富とともに窮乏そのものを拡大再生産するというようなこともあったわけだが、困苦欠乏を最終的に脱した人類はこれまでのそうした努力にどこか気違いじみた空しいところがあったのに心づくかもしれない。そうなれば――現在行われている享楽の方式には、せかせか動き回ったり、計画を立てたり、我意を通したり、ひとを隷属させたりするような面が否応なしについて廻るけれども――享楽そのものも違った様相を呈することになるだろう。「動物のように何もしないで」、水の上に寝そべり、充ち足りて天を仰ぐ、「他に何の職務も満足もいらない、ただ存在しているというそれだけの状態」が手順や作為を必要とする欲望の充足に取って代り、根源に還流するという弁証法的論理の約束を実地において果すことになるだろう。抽象的な概念のうちでユートピアの具体的なイメージに一番接近しているのは永久平和の概念である。モーパッサンやシュテルンハイム(一二)のような進歩の傍観者たちはそうした平和を願う気持を言い現わしているのだ。この祈念にはこわれ物のような脆さがあり、その脆さの許す範囲内でのごくごく内輪の表現であるけれども。

ミニマ・モラリア　第三部　（一九四六―四七年）

雪崩よ、お前のめくるめく落下にこの俺を巻き込んではくれまいか？（一二三）

ボードレール

101

温室植物——早熟者と晩熟者について世間で取沙汰していることには——たいてい早熟者の夭折を望む気持がそこにいり混じっている——あまり根拠がない。早なりの人は人生を先取りしつつ生きている。その経験は先験的であり、予感の触手を働かせつつ、あとになってから現実の事物や人間に取って代られるものをイメージや言葉を手がかりに探り当てることである。こうした形の先取りは、おおむねそれ自体において飽和しているために当人を外界に直面させない。そして、外界との関係を神経症がかった戯れの要素で彩ることになりがちである。いろんな技に長《た》けているというだけに終らないものが備わっている場合、その早熟者はあとから自分に追いつかなければならないような破目になるのだが、世間の正常人たちはそうした余儀ない道程を粉飾して道徳上の掟のように見なしたがるものだ。彼は自分の心象でふさがっている場所を外界の事物に明け渡し、これらの事物と関係を結ぶためにも四苦八苦しなければならないし、人並みに悩むことすら新たに学び取らなければならない。晩熟と言われている人間の場合は内面からの障害なしに円滑に行われる非我との接触が、早熟者にとっては苦痛の種である。またその衝動がナルシシズム的な傾向を帯びているために——それは経験の中に想像の占める割合が不釣合に大きい点にも現われている——人一倍成熟に手間取ることにもなってくる。先取りにおいては著しく和らげられていた境遇や不安や情熱も、あとからわが身に体験するときはしたたか骨身にこたえるものとなり、持ち前のナルシシズムとの間に摩擦を生ずるために、病的消耗性の様相を呈するに至る。このため彼自身にも子供じみたところが出てくるのだが、かつてあまりにも楽々とその段階を乗りこえたために今頃そのつけが廻って来たわけだ。かくして世間並みに順調に成長した他の連中が成熟している時期に早熟の彼が未熟をさらす結果になり、そのうえ痴愚の気《け》まで加わって、かつて早熟を謳われただけにそれを許し難いと見る世間のごうごうたる非難が振りかかってくる。彼は苦難に打ちひしがれる。あまりに長くアウタルキーのぬるま湯にたっぷり浸っていた彼は、かつて空中楼閣を築き上げた界隈を寄る辺なくほっつき歩かなければならない。こうして見ると、早熟者の筆跡ににじんでいる小児的な特徴には、それなりに警告の意味があることになるわけだ。早熟者は自然の秩序にとっては一種のスキャンダルであり、彼らを脅かす危険は健康人から見れば小気味よい眺めであり、社会全体も成功と努力の間の等式関係を身をもって否定している彼らには不信の念しかもっていない。彼らはかねがね祟りを受けても当然という目で見られて来たわけだが、彼らの内面の経済そのものが、知らず知らずのうちに、しかし苛酷きわまりない形でそれなりの報いを受けているのである。うわべは気前よく彼らに貸与されていたものが、こうしてびしびし取り立てられていく。一個人の内面が辿る運命においてすら、すべてに相応の代償が支払われるようにある種の機関が目を光らせているのだ。個人の身に生ずる法則は等価交換の判じ絵なのである。

102

そんなに急がないで——街頭で見かける人びとの駈足には恐慌めいたところがある。転倒などしないように懸命になりながら転倒者の動転ぶりを模したところが出ているのだ。必死に頭を抬げている様は溺れかかってあっぷあっぷしている人間そっくりであり、緊張をたたえた顔の表情は苦痛の渋面に近い。うっかり後を振り返ろうものならけつまずきかねないのでひたすら前方を見て直進しなければならないのだが、見るもおそろしい追跡者にあとをつけられているといった風情である。昔の人はどうにも手の施しようのない危険に出遭ったときは走って逃げ出したものだが、走り去るバスのあとを追っかける現代人は——当人は無自覚にしても——そうした古人の姿を彷彿させるのである。現代では交通法規に野獣に出くわした場合の対応をしるす必要はなくなった。かといって、街頭での猪突猛進が緩和されたわけでもなかった。そこにはブルジョア的歩行とは違ったものが出て来ている。本当の安全にはまだほど遠い、相手がただの車のようなものでもあるにもせよ、人生の野放しにされた危険から身をもって逃れなければならない点は今も昔も変らないという真相がそこに露呈されているのだ。今でも身体そのものは正常な歩行になれているが、これはありしよき時代の遺風である。それは元来ブルジョアの歩行法だったのであり、司祭風の儀式ばった歩みや、宿無しの流浪や、息せき切った逃走などのような何ものかに呪縛された状態を抜け出し、神話の段階を肉体の次元でも脱却したのびやかさが見られた。人間の尊厳の自覚は、命令や恐怖が肉体に無理強いするそれとは違うリズムに従った歩行の権利を主張したのであった。散歩や遊歩は封建時代のそぞろ歩きを十九世紀に継承した私人の気晴らしだった。自由主義時代が終りに近づくとともに、車の走っていない場所においてさえ歩行の習慣がすたれていく。こうした趨勢を狂いのないマゾヒズムの本能で探りあてた青年運動は、親の世代の日曜日の行楽に挑戦し、それに代る自由参加の強行軍を盛んに行って中世風に道行《ファールト》などと称していたが、それからちょっと下るとフォード製の車がファールト（ドライヴ）を一手に引き受ける時代になるわけである。ひょっとするとスポーツ熱や機械工学のもたらしたスピードを礼賛する風潮のうちには、恐怖状態での疾走をかわしつつ、高飛車に上手に出ることによってその怖ろしさに打ち克とうとする衝動がひそんでいるかもしれない。言ってみれば、これ見よがしにどんどん針の上って行く速度計には追跡されている人間の恐怖を鎮める儀式めいた効果があるのだ。ところで、母親の忘れたハンドバッグを二階から取って来るように言い付けられた子供から、射殺する口実を作るために護送兵から逃亡を命ぜられた捕虜にいたるまで、その間にいろんな中間段階が考えられるわけだが、ともかく誰かが「走って」という掛け声をかけられるとき、ふだんはしのびやかに一足ごとの歩みを操っている昔ながらの理不尽な力が声の暴力となって甦るのである。

103

荒野の少年——現実的な根拠もないのに(だから固定観念にとり憑かれているようにしか見えない)一番怖れていることはえてして実際に起りがちなものである。どんなことがあってもひとに知られたくないと思っている一身上のことがあると、お節介な人間からいやに馴々しい同情顔でそのことを聞かれたり、どうにかして恋人に会わせまいと常日頃心をくだいている人物がいると、その人物から——たとえ三千マイルの彼方からであろうと——第三者の好意的な口添えもあって恋人のところへ招待が来る、そしてそのついでに引き合わされて面識の出来た連中からやがて良からぬことが持ち上る、といったようなことになりがちなのである。あまりにこちらの口の堅すぎたことがかえって意地の悪い相手を刺戟して触れたくない問題について質問させることになったり、おろかにも向う見ずな信頼を寄せて仲介者に仲介しないように頼むことでかえって好ましくない交際のきっかけを作ったり、いずれにしても怖れている事態をわざわざ招き寄せるということがあるかもしれないのだが、その程度のほどはよく分らない。心理学の知見によれば、禍いを心に描く者はなんらかの意味でそれを待ち望んでいるという。それにしても何故こんなに打てば響くようにこちらの期待通りに禍いは訪れて来るのであろうか？　パラノイアの空想は現実を歪めているけれども、現実の側にそれに呼応する何かがあることも確かである。誰の心にも隠れているサディズムが他人の隠れた弱点を狂いのない確かさで嗅ぎ当てるということもあるだろう。それに被害妄想は感染し易い。誰かが被害妄想を心に抱くと、傍《はた》に居る者まで引き込まれてそれを模倣するようになる。とりわけひとびとの怖れていることを自分でやって見せて、妄想の正しいことを証明すれば模倣者を作るのはいともたやすいことである。「ひとり馬鹿がいれば、そのあとについていく馬鹿は数知れず」——底の知れない孤独のうちに育まれた妄想にも集団に波及する傾向があり、その挙句に幻影にすぎなかったものが現実の姿を取るようになるのだ。こうした異常心理のメカニズムは、社会化の進行によって絶望的に孤立した人びとが、仲間に餓えて盛んに徒党を組むといったような今日の社会に顕著な趨勢と相通ずるところがある。かくして気違い沙汰が疫病のようにはやりだす。気違いじみたセクトは大がかりな組織と同じリズムに乗って脹れ上ると言っていいが、要するにそれは全面的破壊のリズムである。被害妄想が現実となるのはもともとそれが血腥い現実と類縁関係にあるからである。文明の基底に万人による万人の迫害という荒荒しい事態がひそんでいることは事実であり、被害妄想者は割り切れない現実をなんとか割り切ろうとして、本当は社会全体によって惹き起されている事態を身近な人間が元兇であるように考えるから割りを食うにすぎない。被害妄想者は、自分と共通性のある客観的な妄想を――不条理な現実の実態はまさに完璧な間接性ということにあるのに――いわば素手で直かにつかもうとするから火傷《やけど》をするわけである。結局、被害妄想者は瞞着の体系が存続するために犠牲《いけにえ》になる。外界の出来事にとりとめない投影を行なって、この上なくばかばかしい想像をしたり、最悪の場面を心に描く場合でも、社会を永続させている冷厳な法則をなんとかして見究めようとする意識の無自覚な努力が働いているのだ。そこに常軌を逸したものが出てくるのは適応が短絡的に行われるからで、たとえばAという人間の示すあからさまな狂態がBという人間に全体が狂っていることをまざまざと見せつける見当違いな結果になったりするのである。また自前で間違った生活のあとをせっせと追いかけるパラノイア患者は、言ってみれば正しい生活の戯画的存在である。しかし短絡《ショート》にさいして火花が散るように、妄想同士が連結すると電光のように真理が閃く。またそれによって被害妄想の正しかったことが明白になるのだが、正しかった証《あか》しが立つことでかえって患者は嬲《なぶ》り者になり、いっそうどん底の深みに突き落される。生活の表面はたちまち何事もなかったように破れ目もふさがり、彼の思うほど事態はひどくはないので、狂っているのは彼の方であるという証明でけりがつく。妄想患者は、客観世界の狂気と個人の無力が見境もなく入りまじっているような状態――たとえば被害妄想者たちの独裁であるファシズムが、迫害を受けた人びとの胸にあるさまざまな不安の現実化であるような意味でのそれ――を、主観的に先取りしている。だから度を過ごした猜疑はパラノイア的であるのか、それとも、荒々しい歴史のどよめきに対する個人の側のかすかな反響がそこに認められるという意味で現実に即しているのか、いずれかの結着は事後にならなければつけられない。心理学ではおそるべき現実の核心に迫ることはできないのである。

104

金門湾――恋人にすげなくされる者は何事かを会得する。それは激痛がどぎつい光となって自分の体内を照らし出す場合に似ている。彼は認識する。盲《めし》いた恋心はそんなこととはつゆ知らない、またそれを悟ってもいけないのだが、恋心のいちばん奥深いところには決して盲いてはいないものの要求がひそんでいることを。彼は不当な仕打ちを受けた。それを拠に彼は自己の正当性を主張するのだが、同時にその主張を投げうたなければならない。なぜなら彼の求めているものは相手の自由意志に俟つしかないからである。こうしたジレンマに苦しんでいるうちに、ふられた恋人は人間らしい人間になっていく。個別的なものを介しなければ一般的なものに敬意を払えないのが恋の恋たるゆえんで、勢い一般的なものを個別的なものに売り渡す面も出てくるわけだが、その反面、一番身近な人間の自律性という形で一般的なものから冷酷無慙なしっぺ返しを受けるのも恋である。相手の肘鉄は一般的なものを証拠立てているにすぎない、しかしそれをくらった当人は一般的なものから自分がのけ者になった証拠のようにそれを受け取るのである。失恋者は世の中のあらゆる人間から捨てられたように思い込む。だから他人の慰めにも耳をかさない。そして思いを叶えられない不条理に苦しむうちに、個人的なものでしかない願望の成就にはどこかまやかしめいたものがあるのを感じ取るようになる。それとともに彼の目から梁が落ち、自分の思う人から思われるという、絶対に手放せない、しかしどこに訴えて出ることもできない人権にめざめ、この一般的原理の背理を含んだ自覚に達するのである。自分の思いを叶えて欲しいという彼の請願は肩書や権利の要求に基づいたものではない。またこうした請願を携えて彼の訴える先はこの世に存在しない法廷で、そこでは慈悲のはからいから、彼のものでありかつ彼のものでないものの帰属を彼に認める判決が下るのだ。恋愛における正義の秘密は法的権利の廃棄という点にひそんでおり、恋愛そのものもその方向を言葉のない身振りで示しているのである。「甘い汁を吸いながら、おろかしいのが、いつも変らぬ恋の定め」。

105

ものの十五分ばかり――眠られぬ夜といえば、むなしい夜長を忘れようと輾転反側しつつ、しののめの白むのを悶々と待ち侘びるものと昔から相場が決っている。しかし本当におそろしいのは、寝つけないうちに手から砂がこぼれ落ちるようにあっけなくどんどん時のたつ夜の方である。たとえばあなたがたっぷり睡眠時間をとって疲れをいやそうと期待しながら明かりを消すとしよう。ところが群がり起るさまざまの思いをなだめかねているうちに貴重な夜の貯えはいたずらに使い果され、固く閉じた熱っぽい瞼の裏でチラチラしていたものがやっと見えなくなったと思う頃はすでに時おそく、浅い眠りを破る明方の近いのを思い知らされるのである。いたずらにどんどん過ぎていくという点では、死刑囚に残された最後の時間もこれと似たようなものかもしれない。ところでこうした形で収縮した時間は充実した時間といちじるしい対照をなす。経験の力が持続の魔力を打ち破り、来し方行く末を現在のうちに凝集しているのが充実した時間であるとすれば、眠られぬ夜のあわただしい持続がもたらすのは人生が一瞬の幻と化す耐え難い恐怖である。持続を止揚することを通じてではなく、時そのものの悪無限に当面してそれ自体のむなしさにめざめ、無に帰ることで人生が一場の夢となるのだ。そんなときは、せわしなく時を刻む時計のいやにかん高い音にも、地上のはかない存在を見下ろした光年の嘲りを聞き取る思いになる。内面の感覚が捉えるいとまもなくあっという間に過ぎて行き、逆に感覚を奔流のようにさらっていく時の流れは、人間の心も、そこに貯えられたくさぐさの記憶も、この宇宙大の夜の中では忘れられる運命にあることを告げているのである。現代の人間はいやでもそのことに気づかずにいられない。完全な無力状態に置かれた現代人の目には、残された人生も処刑を控えた短い猶予期間のように映るのだ。大体、現代人は天寿を全うできるとは思っていない。誰しも拷問責めや変死を他人事と思えないような状況で、勢い、余命いくばくもないような心細さを断ちがたいし、自分の寿命も統計次第、長生きということも、平均値をちょろまかした不当な利得みたいな妙な感じになってくる。人生にも割当てのようなものがあり、いつでも回収できる形で社会からあてがわれているのだが、ひょっとすると自分はその割当て分をもう使い果してしまったのかもしれない。そんな不安の影がすばやい時間の経過のうちに身体をかすめる。時は飛ぶように過ぎていく。

106

花という花〔二一四〕——思い出は何人も奪うことのできないわたしたちの唯一の財産である、というのはたしかジャン・パウルの言葉だが、無力と感傷をないまぜにした気休めの一つでしかない。他に同類の多いこの種の気休めは、大願の成就を思い切り諦念のうちに自己の内面に引きこもる当人に向ってそれこそは人生の本懐であると言いくるめようとする。専用の記録保管所を設立した個人は自身の経験の貯えを財産同然に管理することになるわけだが、そうした扱いのために折角の経験が今度は当人にとって完全に外面的なものになってしまう。過去の内面生活が家財道具に類したものになるのだが、そう言えばこれと逆の関係で、ビーダーマイヤー(一一五)の木製の家具には最初から思い出のよすがになるような趣が備わっていた。個人のこころが蒐集した形見や珍品をしまい込む室内にはつねに倒壊の危険がつきまとっている。大体、思い出の中では過去と現在が入り交り絡み合っているわけで、それを品物のように抽出しや整理棚にしまっておくことは出来ないのである。ジャン・パウルの文章は意のままに思い出にふける気ままな境涯を高らかに歌い上げているが、まさになんぴとも意のままにならないのが思い出というものである。それに物品のように思いのままになり、当人が自家薬籠中の物のように見なしている思い出は、強い日光にさらされた傷みやすい絨緞のようにたちまち色褪せる。一方、忘却に守られてそのエネルギーを温存している思い出も、生命のあるものがすべてそうであるように危険にさらされている。ベルクソンやプルーストは現在の意識に与えられた直接与件ももっぱら記憶の媒介によって構成されており、今と当時の間には交互作用が働いていると考えることで物象化に対抗しようとしたが、彼らの考えもそうして見ると救いをもたらすプラスの面ばかりではない、一面では地獄めいた様相を帯びているわけである。どんな既往の体験も、切り離されて死後硬直を起しているような有り様《よう》から無意志的な想起を通じて甦らなければ本当に生きていると言えないだろうが、その点を裏から見ると、どんな思い出にも保証はない、それを胸に育んでいる当人の将来と無関係にそれだけで存在を保っていられるような思い出はない、ということである。言い換えれば、過去のどんな事柄でもたんなる心象になり変る過程において現在の経験から悪影響を受けかねないということだ。たとえば、ある人にまつわる限りなく嬉しい思い出がその後の経験のために実質上帳消しになる場合があるのだ。恋をしてあとでその恋を裏切る者は、かつての恋人の面影を傷つけているばかりでなく、自身の過去に不当な仕打ちを加えているのである。思い出の中には、目覚めぎわの気の乗らない身ぶりや、上の空の調子や、楽しみにつきものの軽度の偽善といった要素が紛れ込んでいる。これはどうしようもないあからさまな事実であるが、今では疎遠になったかつての身近な存在はこうした思い出の有り様《よう》によっても疎遠になっていく。絶望には取り返しがつかないという表現がつきものだが、これは事態改善の望みを絶たれているからではない、絶望そのものに既往の全体をその奈落の淵に引きずり込んでしまうところがあるからだ。したがって現在の汚水をかぶらないきれいな状態に過去を保っておきたいなどというのは、感傷的な空頼みでしかない。無防備状態で非運にさらされ、非運をかいくぐり形を変えて甦ることだけが、過去に残された一縷の望みである。しかし絶望して死ぬ人間はどのみちその全生涯が徒労だったのである。

107

Ne cherchez plus mon coeur（わたしの心を求めないで）——文学と人生に憑かれている点においてバルザックの後継者だったプルーストは、招かれて社交界に出掛けるたびに甦った生から胡麻を開いて見せられるような思いを味わった。またこの作家が読者を誘って行く先も、社交場裡の大《おお》時代なおしゃべりが栄耀栄華につきものの暗い内幕の消息をもたらしてくれる、そして、あこがれを秘めた目差しであまりに近々と覗き込まれたためにさしもの栄華も最後には光を失い、ひび割れを見せるような迷宮じみた世界である。プルーストは、どんなブルジョアの目から見てもなくもがなの存在であり、歴史的に消えて行く運命にあった贅沢階級のために心を労し、浪費家たちの後を追って莫大なエネルギーを浪費したわけだが、こうしてよしなし事に血道を上げることが、とらわれのない目で重大事を追求する場合より大きな収穫をもたらす結果になった。プルーストは上流社会の絵図を退廃期特有のパターンに従って描き出すのだが、そのパターンは大筋において社会の趨勢と一致していることが明らかになるのだ。シャルリュスやサン・ルーやスワンなど彼の作品の登場人物の中で滅びて行くものは、最後の作家ともいうべき彼の名前すら知らない次の代になると始めから世代の全体に欠けているものである。デカダンスの常軌を逸した心理学はそのまま大衆社会の否定的人間学の下絵になっており、プルーストの過敏な反応はのちにあらゆる愛が蒙る運命をいち早く先取りして報告しているのである。恋愛関係はブルジョアの時代にはそうした事態に時には逆らうこともあったのに、この段階になると完全に交換関係に吸収された。当事者同士の間が疎遠になったために、最後の直接的な絆である愛でさえ成り立たぬような時代が来たのである。自我が自身に認めている価値のために愛情は冷えこんでしまう。本人にして見れば自身の恋心は相手のそれを上廻っているのだが、相手のそれを上廻る恋心を抱く者は立場が悪くなる。恋人から胡散な目で見られることにもなり、自分自身に投げ返された彼の愛情は所有欲に駆られた残忍性を帯び、自己破壊的な妄想に耽るようになる。『見出された時』に次のようなくだりがある。「相手の女性が貞淑だからというのではない、またそのひとのそそる恋情に肉感性が乏しいためでもない、そうしたこととは全く違った理由から恋人に対してプラトニックな関係が続くという場合がある。たぶんその男はあまりに深く愛しているために、さりげない振りをしたり冷淡を装ったりしながら思いをとげる瞬間を待ち設けることなどできないのであろう。彼はたえまなく相手の顔色をうかがい、のべつ幕なしに手紙を書き送り、何かと言えば相手に会いたがる。彼女は拒絶的な態度を示し、彼は絶望する。そんなことがあってから、その男との関係ではときどき相手をしてやり、せいぜい友人としてつきあっていけば十分であることを彼女の方では、会得するようになる。いったん思いあきらめた男の目にはその程度のことでもたいへんな特典のように映るので、彼女としてはそれ以上に男の望みを容れて余計な気苦労をしたりする必要はない、じっと時が来るのを待ってさえいれば、会えない状態が続くのに耐えきれなくなった男の方からきっと折れて出て、何はともあれ戦争状態を終結することに同意するに違いない。そうなれば講和の条件も彼女の思い通り、その第一条件がプラトニックな関係ということになるのだ……こうしたすべてを女性は本能的に察知するものなので、始めからそれをひた隠しにするほど男の性質がひねくれていなければその情欲の悶えは彼女にも伝わってくるのだが、それでいて身を任せないですませる贅沢が自分に許されているのを、ちゃんと承知しているのである」。男娼のモレルは相手の大金持の情人よりも立場が強い。「彼はすげなくしさえすればいつでも優位に立つことができた。そしてすげなくする動機としては、たぶん、相手が自分を愛しているということだけで彼には十分だったのである」。バルザックの描いたランジェ伯爵夫人（一一六）の個人的な動機が今では世にあまねく行きわたったのだ。日曜日の暮れ方、おびただしい車が近郊からニューヨークの市中に戻ってくる。車種ご

108

との等級はさまざまだが、その等級と車に同乗している女の子の美醜の間には正確な対応関係が認められるのである。――客観面における社会の解体は、個人の次元では性愛衝動が弱まり、自己保存にあくせくしているモナドを結合する力を失った点に露呈しているのだが、人類を挙げて爆発する宇宙に関する物理学上の理論を模倣しているような趣がそこに認められるのだ。とりつく島のない高嶺の花、というのはいつのまにか大衆文化の公認のお題目の一つになったが、これと対応する関係にあるのが恋する男の側の「情欲の悶え」である。カザノバがある女性をさして偏見がないと言うとき、彼が考えていたのは、いかなる宗教上のしきたりもその女性が男に身を任せる上で妨げになっていないということだった。今日ならばさしずめ、男の甘言に乗せられて相手から返ってくる分を上廻る投資をするような馬鹿な真似をしない、愛情なんぞもう信じていないのが偏見のない女性ということになるだろう。それあるがゆえに生活の歯車が動いていると一般に思われている性であるが、かつては不能につきものだった妄想の気を帯びるようになった。今日では生活の仕組みからいって、その道を弁えた快楽のための時間がない、勢い、生理的な要求を充たして事をすませているわけだが、こうした形で抑制の取れた性自体が脱性化しつつある。人びとは本当はもう性行為に陶酔を求めていない、自分の費す力に見合った応分の代償を求めているだけで、内心ではこんな不必要な費《つい》えはできるだけ切り詰めたいと思っているのである。

蜥蜴姫——男の想像力はまさに想像力を欠いた女性たちによって掻き立てられる。なかでもひときわ光彩を放っているのが、内面的な翳りのない、そっけない女性たちである。その魅力は、彼女たちが自意識を欠いている点、もっと言えばそもそも自我などとは無縁の存在であるところから来ている。こうした女性を謎のないスフィンクスと名づけたのはオスカー・ワイルドだった。彼女たちは寓意画に似ている。感情の動きに煩わされない純然たる仮象と化すにつれてプレツィオーザ（二一七）やペレグリーナ（二一八）やアルベルティーヌ（二一九）のような原型的存在に近づくのだが、この種の原型には個性の種々相の方こそ仮象にすぎないと感じさせるところがある。しかし彼女たちにしても一面では生身の存在であるわけで、魅せられて近づく男たちはその度に幻滅の苦杯を味わう結果になるわけだ。彼女たちの生活は物語の挿画や果てしなく続く雛祭りのようなものに見立てられており、実態は貧しい彼女たちの現実の存在がこうした見立てのために不当な扱いを受けることになる。シュトルムはその辺の消息を子供を主人公にした「人形使いポーレ」という陰翳に富んだ物語で描いている。物語の中でフリース人の少年がバイエルンから来た旅芸人の一座の小娘に恋をする。「やっと引き返しかけたとき、わたしは小さな赤い服がこちらにやって来るのを見た。しんじつ紛れもなく、それは人形一座の娘だった。着ているものは色褪せていても、わたしの目に映じたその姿は御伽噺の後光に包まれていた。わたしは勇気を奮い起して声をかけた。〈リゼイ、散歩に行くの？〉彼女は黒い目を見開いて胡散臭げにまじまじとわたしを見つめ、語尾を引き伸ばすように〈散歩するって？〉とおうむ返しに言った。〈まあ、あんたったら——あんたってお利口さんなのね〉〈いったいどこへ行くの？〉〈エレンクラーマーのお店に行くのよ〉〈自分の新しい服を買うの？〉とわたしはまことにとんまな問いを発した。彼女は声を立てて笑った。〈おあいにくさま、――ただのぼろ切れを買うのよ〉〈ぼろ切れだって、リゼイ?〉〈そうよ、お人形に着せる服を作る端切れよ、お値段も大したことないの〉」リゼイは現在と違った境遇を望みながらも、貧乏のために、しみったれたもの――「ぼろ切れ」――が目安になるような境涯に甘んじなければならない。何事によらず実際的な効用のないものは、彼女の理解の外にあり、突拍子もない、信用の置けないものなのである。気ままな空想は細民の世界を侵害する。なぜなら賤が屋の魅力などというのは部外者のひが目にすぎないからだ。にもかかわらず細民の貧しさは外部からほしいままに侵犯する空想にとって欠くことのできない糧であり、空想裡に描かれた幸福は苦難の相と二重写しになりがちである。現に拷問のわなに次々に落ち込むサドのジュスティーヌは「興味ぶかいわれらのヒロイン」と呼ばれているし、ミニヨン（一二〇）も打擲される瞬間に興味を惹く子になるのである。幻の姫君も一皮むけば咎負い娘というわけだが、本人はそんなこととはつゆ知らない。似たようなことは北方民族の南方民族に対する関係の中にも見出すことができるだろう。裕福なピューリタンたちは世界の大勢を動かす舵を握っている。その大勢によって大切なものを奪い取られたのは彼ら自身だけではない。流れ者たちこそは被害者の最たる者と言っていいだろうが、ピューリタンたちは自分たちの失ったものを小麦色の肌をしたよそ者のもとに空しく求め続けるのである。緑色に塗った車は車輪のついた移動式の家で、移動は星の運行に従って行われる、といった按配で、定住者の身には次々に新しい放牧地を求めてさまよう遊牧民の境涯が羨ましくてならないのだ。あてどない刹那的な生存衝動に駆り立てられた、行き当りばったりの幼稚な生活が何ものにも損われない生の円現のように見なされるのだが、よそ目に自己保存からの解放のように見えるものの実態はそのじつ自己保存にほかならないのであり、生の円現などとはおよそ無縁の境涯なのである。ここに認められるのはブルジョアの素朴なものへの憧れが描き出した一つの循環である。良い地位にぬくぬくと納まった連中は魂などというものを恥じることを文化から学んだのだが、文化の底辺で営む日々のくらしに追われて自主性など思いも及ばぬ人びとの、優雅な外見に労苦をしのばせた無心の有り様《よう》が彼らの目には魂の権化のように映るのだ。恋情が相手の無情に首ったけになるのも、それが有情なるものの符丁のように見えるからである。およそ生きとし生けるものが、失われたもののあとばかり追いかける絶望的な救済願望の修羅場だからである。早く言えば、恋する者もその不在がよすがとなって始めて魂なるものに開眼するのである。自我の反省などにはまったく縁のない、一番動物のそれに近い被造物的な目の表情ほど人間的に感じられるのも同じ理屈である。結局のところ霊魂そのものが、霊魂に無縁な存在の救済へのあこがれにほかならない。

109

L'inutile beauté（あだ花《二一二》）——絶世の美女たちは薄幸の定めを免れないようである。美貌のほかに、家柄、財産、才能と三拍子揃っているひとでさえ、身辺の人間関係を片っ端から破壊する衝動に駆り立てられ、自己破壊の衝動にとりつかれているように見える。彼女たちは運命の定めるところに従って二つの非運のいずれかを選び取らなければならない。一つは、美貌と引き換えに幸運をつかもうとする打算的な道である。それはいわば幸福という代価を払って幸福の条件を手に入れる行き方である。この道に進んだ美女たちは、愛の能力を失うとともに自分に寄せられた他人の愛情を踏みにじるようになり、結局なんら得るところなく終ってしまう。もう一つは、美貌という特権に勇気と自信を得て、交換条件に基づく取り決めを度外視する行き方である。身うちに約束されている幸福を徒やおろそかに思わず、誰かれとなく慕い寄られ、いまさらその値打ちを証拠立てる必要もないほどのわが身を、惜し気もなく男たちに与える生き方である。若い頃選りどり見どりだった彼女たちはそのためにかえって見境がなくなってしまう。彼女らにしてみれば、何事によらず代りはすぐに見つかるわけで、決定的なものといっては何一つない。あまりよく考えもせずにはやばやと結婚した彼女たちは、それによって日常茶飯の生活のしがらみに拘束され、ある意味では無限の可能性という特典を放棄し、ただの人間に成り下がる。しかし一方では、人生の明け方に見た自分には不可能事などないという見果てぬ夢を追う彼女たちは、明日はもっといいものが代りに見つかるだろうという頭があるものだから、現在手中にあるものを、次々に――この点ブルジョアらしくないと言っていい――投げ捨てて省みない。彼女たちの場合は破壊的性格がこうした形で現われるわけだ。むかし彼女たちは言ってみればコンクールの無鑑査だった。そのことが禍していまではいくら血道をあげても同性との競争に後れを取ってしまう。かつて男たちを悩殺した本体の方はすでに失われたのに、その嬌態だけが残った。色香の神通力も、高嶺の花の座を降りて世帯の中に納まってしまえば形無しである。しかしその嬌態が鼻につく当人自身、犠牲者である。性来の気前のよさにも応分のつけが廻ってくるような有りさまで、かつては歯牙にもかけなかった世の掟にいまは従わなければならない。落ちぶれたにせよ、狂ったにせよ、彼女たちは幸福の殉教者である。一方、社会生活に組み込まれ、近来、生活設計の枠の中の存在として位置づけられるようになった美女がいる。この種の美女は架空の人生の代償のような役を果しているのだが、彼女たち自身、その役を一歩でも踏みこえるようなことはない。その生きざまは、自他いずれに対しても幸福の約束を反古にしたところで成り立っている。ところがその約束に忠実な美女は、身近に不吉な妖気を漂わせており、自身も災難に見舞われるめぐり合わせである。この点に関する限り、啓蒙化された世界も神話をそっくりそのまま取り込んでいるのであって、神々の嫉妬は啓蒙ののちに生き残ったのである。

110

コンスタンツェ[一二二]——ブルジョア社会においては何事につけても極力意志を行使しなければならないことになっているのに、愛情だけは本人の意志にかかわりのない感情の直接の流露と考えられている。そうした愛情へのあこがれのうちには労働からの解放への願いもこめられているので、その限りにおいて、ブルジョアの愛情観にはブルジョア社会そのものを乗りこえる契機が含まれていると言っていい。ただこの種の愛情観は、何もかも偽りだらけの世の中にいきなり一つの真実を持ち出してくるために、折角の真実も一種の虚偽に成り変ってしまう。すべてが経済ずくで動いている体制にあって、混じりもののない感情などというものがたとえ有り得たとしても、まさしくそうした有り様《よう》によって社会的には利害の支配のためのアリバイとなり、実際には存在しない人間性の証拠にされるということがあるわけだが、問題はそれだけではない。感情のおのずからなる流露である愛情そのものが、始めから実際的な狙いがそこに絡んでいない場合でさえ、一つの建前として確立された途端にまやかしの全体の片棒を担ぐことになるのだ。社会の場に置かれた愛情は、意識的な抵抗という形を取ってこそよりよい社会の寓意となり得るのであって、ただ平和な飛地というだけではその用をなさない。ところが意識的な抵抗は、ほかでもない、どこまでもそれを自然なものと考えたがるブルジョアが愛情に禁じている我意の要素を必要としている。ひとを愛するというのは、経済によって社会生活のあらゆる場面に加えられる媒介の圧力のために感情の直接性を損われぬ能力と言っていいので、そうして節操を貫くことで感情の直接性もそれ自体において媒介され、圧力に抵抗するしぶとさを身につけていく。早く言えば、愛に固執する力のある者だけが本当に愛しているということだ。社会上の利益は形を変えて生活の場に限なく滲透し、性衝動にいたるまで一定の鋳型にはめ込む力を持っている。そして検定済みの対象を無数のニュアンスで彩りながら、あるときは甲のタイプ、またあるときは乙のタイプを魅力的だと思い込ませる。ところが、いったんこれと思い定めた愛情は――あとからきまって社会の重力に利用される種々の陰謀の類はさて措き――社会の重力自体がそれを望まないような場合でも、我を張り通すことでそうした働きかけに抵抗する。時には強迫観念じみることもあるかもしれないが、長持ちすることでたんなる感情の域をこえるか否かによって感情の真価は定まるのだ。一方、無反省な自発性を装い、誠実とやらを鼻にかけ、心の声と称するものの命ずるところに唯々諾々と従い、その声が聞こえなくなったと思うとたちまち相手から遠ざかるといったような愛情の有り様《よう》は、自力独行の極致のように見えて、その実、社会の操る道具でしかない。利害のルーレットでそのつど文字盤に出る数字を受動的に記録しているだけで、本人にはその自覚すらない。この種の愛情は、恋人を裏切ることで自らを裏切っていると言うべきである。社会の命ずる貞節の教えは隷属のための手段でしかないのだが、自由の立場は貞節によらなければ社会の命令に対する不服従を貫くことができないのである。

111

フィレモンとバウチス（一二三）――亭主関白は外套の袖に手を通すことにまで妻君の手を借りなければ収まらない。まめまめしく世話を焼きながら、夫のあとを追う妻君の目はこう言っている、仕方がないでしょう、こんな小さなことで嬉しがるんだから嬉しがらせておきましょう、うちの人はこういう人なのよ、男ってこんなものよ、と。妻君は、何かと言えば、愚痴っぽい、自分の手では何一つ満足にできない男の意気地のなさを皮肉まじりに嘆くことが口ぐせになっている、口ではそう言いつつも男を甘やかしているわけだが、男に即して言えば、家父長的な結婚の営みにこうした形で報いが来ているのである。男性を女性より優れていると見るのはまやかしのイデオロギーだが、それに劣らず誤った隠微なもう一つのイデオロギーがその蔭にはひそんでいて、男性を劣等者の位置に置き、女性に操られたり、謀《たばか》られたり、欺かれたりする哀れな存在と見なしている。日々人生の修羅場に赴かなければならない男一匹の内幕は、女房の尻に敷かれた恐妻家というわけである。一般に、大人を見る子供の目にも、夫を見る妻のそれと同じような視野の狭さから来る一面的な鋭さが認められると言っていい。男の権威主義的な要求と、私生活の場ではいやでも露呈せずにはすまない頼りなさの間の不均衡には確かに片腹痛いようなところがある。夫婦打ち揃った姿にも滑稽はつきものなので、辛抱ずれした妻君の知恵は抜け目なくそれの埋め合せをつけるものだ。結婚生活がある程度の年数に達して、人目につかないちょっとした欠点をこっそり他人に耳打ちして夫君を晒し者にした覚えのないような女性はまずないであろう。しょっちゅう鼻を突き合わせていると相手に邪慳になりがちなものであるし、消費生活の分野では物品を扱いつけている者の方が実際においても強いのである。ヘーゲルの唱えた主人と下僕の弁証法が昔ながらのしきたりに従った家庭生活の中では今なお妥当しているわけで、家庭婦人自身がアナクロニズムにしがみついているためにいっそう拍車をかけられているような始末である。母権の座を追われた女性はまさしく奉仕する者の立場において主人の位置を占め、一方、家長の方は家長面をすればするほどカリカチュアじみてくる。同時代のうちに他の時代が入り込んでいることから生ずる弁証法がそこに認められるのだが、個人主義花やかなりし頃に「両性の闘争」と呼ばれたものの実体はこの弁証法にほかならなかった。世間には男権論者と女権論者の対立が見られるが、いずれの言い分も誤っている。女性は結婚生活のうちに自分の生涯の真実を求めている。そうした女性が、男性の権力の実体は金儲けであり、それが人間の値打ちのような体裁を装っているのにすぎないのだと、男性という魔物の正体を発《あば》いてみせるとき、同時に結婚生活自体が虚偽の塊りでしかないことを示しているのである。いかなる解放も社会そのものの解放がなければ成就しないということである。

112

Et dona ferentes（物を贈って来ようとも）(一二四)——自由を信奉するドイツの俗物たちは「神と舞妓」と題する

ゲーテの詩がことのほかお気に入りで、つねづね自慢の種だった。この詩には「神々は火と燃える腕《かいな》に堕落した地上の子をかき抱き、天の高みに連れ帰る」というファンファーレ風の結びがついているのだが、折紙つきの雅量も額面通りには信用できない。第一、そこには売春に関するブルジョア流の偏見が骨の髄までしみ込んでいる。歌い上げられた度量の広さはまさしく万物の父にふさわしいような理解と赦しの実を挙げているが、その傍らでは、救われた愛すべき女性に堕落女の烙印を押すことにぞくぞくするような悦びを味わっているのだ。慈悲の計らいには保留条項がついており、そのため折角の恩典そのものがまやかしめいてくる。大体、報酬として与えられるそれが救済の名に値するかどうか、疑問であるが、とにかく救済の報いに与るために、その娘自身《こ》は「ふしどのたのしいうたげ」に「色欲や稼ぎのために」侍ってはならないという。それなら一体なんのためにそこに行くというのであろう。この詩の舞踏のリズムに乗って舞妓の身辺に醸し出される妖しい魅力には、あとから淪落の淵に沈んだ身というような注釈をつけられても拭い切れぬほどの生々しさがあるのだが、そんな彼女に清らかな愛を求めるのは折角の魅力を形無しにするようなものではあるまいか？　ところがこの詩の運びでは、彼女は何かのはずみに道を踏み外しただけで、根は善良な女ということになっている。人道主義は売春婦に雅量を示すことで鼻高々であるけれども、彼女たちが人道主義の垣根の中に入れてもらう第一条件はその道から足を洗うことなのである。つまり、「神は前非を悔いた罪人を嘉《よみ》したまう」のである。「場末の家並みが尽きる」あたりへの遠出自体が一種の形而上的な零落趣味である。まず男性の精神と女性の天性（自然）の間の隔たりを無際限に拡大し、ついで自分の手で作り出した懸隔を撤回するという段取りで、しかもそうした絶大な権力を寛容の極致のようにとりつくろって見せる——つまり二重に自分を大きく見せかけた族長風の陋劣なお遊びというべきものがここにある。自分では楽しみながら、相手が楽しむのは面白くないといった身勝手さのあるブルジョアだが、遊女が必要なのはたんなる快楽がお目当てだからではない、それこそわが身を神のように感じるためにもその存在が必要なのである。日頃の生活圏から遠ざかり、見栄や外聞を気にする必要がなくなるにつれてブルジョアの好む暴力の儀式は酸鼻の極みに達する。ともに過ごした夜は歓楽の一夜だった。しかし遊女の身は炎に焼きつくされる。そのあとに残った燃えがらが観念である。

113

興ざまし——禁欲と陶酔の間に類縁性のあることは心理学をちょっとでもかじった人なら誰でも知っていることだし、聖者と娼婦の間にも愛憎をないまぜにしたただならぬ感情が流れているものである。これには客観的にしかるべき理由があって、要するに、文化の許容する分割払い式の充足などより、禁欲の方にかえって願望の成就に叶うところがあるということだ。言うまでもなく快楽に対する敵意は、その本領が許容する以上に要求することにあるような社会の紀律を受け容れたところから生じている。しかし快楽に対する別種の不信感もあるのであって、こちらの方はこの世に真の快楽などあるはずがないという予感から出て来ている。ショーペンハウアーの立てた論理の道筋はそうした予感を無意識のうちにある程度表明している。生への意志の肯定からその否定への転換が行われるのは、次のような条《くだ》り、「自身と当面の目標の間に立ちはだかった」障害による意志の阻害には「苦悩が伴う。これに反しその目標の達成は、満足、安らぎ、幸福などをもたらす」という考えを述べた箇所である。ところがおよそ妥協ということを知らないショーペンハウアーの認識は、そこからさらに踏み込んで、そうした「苦悩」には挙句の果てに死が願わしくなるまでにいやましに募る傾向があるのに対して、一方の「満足」の状態もそれ自体満足すべきものではない、と見る。なぜなら、「艱難や苦悩の合間にほっと一息ついた途端に今度は退屈がその人間に忍び寄り、その結果として暇つぶしが必要になってくる。生きとし生ける者を働かせ、休みなく活動させているのは、生存をめざす奮闘努力である。ところがいざそれを確保してみると、当の生存を持て余すようになるのだ。したがって人間を動かす第二の要因は、生存の重荷から解放され、それが感じられないような状態を作り出す努力、〈暇をつぶす〉、ということはつまり退屈から逃れようとする努力である」（全集、インゼル書店、ライプチヒ、発行年欠、第一巻、『意志と表象としての世界』四一五ページ）。ところでこうして思いがけない重みを加えるにいたった退屈の概念は――歴史を敵視するショーペンハウアー自身はそれを認めたがらないだろうが――徹頭徹尾ブルジョア的である。退屈は疎外された労働の一環である。ただたんに使い果した労働力を再生産するために与えられることもあるし、他人の労働の収奪が抵当のようにその上にのしかかっていることもあり、一口に「自由な時間」といっても相反する二つの場合があるわけだが、退屈というのはそうした意味での自由な時間の経験で、いずれにしても疎外された労働と切っても切れぬ関係にあるわけだ。人間に他律的に押しつけられる生産のリズムは疲れた休息の合間にも否応なしに刻み続けられているのであって、自由な時間もその埒外にはないのである。自分の全存在が不自由であるという意識は、それこそ不自由そのものの生業《なりわい》に圧迫されて常日頃は押えつけられているわけだが、その不自由の意識が自由の幕間に頭を拾げてくる。日曜日のノスタルジーというのは、働きに出る週日が恋しいことではない、本当はそうした週日から解放された状態への郷愁である。日曜日が充たされない気持をあとに残すのは、一日を遊びくらしたためではない、日曜日の約束しているものが空手形でしかないことがたちどころに判明するからである。早く言えば、名だたるイギリスのそればかりでなくどの日曜日にもその名にふさわしいものが欠けているのだ。時間を持て余して悶々と過ごす者は、折角の休日が不発に終った幻滅を噛みしめながらも、十年一日のような週日の明日をむなしく待ち侘びるしかない。といっても、働く必要のない連中の退屈も似たり寄ったりである。総体としての社会は、他人を顎で使っている連中に対してもそれ相応の報いをもたらすものであり、使役される側のしてならないことは使役する側も手を出すことが憚られるのである。ブルジョアたちは、本来なら無上の幸福になぞらえられていいはずの飽食という言葉を悪口の意味に使うようになった。彼らのイデオロギーは飢えてない状態をはしたないと見なすように促しているのだが、それというのも世間には飢えている人間もいるからである。そこにはブルジョアがブルジョアを告発するという関係が見られるわけだ。なに、怠けているのも案外退屈なものだよ、などと言いふらすのも、労働を免除されているわが身を省みれば、怠惰を礼賛することにも憚りを覚えるからである。ショーペンハウアーの指摘している熱にうかされたようにせわしない生活ぶりも、本当は特権的に恵まれた境遇そのものがやり切れないからではない、その狙いはむしろ外部への見せびらかしにあって、見せびらかしの効用は——過去においては身分の隔たりを誇大に示すことを主眼にしていた場合もあるだろうが——現在ではむしろ、重要性を売り物にした種々の行事を通じて実際上の隔たりを小さく見せかけ、殿様族の有用性を世間に印象づけることにある。上流階級が現実に退屈に倦んでいるのは、幸福に恵まれすぎているためではない、むしろ種々の娯楽を白痴じみたものにしている商品性格とか、支配層の豪傑笑いの中にも怖ろしいこだまを響かせているような社会生活の場における命令のあらけなさとか、その上自分たち自身が余計者ではないかという漠とした不安など、世にあまねき不幸が彼らの幸福の上に翳りを生じさせているからである。利潤のシステムから利益を得ている者は、その世界に棲息する限り汚辱に染まることを免れないのであり、そのために――哲学者たちが心中ひそかに妬んでいる放蕩三昧は、時には彼らが断言するほど退屈なものではなかったかもしれないにしても――もともと天真爛漫な道楽まで形無しになってしまうのだ。自由が実現した暁には退屈も消滅するだろう、そのことは文明社会から奪われて行く種々の経験に照らしてみても明らかである。「動物ハオシナベテ性交ノアトデハ悲シイ」というのは、ブルジョアの人間蔑視が考え出した命題でしかない。本当を言えば、人間の持ち前と動物的な悲哀の相違がこれほどはっきり出る場合もないのである。陶酔のあとには必ず吐き気が来ると決ったものではないので、社会から認可された性愛だからこそ、事が終って嘔吐感を催すのである。公認の愛はイプセン式に言えばべとつくのだ。パートナーから身体を求められても、疲れているために軽い愛撫ですませて欲しいと頼むときなど、一時的な不能状態も情熱そのものには無関係な一つの偶然として了解される場合もある。ボードレールは愛欲の虜と化した妄執と時折り閃く精神化の瞬間を関連づけ、接吻も、香りも、睦言も、ひとしく不滅なものとして歌い上げたが、それなりに理由のあることだった。禁欲主義の拠になっている快楽のはかなさは――忘却に沈んでいた男の生涯が、愛する女性の股間にたまゆらに照り返されるような至福の瞬間をのぞいて――快楽の名に値するようなものは本当はまだ存在していないということの保証である。トルストイの『クロイツェル・ソナタ』に見られるキリスト教的なセックスの中傷でさえ、カプチン派風の痛烈きわまるお説教がいろいろ出てくるうちにも、いま触れたような機微をそれとなく思い起させるところがある。トルストイが官能本位の愛を咎めつつ説いているのは、まず第一に、いかなる人間も他者を客体（もの）として扱ってはならないということである。これは自己否定という神学的な題目がものの見事に逆転したところにあらわれた思想といっていいが、元はと言えば、人間を虫けら同然に扱う家父長制への抗議の意味もこめられていたわけだ。しかしトルストイが説いているのはそれだけではない。彼は同時に――考察者の目には誇大に映りがちな逸楽に対するルソー流の妬み《ルサンチマン》が多分にそこに紛れ込んでいることは否めないにしても――奇形化したブルジョアのセックス、いろんな物質的利害とごった煮になったセックスの在り方、面汚しな妥協の産物としての結婚といったことについて一般の注意を喚起しているのである。婚約期間を攻撃し、どことなく花婿という言葉を連想させる家族記念写真を槍玉に挙げた条《くだ》りもある。「そこへもって来て、いろんな種類の甘いお菓子の類を両手に余るほど一杯さげて相手を訪問するという、いやらしい習慣に従わなければならなかった。婚礼のためのあれこれの手筈もたまらないほど厭だった。まわりで話していることといっては、住居とか、寝室とか、ベッドとか、部屋着や、寝間着や、下着類や、化粧用品のことばかりだった。」彼は蜜月についても似たような嘲笑を浴びせかけ、「とびきり面白い」という鳴物入りの呼び込みにつられて入った歳の市の見世物を見たあとの幻滅になぞらえている。蜜月の後味の悪さは、精根使い果して身体が参ってしまうことよりも、それが社会生活の中で公然と行われ、制度化していることに原因がある。快楽がしきたり通りにお膳立てされ、完全にその枠の中におさまっていることに問題があるのであって、しきたりの手で調合された快楽はその途端にお通夜のように陰気臭いものになってしまうのだ。食傷した挙句の果てに、満足の行かない行為によってその概念を汚すくらいなら、いっそ潔く性の歓びを一切断った方がましであるという結論が出てくるのである。

114

ヘリオトロープ——両親のところへ泊り客があるとき、子供の胸はクリスマスの前などよりもっと大きな期待にふくらむものである。ただ単純におみやげを貰えるからではない、生活の様相がそれによって一変するからだ。旅装を解いた婦人が荷物を明けるときなど、一部始終を横で見ていても叱られるわけではないし、婦人が荷の中から取り出して箪笥の上に置く香水の香りにも、始めて嗅ぐ種類のものなのに何か思い出に似たようなえも言われぬかぐわしさが漂っている。スヴレッタハウス(一二五)やマドンナ・ディ・カムピーオ(一二六)のラベルを貼ったトランクはただのトランクではない、スイスや南チロルの隊商宿を通って寝台車という名の駕籠に揺られながらはるばる運ばれて来た一種の長持ちで、その中に納められた高価な布地にくるまれた宝石もまさしくアラジンやアリババの世界のそれと見まごうばかり、婦人の集めたキモノの数々も目を奪うばかりに美しい。来客の話しぶりも、子供だからといって小馬鹿にしたようなところは微塵もない、ちょうどメールヘンの妖精が子供を相手に話すときのような生まじめな調子である。子供はさかしげに客の国許や国許の人々のことを訊ねる。するとその子のふだんを知らない婦人は、目の当りの食い入るように真剣な目差しについほだされて、まるで運命のお告げか何かのように義兄の脳軟化症とか甥の縁談といった重大事を話して聞かせるのである。子供にしてみればいきなり大人たちの強大な秘密結社の仲間に入れて貰ったようなもので、賢い人たちの摩訶不思議なサークルの一員となった矜りを覚えずにはいられない。日課に従ったふだんの生活の流れが中断されると同時に——たぶん明日は学校を休んでもいいことになるだろう——世代間の垣根も取り払われ、一つの無差別状態が生まれるために、夜の十一時になってもいい床に入らなくてもいい人種が誰であるかが子供心にもうすうす分ってくる。たった一人の客のためにふだんは平凡な木曜日が祝日と化し、祝日らしくざわついた空気に包まれていると、全人類と同じテーブルを囲んでいるような晴れがましさだ。それというのも客ははるばる遠い国からやって来た。客の出現によって子供は家庭の彼岸にあるものを約束され、自分の家がこの世の終の棲《すみか》ではないことを教えられるのである。子供は、火蜥蜴《とかげ》や鸛《こうのとり》の棲む池に象徴されるような世の常ならぬ幸福へのあこがれを、子供をかどわかしに来る妖怪の怖ろしい姿を心に描いたりしながら、むりやり抑えつけるように教え込まれて来た。そのあこがれが客の訪問を機会に不安の影を伴わずに子供の胸に甦ってくる。別世界を一身に体した存在が家族の中に立ちまじわり、家の者と親しげに口を利いているのだ。訪問客の婦人は、言ってみればふだんは日蔭者のジプシー女占いが、救いの天使の後光に包まれ、表玄関から堂々と乗り込んで来た恰好である。彼女はいちばん身近な幸福とはるかな遠方とを結びつけ、それによって日常の幸福につきものの忌まわしい影を取り除いてくれる。子供の全存在はまさにそのことを待ち設けているのだが、幼年時代の一番いいところを忘れない人は、後年になってからもその期待の心を失わないだろう。泊り客が家の入口に姿を現わす瞬間を指折り数えて待つ心持ちは、なんとも言えない。色褪せていた生活に来客のほんの一言で生色が甦えるのだ、「ほら、また来ましたよ、それはそれは遠い所から来たのよ。」

115

混ぜもののないワイン――どこかで耳にしたきみに対する悪意や敵意を含んだ第三者の言葉をどんな形できみに伝えるか、その人間自身のきみに対する好意の有無を測るまず絶対に間違いのない目安がこれである。そうした報告は、おためごかしの親切面をしながら、本当は責任を他へ転嫁したり、悪意の毒をはびこらすための口実でしかなく、それ自体はなくもがなのものが多い。知人同士というものは――灰色のかかった単調な関係に楯つきたくなるということもあるだろう――時おり誰かれとなく仲間の悪口を言いたくなるものだが、ちょうどそれと裏腹の関係で、誰かれということなしに相手の自分について考えていることが気になって仕方がない、そして、自分では別段好きでもない相手からも心の奥底では好意を期待しているということがある。人間関係の疎外が全面的であるように、その状態の打開を願う気持の方も相手を選ばないわけだ。こうした精神風土が噂を広めて歩く人種を跳梁させる。彼らは不祥事と風聞の種には事欠かないわけで、みんなから好かれたがっている人間ほど反対の噂に人一倍熱心に聞耳を立てることもちゃんとその胸算用の中に入っている。本当を言えば、特定の人間に関する芳しくない評判をひとの耳に入れてもいいのは、たとえばその人間がこれから一緒に仕事をしようとする相手であって、信用が置けるかどうか判断する必要があり、それについて共同の決定を下さなければならない、そしてそれ以外にはまったく他意がないような場合に限られると言っていいだろう。実際においても利害関係ぬきで噂を伝える場合ほど、他人に苦痛を与えて喜ぶ、底意地の悪い、陰険な興味がそこに絡まっているものである。悪口をとりつぐ者がただ単純に当事者同士を互いにけしかけ、漁夫の利を占めるような形で自分のいいところを見せようとするのはまだしも罪のない方だ。もっと頻繁に見られるのは、このての人種が世論の隠然たる代弁者のような顔をして現われ、まさしく感情ぬきの客観的な情報を看板にして、狙いをつけた相手に匿名集団の圧倒的な力をいやというほど思い知らせ、その力の前に額ずかせようとする場合である。こうした連中が、当人は中傷の事実について実際は何も知らないのに、中傷された当人の名誉について事情を明らかにし、身の潔白の証しを立てるべきだなどといらざる世話を焼くとき、おためごかしの化けの皮が現われてくる。そうでなくても、陥穽に充ちた世の中で身の潔白を証し立てようとするのは、グレゲレス・ヴェルレ(一二七)の例で見ても明らかなように、自ら墓穴を掘るようなものである。たとえ善意から出たことにしても、道徳的義憤に駆られた善意によってすべてがぶちこわしになるということがあるのだ。

116

彼がどんなに悪者だったか、まあ聞いてごらん(補注六)——天災に不意討ちされ、思いがけなく生命の危険にさらされたような人びとが、案外こわくなかったと体験談で洩らしたりするのはよくある例だ。大勢の人間を巻き込んだおそるべき災難は、一つの町の住民、一つの集合体の成員としての彼らの上にふりかかって来たのであって、特定の個人の身に起きた出来事ではない。彼らは、言ってみれば血の通っていない偶然事でしかない災害に、まるで自分たちの身にはなんのかかわりもない事件であるかのように順応する。こうした恐怖心の欠如は、心理的に見れば、圧倒的な打撃に対しては恐怖心の備えも出来ていないということで説明がつく。体験者ののほほんとした態度には、どこかに欠陥があるために物事に対する反応も鈍いようなところがある。こころという名の有機体も、肉体と同じようにそれ自体と大きさの程度の釣り合った体験だけを受け入れるように出来ているのだ。大体、自分と不釣合いに大きくなった対象は個人の経験の範囲に入って来ないと言っていいので、個人はそれを具体的なイメージを伴わない概念を介して自分の世界の外にある理解を絶した事柄として受け取るだけで、ちょうど衝撃的なカタストローフが人間に対して無情であるのを裏返しにした関係で、よそよそしい態度を取るわけである。モラルの世界にもこれと似たような現象が見られる。一般に認められている規範から言えば大《だい》それた没《も》義道であるような――敵に対する復讐とか、同情の拒否といったような――行為に出る人間が、本人としては自発的にその罪を自覚することができないで、その自覚に達するためにさんざん脳漿を絞らなければならないような場合がその一例である。モラルと政治を分離して国家理性 Staatsraison を説く理論は、公共体と個々人を極端に対立させて考えている点から言っても、少なくとも一部はいま見たような事例に触発されていると言っていい。大《だい》それた悪事も、個人の目にはおおよそのところ社会慣習に対する違反程度にしか映らない。その理由は、彼の侵害する規範自体がそれこそ慣習化し、現に生きている人間を拘束する力を失って形骸化しているだけでなく、客体化された規範の有り様《よう》が、実体がその基礎にあるような場合でさえ、個人の道徳感覚や良心の及ばぬ範囲に規範そのものを遠ざける結果になっているからだ。ところがほんのちょっとした不手際、当人以外はおそらく誰も気づかなかったであろうような微々たる失策、たとえばパーティーの席上で食卓につくタイミングが早すぎたとか、お茶の会なのに本来なら正餐の席に出すしきたりの客の名前を書き入れたカードを客席に配ったとか――そうした取るに足らぬ些事が、当人の心を臍《ほぞ》をかむような悔恨の念とはげしい良心の呵責で一杯にするということがある。時には思い出すだけでも顔が火照って来て、他人に内緒ですませたい、できることなら自分自身にも隠し立てしたいと思うほど、恥ずかしい思いに駆られることもある。だからといってその人間の人格がとりたてて高潔というのではない。むしろ当人は、非人間的な所行に対してはどこまでも寛容な社会が、それだけに作法のルールに反した行為に対してはきびしいということを承知しているにすぎない。これをたとえるなら、浮気の相手の小娘をていよくお払い箱にして男性たる実を発揮する男は間違いなく社会の是認を得られるのに、招待された家の年端の行かない娘の手にうやうやしく接吻するような男は確実に世間の物笑いの種になるということだ。ところでむやみに自分のことばかり気になって自分にかまけるこうした有り様《よう》には、見方を変えるなら、客体化された体制の壁にはじき返された経験に対して一つの逃げ場を提供しているというもう一つの側面も認められる。落度の有無といったような区々たる局面は個人の経験の埒内にあり、個人としてはそうした局面を手がかりに自分の行動の正しさ（もしくは誤り）の証しを立てることができるわけだ。一方、道義上の罪に対する個人の無関心は、対象の次元が高まるにつれて自分の一存通りに事が運ばなくなるという一種の無力感に彩られているのである。女友達と喧嘩別れしてそれきり電話もしなかった、あのとき自分は事実上彼女と手を切ったのだとあとになって気づいても、そうした想念自体に軽い滑稽感、たとえてみればポルティーチ（一二八）の啞娘のような感じがつきまとったりする。エラリー・クイーン（一二九）の探偵小説の一つに次のような条りがある。「殺人事件というものは、ひどく……新聞臭いものだ。それはきみの身に起りっこない。きみはそれについて新聞や探偵小説の中で読んで、嫌悪感なり、同情なりのために身をよじる。しかしだからといってどうということもないのさ」。だからトーマス・マンのような作家たちは、鉄道事故とか、恋人にすげなくされた女性の起した殺人事件とか、新聞種になりそうな椿事をグロテスクな筆致で描き出し、あまりに儀式ばっているためにかえってげらげら笑い出したくなる葬式のような重大事に伴う滑稽感を登場人物に転嫁することによって封じ込める方法を取っているわけだ。これに反して微々たる過失がこれほどまでに重要に思われるのは、その埒内でわたしたちが自分の善悪を見定めることができるからであり、その場合に——わたしたちの思い詰め方に少々妄想じみた気《け》があるにしても——滑稽感を催すようなこともない。わたしたちはそうした微々たる過失を手がかりにして本来のモラルと係り合い、その有り様《よう》を——赤面のような形で——肌に感じ取り、最後には自分の身につけることを学ぶのである。さもなければ、一面に星をちりばめた頭上の天空へも、その拙劣な模倣である自己の内なる巨大な道徳律（一三〇）へも、途方にくれた視線を投げかけるのがわたしたちの常態である。鉄道事故のような出来事はそれ自体道徳と無関係であるのに、正義感の押し売りでない温かい人情味のある同情が自発的に事故の犠牲者の上に集まってくるではないかという反論があるかもしれないが、そうした事実もひたすら落度や不手際がないように心をくばる生きざまの価値を減ずるものではない。なぜなら疎外の事実を度外視して普遍的に正しいことを直線的に表現する善意は、その当人を当人自身から疎外して普遍的な掟の仲介者のような存在に仕立てかねない。当人にしてみれば掟と一体化したつもりで、俗に言う非の打ち所のない人間が生まれるわけだ。それと逆に物神化されたしきたりのように完全に外面的な事柄に感応しやすい道徳感覚の持主は、内面と外面の背馳が硬直化した現状をありのままに把握し、どうしても打破することのできない背馳の事実に悩みながらもかえって普遍的なものを摑んでいるのであり、またそのために自分自身と自分の経験の真実性を犠牲にするようなこともないのである。この種の人間には距離感を誇大視する嫌いがあるが、その底を流れているのは和解を願う心である。また偏執狂じみた振舞いも見られるが、それもあるていど対象によって正当化されることである。彼がむやみにこだわっている人づきあいの領分にもまやかしの生活につきもののアポリアはそっくり見出されるのであり、些細なことにかかずらっているように見えても実際は全体的な問題と係り合っているのだ。ただ全体と係り合うといっても、厳密と自由を兼ねそなえた模範的な形でふだんは自分の射程外にある葛藤に耐え抜いていく点が独特である。それに対して物事への反応の仕方において社会の現実と一致しているような人間は、行動の軌跡がまさしく実社会の力関係の見積りに従っているために無軌道に流れやすい。世間の監視の目の届かないところ、自我の延長ともいうべき自分の勢力圏の中で気がねなしにくつろげる場合など、残忍な本性をあらわし、傍若無人に振舞うことが多い。社会生活の場でがんじがらめの紀律のために窮屈な思いをしている鬱憤、外部で接触する人びとにはけ口を見出せなかった攻撃本能のやり場のなさを身近な家人に当り散らしたりするわけだ。このタイプは言って見れば外面《そとづら》がよく、客観的な敵に対しては鄭重で愛想がいい反面、味方の領土内では敵意を丸出しにした冷血ぶりを発揮する。文明には自己保存と人道主義の両側面があると言っていいだろうが、前者のために止むなくその道に従う場合はともかく、それ以外の場合は後者に対してふだんから鬱積している憤懣を爆発させ、つねづね家庭や国家社会の尊重を唱えているイデオロギーの正体を暴露してしまうのだ。まさしくこうした有り様《よう》に敵対するのが、微細なことにかまけるモラルである。その見地からすれば、堅苦しいことを抜きにした水入らずの関係などというものは、互いに気心の知れた仲ということを楯に取り兇暴性をむき出しにして意地悪の限りを尽すための口実でしかない。このモラルが親密さの内実を批判的に検討するのは親密な間柄ほど疎外の要因を含んでいるからで、心安立てのあまり、相手の身辺を包んでいる、目に見えない、しかしそれあるがゆえにその人の独立の人格が保たれている微妙なアウラ（霊気）を侵害する嫌いがあるからだ。身近な人間が本当は自分から遠い存在であるのを認め、その事実を念頭に置くことによってのみ疎遠感も柔らぐのである。ところが互いに分け隔てのない間柄で他人行儀の必要など毛頭ないなどと称するつきあい方は、事実上相手の個性を無視し、ひいてはその人間性を踏みにじる嫌いがあるわけで、この上ない不当な仕打ちであると言わねばならない。言ってみれば相手を「員数の中に加え」、財産目録の一部のように見ているところがあるのだ。直線的な関係が殻を閉ざして自身を貫き通そうとすれば、まさしくそのことが仇になって社会の悪しき間接性がその頭越しに貫徹されるということがある。直接性という難題の核心に迫ることができるのは細心周到な反省だけであり、その瀬踏みの行われるのが微視的なものの領域なのである。

117

Il servo padrone（主人下男）（一三一）——下層階級が支配層の文化から要求される愚にもつかない下働きの仕事に甘んじていられるのは、ひとえに彼ら自身が退歩につぐ退歩を重ねているからだ。彼らに見られる不細工なところこそ、社会の細工の産物である。文化は野蛮人を生み出しながら、それを自らの野蛮な実体を維持するために利用してきた。支配層はそれ自体の存立の基盤である肉体的な暴力を被支配層に転嫁する。被支配層は自分たちのねじくれた本能を人間は誰しもみなそうしたものだと思い込んでいる。そして、その本能の赴くままに放埒の限りを尽して彼らなりの満足を味わっているのだが、高貴な御身分はまさしくそうした彼らの有り様《よう》によっていつまでもお高くとまっていられるわけだ。支配階級が自身を陶冶する場合は、紀律とか、生《なま》な感情の抑制とか、シニカルな懐疑とか、何がなんでもひとの上に立とうとする意気込みなどに目安を置いているが、抑圧者たる彼らが雇われの身の被抑圧者たちに加える抑圧の一部を——当の被抑圧者たちを介して——自分たちの身に加えているのでなかったら、こうした形の自己陶冶も出て来ないと見ていいだろう。まただからこそ、階級間の心理上の差が客観的・経済的なそれよりもずっと小さいということにもなるのだろう。不倶戴天の敵同士ともいうべき階級の間に見られるこうした一致は悪しき全体が存続することに貢献している。人の上に立つ人間の卑しさと身分の卑しい人間の抜け目のなさは互いに気脈を通ずるところがあるわけだ。人生のきびしさを仕込むと称して良家の子女をいびる使用人や住み込みの家庭教師を手始めに、外来語を使わないように仕向けて結局生徒たちに言葉そのものに対する興味を失わせてしまう山出しの教師、窓口に行列ができても平然と構えている役人や社員、部下にピンタをくらわす下士官などを経て末はゲシュタポ（一三二）の拷問係やガス室付きの官僚にいたるまで、一貫して流れるものが見られるのである。上流家庭に生まれた者は、しもじもの人間に肩代りさせたあらけない生活に物心がつくかつかないかに引かれ始めるものだ。両親の躾の良さに辟易した子供は台所に逃げ込み、ズケズケ物を言う料理女を小気味よく思ったりするものだが、料理女自身は両親の躾の良さをひそかに信奉している。洗練された人士が粗野な人びとに心惹かれるのも、その荒けずりなところが身につけた文化のために自分たちの失ったものを約束しているように錯覚するからだ。彼らは彼らが野放しの自然のように見なしている洗練の欠如が、実際は彼ら自身の反逆している抑圧的文化の忠実な反映でしかないことを知らない。強固な階級的連帯感で結ばれている上流の階層も貧しい階層に対しては当然罪悪感を抱いているわけで、その罪悪感に促がされて下層の代表に取り入るようなこともある。しかし当りの悪い無骨《ぶこつ》者たちに対する当りの良さを身につけ、「郷に入れば郷に従え」（一三三）のモットーが骨の髄までしみ込んだ人間は、最後にはその世界の一員となるのだ。ベッテルハイムは強制収容所の囚人たちが頭の中では死刑執行人と一心同体になっていたという事実を観察しているが、一文化のえりぬきの若苗を育てる苗床ともいうべきイギリスのパブリック・スクール（一三四）とかドイツの幼年学校を考える上での手がかりもそこに含まれている。不合理はそれ自身を通じて永久に繰り返されると言っていいので、支配権が被支配層を介して相続されるのはその一例である。

118

下りにまかせてどんどんくだり（一三五）——私的な人間関係も、どうやら工業生産の方で隘路 bottleneck と呼ばれているものをモデルに形づくられているらしい。ごく内輪の集まりでさえ、その場の水準を決定するのは座中で一番程度の低い者なのである。会話の中で一座の誰かの理解力をこえたようなことを——その誰かがただの一人の場合でも——口にする人間は気が利かないことになる。その場にひとりでも人情を解さぬ者がいると、人情を解さぬ人間に対する人情のようなものが働いて、話題の範囲が日常茶飯のごく身近なありふれたことに限られてしまう。世の中に対話を阻むような空気が漲り始めて以来、とりつく島のないようなタイプの立場が強くなった。このタイプの人間は、地金を現わし頑なに自身の利益を言い立てるだけで、所期の目的を達することができるのである。相手方は話が通じないためについ言い訳がましい口調になったり、気を引くようなことを言ったりするわけだが、それだけですでに分《ぶ》が悪くなってしまう。思想や対話はたんなる事実関係をこえた目に見えない精神上の規範を抜きにしては成り立たないと言っていいが、隘路的人間はそうした規範など眼中にない。いきおい、相手方の知性も愚直じみたものになり、本来愚鈍なはずの隘路的人間にまんまとその虚に乗じられたりするわけだ。実証的事実への忠義立てにはみんなを一様に引きずりおろす重力のような働きがある。それに対抗する動きもないわけではないのだが、この重力の力はそうした動きをてんから問題にしないほどに強力である。繊細な神経の持主は、身を滅したくなければ、他人への配慮を欠いた連中をいやでも配慮せざるを得ないような立場に追い込まれている。こうした連中はかりにも意識の不安などというものに悩まされることはない。精神的に弱いことが世にあまねき原理としてまかり通り、旺盛な生活力のような外観を呈しているのだ。お役所風に形式的に事を処理したり、意味内容からすれば分離できないことを抽出し別に分類したり、別にこれといった根拠もないのに偶然の思いつきにむやみに固執したり、要するに不首尾に終った自我形成につきもののいろんな特性を物化し、経験の過程を回避しつつ、自分はもともとこんな人間なんだからほかにどうしようもないという最後の切り札をちらつかせる行き方だが、こうした行き方によって容易に手に入れることのできない地位でさえやすやすと手に入れることができるのである。この手で行けば、自身の利益を得られるだけでなく、同類の精神的不具者の賛同を得られることは請合いである。自身の欠陥をシニカルに鼻にかけるこの種の人間は、現段階では客観的精神が主観的精神を解消する方向に動いていることにうすうす気付いている。彼らは後脚で立ち上る前の人類の先祖のような四つん這い状態に甘んじているのである。

119

有徳の鑑――道徳は衝動を断念するところに成り立つと見ていいだろうが、そうした道徳と抑圧の間に関連があることはあまねく知られている。しかし道徳上の観念は他の種類の観念を抑圧するばかりでなく、それ自体、抑圧者の存在からじかに導き出された面をもっている。ギリシャ語の慣用ではホメーロスの昔から善人と富者という概念がまぜこぜになっていた。近世の人文主義者たちが美と徳の調和の手本として掲げたカロカガティー(肉体的精神的完成)の理想もつねに財産を重視する傾きがあったし、貴族を「世襲財産と人格的に卓越したところが結びついている」という風に定義しているアリストテレスの政治学も、個人の内面的価値と社会上の身分が不可分であることをざっくばらんに認めている。古典時代のポリス観は、内的要素と外的要素、個人自身と都市国家内での個人の勢力とを一体のものと見なしていた。そのため富自体に道徳的な価値を認める教義が——当時においても当然疑問視されてよい教義であったにもかかわらず——大した疑いも受けずにまかり通っていたのであった。既成国家の枠内における人目に立つ活動が人間の価値を定める尺度になっている場合、その活動を万人の目に明らかに証拠立てる物質上の富を当人の持ち前の美点に数え上げることは言ってみれば理の当然であった。要するに個人の道徳的本性も——この点、後代のヘーゲル哲学と軌を一にしているのだが——客観的社会的な実体に関与することで基礎づけられていなければならないという考えが支配的だったのである。キリスト教が始めてこうした富と徳の同一視を否定し、富者が天国に入るのは駱駝が針の穴を通るより難しい、と説いたのであった。しかし自発的に貧困に甘んずる者に対して、神学上の見地から特別の報奨を約束しなければならなかったという事実は、財産の道徳性に関する意識がいかに深く一般に滲透していたかを物語っている。遊牧民風の乱脈な生活はあらゆる規範から目の敵にされていると言っていいだろうが、恒産はそうした乱脈な生活と一線を画する決定的な要因である。早く言えば有徳と有産は始めから語呂が合っているのである。有徳の人というのは自分自身を自分の財産のように支配する者であり、その自律性の有り様《よう》は財産管理の方式に準拠している。したがって肝要なのは、富者について不道徳性を咎め立てることではなく——大体、不道徳の誹りは昔から政治上の抑圧の具に用いられてきた――富者が世間一般に対して道徳の鑑になっているという事実を銘記することである。道徳には財産の反映がある。さらに言えば美徳としての富は現実に世の中の接合剤の役を果している。それというのも富と徳が見かけ上ぴったり一致しているために、金持たちが正しいとされている社会体制と道徳観念を対決させることが妨げられているからだが、反面において富から抽出されたもの以外に徳性の具体的な規定が過去に思いつかれなかったのも事実である。時代が下り、双方の利害が競合するために社会との間の溝が深くなり、自分自身に投げ返されるような憂き目を見ることが多くなるにつれて、かえって個人は富の道徳性という観念に遮二無二しがみつくようになる。個人としては離れればなれになった内と外の再統合を念願しているわけで、富はいわばその可能性の保証なのである。マックス・ウェーバーは神ノイヤガ上ニモ大イナル栄光ノタメニ ad majorem dei gloriam 果てしない奮闘努力を繰り返す資本主義興隆期の実業家の生活態度を誤って実体化しつつ世俗内禁欲と呼んだのであったが、いま触れた点こそは世俗内禁欲の内密の真相である。物質上の成功は、成功者が孤独を免れるという（近来雲行きが怪しくなって来たけれども）まことに好都合な意味においてばかりでなく、もっとはるかにラジカルな意味においても個人と社会を結びつける。言い換えるなら他を顧みない盲目的な私利私益でも、それをとことんまで追求すればその間に蓄えられた経済上の力がいつか社会的な力を帯びるようになり、最終的には私利私益そのものが一切を結合する原理の権化であることが明らかになるという寸法だ。富豪、もしくは産を成すほどの者は、客観的精神の望んでいることを一個人の資格において「自力で」やりとげる人間として自身を経験するわけだが、その客観的精神というのは社会の行うまことに理不尽な聖寵の選択に外ならないのであり、当の社会はむざんな経済的不平等を通じて結合が保たれているのである。ともかくそんな訳合いで、裕福な身分の者は本当は善根の欠如を立証しているような事実も自らの善根のうちに数え上げることができる。彼は普遍的原理の自他ともに許した体現者であり、そのような存在として周囲からも見られている。それは明らかに不正であるが、であればこそ不正の化身が判を押したように正しい人の座におさまるということがあり、しかもそれが本人の妄想などではなく、その背景にそれを拠に社会自体が再生産される法則という全能の後楯がついているのである。個人の富は「前史」の段階の社会における進歩と切り離すことができない。富豪たちは生産手段をその手中におさめている。勢い社会の総力の産物である技術上の進歩も、何はともあれ「彼らの」進歩——今日流に言えば産業界のそれ——として記録されることになり、フォードのような大富豪たちも必然的に慈善家のような趣を呈することになるのだが、現在の生産関係の枠内ではじじつ彼らは慈善家なのである。既得権と化した彼らの特権のために、彼らが社会事業を行う場合など——そうした事業も完全に彼らの手によって管理されており、利潤のごく一部を社会に還元しているにすぎないのだが——外見上は使用価値の面での成長に伴ってふくれた彼らのポケットからその金が出ているように見える。これこそ道徳上のヒエラルヒーが欺瞞的な性格を帯びている理由である。徳性の具体的な現われである資産を成すための社会的な条件としての禁欲ということがあり、たしかにその意味では貧乏も清貧の美名の下に賛美されて来た。しかし、にもかかわらず、誰でも知っているように「その人間の値打ち」《What a man is worth》という英語の具体的な含蓄は銀行口座の預金額のことであり、ドイツで商取引のさいに使われる「この人物はよろしい」《der Mann ist gut》という業界《ジャルゴン》言業《ゴン》の意味はその人間に支払い能力のあることである。ところで強大な経済界の定めている国是がこうした形でシニカルに公然と認めている事実は、隠微な形で個々人の立居振舞いの中にまで尾を引いている。金持がつき合いにさいして発揮する（と思われている）気前のよさ、彼らの身辺を包んでいる、そして彼らに近づくことを許された人間までがその中に湯浴みすることになる幸福の後光、こうしたすべてが真相を蔽い隠すヴェールを織り成していると言っていい。彼らはいついかなる場合も感じがよく、まっとうな人びと the right people であり、れっきとした、衆にすぐれた人びとである。それに資産があれば、不正の現場から遠ざかっていられる。お巡りは警棒をふるってスト参加者に殴りかからなければならないけれども、経営者の息子なら時には進歩的な文士と同席してウイスキーを飲むようなこともできるわけだ。個人道徳のいろんな要目から言えば――その中のいちばん進んだ条項に照らしてみても――実際においても金持の方が貧乏人よりすぐれていることになるだろう。もっともこれは当人がその気になればの話で、折角の可能性も利用されることなく終っているのが実情だが、可能性に恵まれていない階層のイデオロギーの中ではそれが一役演じているという皮肉な巡り合わせになっている。高等詐欺師のような人間でさえ――と言っても少なくとも天下御免のトラストのボスなどより見所があるかもしれないのだが――縄目にかかると、あの男はあれでなかなか立派な屋敷を構えていたのだと感心されたり、高給取りの行政官が大盤振舞いをして心の温かい人間という評判をとったりするのである。したがって成功を崇める野蛮な現代教もただ道徳に反しているというだけではすまないのであって、西欧の父祖伝来の醇風美俗が脈々とその中に脈打っていると見なければならない。世の中の仕組みを断罪する規範でさえ、元はと言えば世の中の悪習が肥やしになっている。どんな道徳も不道徳をモデルに作られており、現に過去から現在にいたる歴史の全段階を通じて不道徳を再興してきた。奴隷道徳（一三六）はたしかに悪質である。なぜならその実体は相も変らず主人道徳だからである。

120

薔薇の騎士（一三七）――彼らは懐手していてもころがり込んでくる結構な御身分なんだから私腹を肥やすためにがつがつしないだろう、また暮らし向きが不如意だとどうしても目先のことにあくせくしがちなものだが、そうしたあくせくしたところもないだろう、上流の人を見る世間の目にはそんな期待がこめられている。彼らにはさぞかし思想上の冒険を好む心があるだろう。自身の利害の行方にも超然としているだろうし、状況への対処の仕方も垢抜けしているだろう。また彼らの特権自体がよりかかっている社会の不合理に対しても、何が自分たちをそのような身の上にしているかを認識する可能性すら与えられていない直接の犠牲者たちと違って、敏感な彼らは少なくとも心の中では異を唱えているだろう。世間ではそんな風に思っている。しかし底を割ってみれば、生産面と私生活を分離する考え方そのものが社会にとって必要不可欠な仮象の一つであって、上流階級の連中が何ものにもとらえられない自由な心を持っているだろうという期待も失望に終らざるを得ないのである。この上なく研ぎ澄まされたスノビズムにさえ、自らを生み出した客観的な条件に対する嫌悪のかけらも見られない、嫌悪どころか、その種の認識をてんから受けつけないような固い殻が出来てしまっている。徳を口にしながらテロを行なった革命家たちに対する反感から、十八世紀のフランス貴族たちが啓蒙思想や革命のお膳立てに——遊び半分が自殺行為に通ずるような形で——相応の貢献をしたように考える向きもあるが、それが実際にどの程度のものであったかはよく分っていない。いずれしてもブルジョア階級には、発展段階が後期に入ってからもそうした自殺行為に走るようなところは微塵も認められない。破目を外したり、無謀なことをしでかすような者はひとりもない、もしいるとすれば、それは階級からの転落者である。上流階級は個人的にも経済原則に骨の髄まで侵されている。利害からの脱却は、経済原則の合理性が総なめ的な徹底性を帯びているために、理知の上での贅沢というような形においてすら彼らには望むべくもないのである。ふくれ上った莫大な富を自分で楽しむすべを知らない彼らは、自分自身に反してものを考える能力も持ち合わせていない。彼らに軽はずみなところを求めても徒労である。貧乏人が他人の定めた紀律のために思考を妨げられているとすれば、金持は自身の紀律によって思考を妨げられている。そのため、意識の有り様《よう》からすれば上下の階級的な区別は漸次消滅しつつあると見ていいだろうが、そうした傾向がかえって現実の差別を恒久化することに役立っている。支配階級の意識はかつて宗教が蒙った運命をあらゆる精神上の事物に施そうとしている。言ってみれば、文化の全体が大ブルジョアにとっては世間体のための一要素と化しているのだ。ある男が才人ないし教養人であることは、その男を招待者のリストに加えたり、結婚の対象に選ぶ場合に斟酌する資格条件の一つでしかなく、その点から言えば、乗馬に巧みであるとか、自然を愛好しているとか、人を惹きつける魅力とか、燕尾服がぴったり身についているといったようなことと同列に見ているわけである。彼らは認識に対してはなんの興味も示さず、なにひとつ苦労を知らぬ身でありながら、プチブル同様におおむね日常茶飯にかまけている。室内に調度を入れたり、パーティーの手筈を整えたり、ホテルや航空機の予約を取ることに手腕を発揮したり、でなければヨーロッパ非合理主義の残りかすを漁って暇をつぶすわけだ。精神を目の敵にしていて、そうした自身の態度を正当化して憚らない彼らは、所与の事実にとらわれない思想の有り様《よう》にいち早く破壊的要素に特有のきな臭さを嗅ぎつけるのだが、それももっともと言えば確かにもっともな話なのである。ニーチェと同時代の教養俗物は、進歩、大衆の不断の向上、最大多数の最大幸福を信奉していたのであったが、現代の彼らは――自身ではその点に関するはっきりした自覚をもたずに――その反対を信じている。つまり、一七八九年の撤回、人間性の度しがたさ、人間の性《さが》からいっても幸福があり得ないこと、――もっと突きつめるなら、ともかく労働者たちが恵まれすぎているということだけを信じているわけだ。一時代前の深みのある思想もいまでは月並みの平々凡々に堕してしまった。ニーチェとベルクソンは幅広い影響力のあった最後の哲学者であるが、彼らの思想で今日に残っているのは、さんざん擁護者たちに言い古された自然を看板にした、朦朧たる反主知主義だけである。ある大企業の会長夫人が――ユダヤ系の彼女はのちにポーランドで殺害された――一九三三年にこういうことを言った、「わたしが第三帝国でいちばん腹の立つことは、国家社会主義者たちに徴発されたみたいな形になって、昔のように〈土の香り〉という言葉を使えなくなったことですわ」。ファシストたちが敗退した戦後もこうした風潮に変りはない。誤ってラジカルだと思われている労働組合の幹部にカクテルパーティーの席上で出会い、その人柄にぞっこん惚れ込んだ、古い絵から抜け出したようなオーストリアの旧城主の奥方は、馬鹿の一つ覚えのように「それでいてあの人にはぜんぜんインテリ臭さがないのよ、ぜんぜんインテリ臭さがないのよ」、を繰り返していた。わたしはいまでもそのときの驚きをまざまざと思い出すのだが、あるとき、気どった外国訛りの抜けないドイツ語を話す素姓のはっきりしない貴族の令嬢から、どう見ても彼女の人物像と一致しないヒトラーに共鳴していることを打ち明けられて愕然としたことがある。わたしはそのとき、このひとはかわいらしい頭の中が空っぽで、自分が何者か分っていないのだと思った。ところが本当はそんなわたしより彼女の方が賢明だったのだ。なぜなら彼女の扮している役は現実にはすでに存在していなかったのであり、彼女の階級意識は個人としての彼女の本分を抹殺することで、かえって彼女の存在の生地である社会性格の生き延びる道を打開していたのであった。上流階級においては、目下、仮借ない統合が進行中である。そのため個人的な偏向の余地がなくなり、夜会服の奇抜な仕立てにしか個人差が見られぬような情況になって来ているのである。

121

オデット《(一三八)》のためのレクイエム——ヨーロッパ大陸の上流階級に特有のイギリスびいきは、封建的な慣習がこの島国では儀式化され、それ自体で充足しているように見えるところから来ている。イギリスで幅を利かしている文化は実生活のしきたりとしてのそれであって、客観的精神の分割された領域である芸術や哲学に携わることではない。上流社会《ハイ・ライフ》は優雅な生活をめざしており、その生活はその一員となった者にイデオロギー上の快感をもたらす仕組みになっている。ルールに従ったり、一定の流儀を墨守したり、完璧主義と自由無礙の間の微妙な均衡を保ったり、いずれにしても生活様式が一つの課題となっているために、生活自体に意味ありげな外見が生まれ、あわせて社会の余計者としての後ろめたさも和らぐという寸法である。いついかなる場合にも身分と場所柄にふさわしいことを言ったりしたりしなければならないとなれば、一種道徳的な努力が必要になってくる。いわば自分の有り様に七面倒《よう》な勿体をつけ、「高い身分には義務が伴う」Noblesse oblige という大時代なモットーを忠実に履行しているような自己満足を味わうわけである。それと同時に、文化が客観的な分野で発揮されず、その重点が身近な生活に移されているために、自身の直接性を精神によって揺さぶられるような危険からも免れていられる。精神は安定した様式をみだす邪魔者と見なされ、悪趣味の廉で斥けられる。もっともその場合もエルベ河以東のユンカーたちのような粗野を丸出しにした流儀ではなく、日常生活の審美化という、言ってみればそれ自体精神的な規準が物差しになっているのである。日常生活の審美化の結果、自分たちの場合は、上部構造と下部構造、文化となまの現実の間の分裂を免れているという快い錯覚が生まれる。しかしいろいろと貴族主義的な勿体はついていても、こうした儀式の落着く先は、それ自体無意味な所為を意味ありげに実体化し、精神をどのみち存在しているものの複本のような位置に貶める末期ブルジョアの慣行でしかない。彼らの遵奉している規範は、その社会的な前提条件も、お手本になっていた宮廷の儀礼もとっくの昔に消滅しているわけで、架空のものである。にもかかわらずそうした規範が受け入れられているのは、実地にその拘束力が立証されているからではない、現実には彼らがその不法性から甘い汁を吸っている体制を表向き合法化するためである。現にプルーストは、イギリスびいきと格式ばった生活様式へのあこがれが貴族たちより上昇志向の強い階層に多く見られることを――彼は誘惑に乗りやすいようでいて、その実なにものにも惑わされぬ目を持っていたと言っていいが――狂いのない確かな目で観察していた。スノッブから成上り者まではほんの一歩の隔たりしかないのである。だからまたスノビズムとユーゲント様式の間に類縁性が見られるわけで、ユーゲント様式は交換原則に縛られている階級が交換に汚されていない一種植物的な美の形象に自身を投影しようとした試みだった。いくら用意周到にお膳立てされていても生活は所詮生活でしかなく、それ以上のものではない。そのことは、カクテル・パーティーや、週末に田舎の屋敷で行われる園遊会や、この階級の身分の象徴になっているゴルフや、社会事業の組織面につきまとう退屈に露呈されている――特権階級だけに許された特典でありながら、本当に楽しんでいる者はひとりもいない。全体が幸福に恵まれていないような状況では特権階級も愉楽の可能性を奪われているわけで、その事実をせいぜいいま挙げたような遊興で紛らわせているだけである。ヴェブレンは有閑階級の生活を過去に遡ってその内実を見栄や階級的帰属感にあると見たが、近来の上流の生活にそれ以上の実体がないことは確かである。たとえば大庭園を所有しているような場合でも、所有者の満足は、もっぱらその周囲に張りめぐらされた、そして通りすがりのよそ者がそこに鼻を押しつけて羨ましそうに中を覗き込んでいる垣根に象徴されるような種類のものでしかないのだ。上流階級の持ち前の悪意は近来とみに民主化されつつあるのが現状だが、その動静にありありと見て取れるのは、社会については前々から当てはまること、人生が人生不在のイデオロギーと化したという一事である。

122

モノグラム――釈放された男の息子がこう言った、Odi profanum vulgus et arceo,（ワタシハ下賤ノ民ヲ憎ミ、カツ避ケル）（一三九）と。

極悪人については、彼らもまた死を免れぬということがどうしてもピンと来ないものだ。

一人称複数を隠れ蓑にして自分の話をするというのは、この上なく手の込んだ無礼の一種である。

同じ「夢を見た」ということにしても、es träumte mir（その非人称的表現）と ich träumte（その人称的表現）とでは隔世の感がある。しかしいずれの表現がより真実であろうか？ 夢の精などというものがいるわけはないにしても、夢を見るのがこの「わたし」でないこともまた確かである。

なに不自由なく暮らしているさる人物の八十五歳の誕生日を前にしたある夜、わたしは夢寐の間に、老人を本当に喜ばせるには何を贈ったらよいだろうとわが心に問うてみた。わたしはそのとき即答を得たのだが、それは黄泉《よみ》の国の案内人というのであった。

レポレロ（一四〇）は、給金の少ない食うや食わずの境涯に不平を鳴らしているが、してみるとドン・ファンの実在も疑わしいと言わねばならない。

まだごく幼かった頃、始めて薄手のぼろをまとった雪掻き人足を見たときのことだ。子供心に不審を起したわたしの問いに、あの男の人たちはお仕事がないのよ、だから少しでもお金を稼げるようにああして雪掻きをさせて貰っているのよ、という答えが返って来た。あの人たち、雪掻きするのが当り前なんだね、幼いわたしは憤然と言い放つと、たちまちわっと泣き出したものだった。

恋心というのは、似てないものに似たものを認める能力のことである。

第二次大戦前のパリに見られたサーカスの広告、――芝居よりもスポーティー、映画よりも迫真的、と。

ヘイズ・オフィス（一四一）の検閲規程に照らして完全に非の打ち所のない映画には、ひょっとすると一大傑作になる条件が具備しているかもしれない。といっても、ヘイズ・オフィスのような機関の存在しない世の中でなら、という保留つきの話だが。

ヴェルレーヌ――軽度の大罪。

イヴリン・ウォー[二四二]の「ブライズヘッド再訪」、社会に取り込まれたスノビズム。

ツィレ[二四三]は悲惨な境涯の尻を叩く。

シェーラー[二四四]——哲学の中に設《しつら》えられた閨房。

リーリエンクローン[二四五]に軍楽を描写した詩がある。最初の節には「町の角を鳴らしながら　やってくる／最後の審判の喇叭《らっぱ》の音《おと》か」とあり、締め括りは、「綺麗な蝶々のようなのが／ちんちん　ぶむと町の角を曲ってる」となっている。冒頭に最後の審判を据え、末尾に蝶々を配しつつ、暴力肯定の歴史哲学を一篇の詩と化したもの。

トラークル[二四六]の「沿うていく」と題した詩には、「ぼくたちが死んでからどれくらいたったことだろう」という詩句が出てくるし、ドイブラー[二四七]の「黄金のソネット」の中では、「紛れもない、ぼくたちはみんなとうの昔に死んだのだ」と歌われている。生の最後の拠だった人間も、お互いの間が疎遠になったために死者同然の身となった、——表現主義の一体性はひとえにこの冷厳な事実を歌い上げた点に存在する。

ボルヒャルト[二四八]はさまざまの形式を試みたが、作品の中には民謡を換骨奪胎したものも数多く見られる。

ところで「民謡調で」Im Volkston という普通の呼び方を嫌った彼は、それらの作品を「民衆の調べによる」Im Tone des Volkes と銘打っているのだが、そこには「法の名において」Im Namen des Gesetzes という言い草に通ずるような響きがある。復古を志す詩人がプロイセンの警官に豹変したような趣がある。

思想に課せられたさまざまの課題の中でも、なおざりに出来ないものの一つ、――西欧文化を論難する反動側の理屈を一つ残らず進歩的な啓蒙に役立てること。

自明でない思想だけが本物である。

老婆が火刑場の火勢の足しにしようと薪を曳きずって来るのを見たフス（一四九）は、「聖なる素朴さよ」と叫んだ。ところで――フスは二様の形態の下での聖餐をめぐる争いのために火焙りの刑に処せられたわけだが――この肝心の問題についてはどういうことになるだろう？　いちだん高い見地に立てばどんな省察も素朴の観を免れない、しかし忘却のお先真っ暗な消尽線の上では一切が単純化されるわけで、その意味では単純なものは何一つないと言っていいのである。

こちらが弱味を見せてもそれに付け込んで強がったりしないような相手だけが、本当にお前を愛しているのだ。

123

意地の悪い学友——ファシズムの到来はわたしにとって少年時代の思い出から引き出せる必然的な帰結であったと言えなくもない。征服者の手ではるかな遠国に送り込まれた先遣隊のように、本隊に先駆けるファシズムの先鋒はすでにその頃わたしの身辺に届いていた。すなわち、わたしの学校友達である。ブルジョア階級には前々から万人の万人による抑圧を目ざした殺伐な民族共同体の夢があったと言っていいが、ホルストとかユルゲン、姓の方でいえばベルゲンロート、ボーユンガ、エックハルトなどという一癖ありげな名前を持った学童たちは、大人たちがまだ歴史的にそれを現実化する段階になかった時期にいち早くその夢を演じていたのであった。わたしは彼らの追い求めている夢魔の威力をまざまざと痛感せざるを得なかったので、それ以後はどんな幸福もいつ取り上げられるか分らない一時の借り物と見なすようになった。第三帝国の出現はわたしの政治判断にとっては晴天の霹靂だったが、かねがね怖るべき事態を予期していたわたしの意識下の本能にとってはそうではなかった。恒常的な破局を呼ぶさまざまの誘因はつとにわたしの身辺を脅かしていたし、ドイツの覚醒を促す警世の幟《のぼり》はわたしの脳裡に色鮮かに焼きついていたので、ヒトラーが天下を取ってからの時代相はその端々にいたるまでわたしにとってとくに目新しいものではなかったのである。それどころか理不尽な恐怖を抱くわたしには、ともすればこの全体主義国家なるものがことさらにわたしを目の敵にしているように思えてならなかった。それがまだ胎動期にあったわたしの少年時代に、一応執行猶予にしてあったことを結局わたしに対して執行する目的でこの国家は作られたのだ、と。ひとりで居ることの好きな学友に襲いかかり、さんざんに彼を打ちのめし、その学友が事の次第を教師に訴えたとき、クラスの裏切り者呼ばわりした五人の愛国者たち——ドイツでは囚人たちが虐待されていると語った外国人を嘘つき呼ばわりしつつ囚人たちを虐待したのは、彼らではなかったのか？　首席の生徒がとちったとき、やんやと囃し立てたクラスの悪童ども——保護検束を受けたユダヤ人が無器用な手つきで首吊り自殺を試みたとき、にやにや笑いながらそのぐるりに円陣を組み、嘲弄の言葉を浴びせかけたのは彼らではなかったのか？　自分では文章一つ満足に綴れないくせに、長すぎるということでわたしの文章に難癖をつけた連中——ドイツの文学伝統を根絶やしにし、彼らの文学なるものを蔓延《はびこ》らせたのは、彼らではなかったか？　中には得体の知れない記章を胸にいっぱいぶらさげ、ドイツにもう海軍など存在しなかった時代に陸《おか》の上の海軍士官になりたがっていた連中もいる。突撃隊の大隊長や連隊長を気取っていた彼らは、言ってみれば無法派の嫡流ともいうべき存在だった。頭のいい変り者は、自由主義時代の発明家が才能はあっても手蔓《てづる》がなければ成功しなかったように、クラスの中でぱっとしなかった。そこで両親を安心させるために糸鋸の工作に打ち込んだり、いろんなインキを使い分けながら複雑な図面を引いて長い放課後の無聊を慰めたりしていたが、第三帝国の今日見られる通りの非人間的なまでに高度の能率は一つは彼らのようなタイプの貢献によるのであり、彼らにしてみればまたぞろ無駄骨を折ったことになるのである。それに引き換え、事あるごとに教師に反抗し、いわゆる「授業妨害」をやっていた連中は、高校卒業試験に受かったその日から、極端に言えば試験のすんだその時間から、かつて反抗した相手の教師たちと同じ食卓を囲み、同じビールのジョッキを傾けながら男同士の盟約を契り合うのだった。彼ら、クラスの反逆児たちこそ、生まれながらに第三帝国の配下だったのであり、彼らが血気にはやって拳で卓を打つ音は新しい支配者を喝采して迎える万雷のどよめきの先触れだった。彼らは原級に留まってさえいればクラスを出て行ったかつての級友を追い越し、積年の鬱憤を晴らすことができた。いま新しい国家の公職を占め、いずれは死地に赴くであろう彼らが、夢の中からその姿を現わし、わたしの過去とわたしの国語を没収してからというもの、わたしはぱったり彼らの夢を見なくなった。ファシズムの現実においてわたしの少年時代の悪夢は正夢となったからである。

一九三五年

124

判じ絵――歴史の発展は寡頭化の一途を辿っているのに労働者たちには労働者としての自覚がかえって稀薄になって行く傾向が見られるが、種々の観察を通じてその理由を推し量れないこともない。たとえば、所有者と生産者の生産設備に対する関係が客観的にはますます固定化しつつあるのに、個人の階級意識の方は逆に流動化しているという事実がある。この傾向は経済発展そのものによって拍車をかけられている。よく言われることだが、資本の組織構造にとって必要なのは、工場主の監督などよりもテクノクラートによる管理である。工場主が生身の労働にとっての当面の相手だったとすれば、テクノクラートの存在は機械が資本に占める割合いに対応していると言ってよい。ところで技術工程の数量化が進み、教育や経験とほとんど無関係なこまかい作業に細分化されるにつれて、新しい型の経営者のエキスパートとしての有り様《よう》も実体を欠いた幻影にすぎなくなるのであり、この幻影の正体は特定の個人だけがその仲間入りを許されるということである。技術発展の結果、誰でもどんな役目でもやりこなせるような状況が生まれているわけだが、進歩そのものに内在するこの社会主義的な要素は後期産業主義の現実の下ですりかえられている。誰でもエリートに仲間入りできそうに思われるので、ひたすら欠員補充の機会を待っている。エリートの適性はもっぱら類同性《アフィニテート》にあり、多忙裡に発揮される精力絶倫、テクノクラートにふさわしい健全な思想、臆面もない権謀術数などがその具体的な内訳だ。彼らはエキスパートであるにしても管理面でのそれでしかない。その面でなら誰でもなれるという展望が、この種のエキスパートの存在に終止符を打つことにならずに、かえってみんながなりたがる風潮を生み出した。真っ先に取り立てられるのは、正確無比に与えられた状況に適応するタイプである。たしかに選ばれる人間の数は知れたものだが、機会平等の見かけは、その見かけによって生きていた自由競争の余地がなくなった体制の下でも構造上の可能性さえあれば結構保たれるのである。特権のない状態は実際には技術の力によってもたらされたわけだが、一般の人びとは――日の当らない場所にいる人たちまで――それを現実にはむしろそうした趨勢を阻んでいる社会体制の功徳と見なす傾向がある。一般に現代人の階級所属にはある種の可動性がつきまとっていて、それが経済体制の硬直性を忘れさせる結果になっている。硬直した状態と移動の自由が抱き合せの関係になっているわけだ。当節の個人は自分の経済上の運命を予測できなくなっているのが実情だが、そうした個人の有り様《よう》までが可動性の慰藉を生ずる一因になっている。ある人間が没落する場合、当人に働きのないことは必ずしも決定的な要因ではない。むしろ奥の知れないヒエラルヒー構造によって事は決せられるのであって、その枠の中では、誰ひとり、ヒエラルヒーの頂にいる連中でさえ安閑としてはいられないのであり、常住地位を脅かされているという点においては万人平等なのである。以前、英雄的な飛行隊長が除隊になって帰郷し、ドラッグ・ストアにとぐろを巻く変り者になり果てて田舎町の住民の嬲《なぶ》り者になるという筋立ての映画があった。この映画はその年度の優秀映画に選ばれ、興行的にも大ヒットしたが、観客はこの主人公の身の上を見て他人の不幸を喜ぶ無意識の本能を満足させたばかりではない、人間は本当にみんな兄弟分なんだという思いをしみじみと嚙みしめたのであった。この上なく不当な運命が公正の幻影を生み、有為な人間の転落劇が人間平等の迷妄を生じさせているわけだが、こうした風潮を前にした社会学者はふざけ半分にしてもぶきみな問いに直面せざるを得ない。プロレタリアートは一体どこにいるのか、と。

125

(一五〇)

Olet（臭い）——ヨーロッパ人には個人的な好意でしたことなどに対して金を出されれば尻込みするという風があったが、ブルジョア以前の過去がそうした形でまだ生きていた。ところが新大陸の住民にはそうしたはにかみのかけらも見られない。もちろんヨーロッパでも何かをすれば報酬を受けるものと相場が決っていたわけだが、報酬を受けることには心の痛みが伴った。たしかに気位の高さというものもお里が知れており、元を正せば土地所有を基盤にしたイデオロギーでしかない。しかしそれが性格の骨の髄までしみ込んだ面々には市場の論理に楯つくだけの土性骨ができていた。ドイツの支配層には、種々の特権や生産管理などによる場合を除いて一般に金儲けを卑しむ伝統があり、この伝統は二十世紀の前半にいたるまで連綿と続いていた。芸術家や学者について世間ではしたないとされていたこと、そして当の彼ら自身もっとも強く反撥したのは報酬を貰うという一事だった。大家《たいけ》の家庭教師をしていたヘルダーリンのみならず、リストのようなピアニストまでがその面では人知れぬ辛酸をなめたのであり、彼らがのちに世間一般の常識と対立するようになった裏にはその種の経験がひそんでいたのである。今日にいたるまで、ある人間が上下いずれの階層に属するかという決着はその人間が金を受け取るか否かで決った。時には高慢な思い上りが自覚的な批判に転化することもあった。ヨーロッパの上流家庭の子供は親類の人からお金を貰っても顔を赤らめたものだが、滔々たるブルジョア的功利の風潮がそうした心根を根絶やしにし、それと反対の気風を跋扈させる結果になったのは事実であるにしても、ともかく人間はただ交換を行うためにこの世に生まれて来たのだろうかという疑念が眠り込んでしまうことはなかった。ヨーロッパ人の意識の中では旧時代の遺風が同時に新風のための酵素となっていたのだ。それに反してアメリカでは財産家の子弟でさえ新聞配達をして小遣い銭を稼ぐことになんの抵抗もないのであって、そうした臆面のなさは大人たちの物腰にもひそんでいる。だからこの国の実情に通じないヨーロッパ人の目に映るアメリカ人は、おしなべて気位を欠いた、金を貰えばどんなことでもする人種ということになりかねないわけだし、逆にアメリカ人の目に映るヨーロッパ人は貴公子気取りのろくでなしということになりがちである。アメリカでは働くことは恥ではないという金言が自明の理として通っている。封建的な考えからすれば、物の売り買いには沽券に関わるところがあるのだが、この国にはそうした体面にこだわる見栄っ張りの気風などみじんも見られない。ただこうして金儲け一筋に徹したデモクラシーが、反面ではどう見ても反デモクラシー的な経済上の不正や人間の尊厳を損うような状態の存続に手を貸している。交換価値では現わせないような種類の仕事があることなど、この国の人たちには思いも寄らない。こうした現実が背景にあるため、それ自体において真実であり、その真実性によってひとを拘束するものなどてんから頭にないような主観的な理性が勝ち誇っているのであり、この理性の認める真実なるものとは、他者のため存在している、交換の利くものでしかないのである。旧世界において高くとまった気位がイデオロギーだったとすれば、新世界のイデオロギーは得意先へのサービスである。この点は客観的精神の産物の場合も例外ではない。交換行為を通じて目先の利益を追求するこの上なく了見の狭い主観本位の行き方が主観の表出を妨げている。始めから市場向きに作られた作品の場合、金になるということがすべてに先立つわけだが、このアプリオリのために肝心の主観の表出を目ざす自発的な欲求が押えつけられるのだ。莫大な費用を投じて制作され、配給された文化の産物にも——複雑な機構がその間に介在していることは言うまでもないが——常連たちのお気に入りのメロディーを弾きながら、ピアノの上の皿を横目使いに見るピアホールの楽士じみたそぶりがつきまとっている。文化産業の出費は天文学的な数字に達するにもかかわらず、その仕事振りを律しているのはチップの多寡というわけだ。産業化された文化の産物には、いやにすべすべしたところ、完全殺菌を施したような趣があるが、前に述べた古風な羞恥がこうした形で辛うじて生き残っている。それは高級ホテルのマネージャーたちが着込んでいる燕尾服にもなぞらえられるようなうわべの体裁で、彼らはともかく給仕頭などと混同されたくないものだから貴族も顔負けするくらいの優雅を装っているものの、まさにその見てくれに給仕頭という彼らの正体が露呈しているのである。

126

I.Q.（知能指数）――その段階においてもっとも進んだ技術の水準に適した行動様式というものがあるわけだが、その適用範囲は本来それが要求されている分野に限らない。たとえば思考力にしても、職業柄義務づけられている場合だけ社会的な業績審査に応ずればよいといった訳合いのものではないので、骨の髄まで審査の基準に同調しているのが実情だ。思想があてがわれた課題の解決にその本領を見出すにつれて、それ以外の問題までが課題の方式に準じた扱いを受けるようになる。自律性を失った思念は現実をあるがままに把握する気力までなくしてしまう。そんなことは高給を取っている上層部の連中に任せておけばよいという甘い幻想にひたりながら、自分の方では業績の点取り虫に徹するわけだ。別に他から強いられたわけでもないのに、たえず自分の有用性を証明しないではいられないようなところが出てくるのだ。思考力自体、現実に問題がない場合でも課題の演習にそなえて行うトレーニングめいてくる。対象との関係から言えば、対象は一種の障害物のようなもの、この障害物を使ってたえず自分の調子をテストしておくのがその功用ということになる。それに引きかえ肝心の対象との関係を通じて責任の筋を通し、ひいては自分自身に対する責任もゆるがせにしないような種類の考察は、やくたいもない反社会的な自己満足でしかないという風に色眼鏡で見られがちだ。新実証主義者にとっての認識は蓄積された経験と論理形式主義に分裂していると言っていいが、統一科学の理念が打ってつけなタイプの人間の精神活動も思考能力のランダムサンプルと貯えられた知識の両極に分れる傾向がある。言い換えるならこのタイプにとっての思念は知識もしくは適性を調べるクイズと化しているのであり、その正解はあらかじめどこかに記されているという寸法である。プラグマチズムの最新版というべき道具主義 Instrumentalism は、すでに思考の応用問題の域をこえ、思考形態そのもののアプリオリと化している。そのしがらみを突き抜けて社会の内実を考えようとする反体制派の知識人たちも、前もって社会の必要に応ずるように型どられた彼ら自身の意識形態のために行動の自由を縛られているのが実情だ。思念はかつて身についていた自分自身を考える習性を忘れるとともに、自分自身に対する絶対的な審査機関と化した。当節における思考とは思考力があるか否かについてたえまなく監視の目を光らせていることでしかなくなったのだ。だからこそうわべは自立しているように見える精神上の産物にも、理論面のそれと芸術方面のそれとを問わず、おしなべて呼吸困難のために窒息しかかったようなところが見られるのである。精神の社会化とは、社会自体が囚われの状態にある限り精神をガラス蓋の下に封じ込めることでしかない。外部から課せられた義務の細目を内面化したのがかつての日の思考の姿だったとすれば、当節の思考は包括的な組織への統合をすすんで血肉化した趣があり、経済上・政治上の理由から葬り去られる前に自ら亡びの一途を辿りつつあるのである。

127

Wishful Thinking（希望的観測）——知性というのは一つの道徳的なカテゴリーである。感情と悟性を切り離す見方とともに頭の鈍い人間こそは仕合わせ者という俗論が横行することにもなるのだが、人間を職能別に分類するようになった歴史的な経緯がそのために実体化されるわけだ。愚直礼賛のうちには、いったん分離した両者がふたたび合体して旧来の陋習の切り崩しにかかるのではないかという危惧の念も入り混じっている。「もしきみに頭と心があるのなら」、と、ヘルダーリンは二行連詩の一つで歌っている、「人前ではそのうちの一つだけを見せるがよい。／両方を同時に見せれば、世間の奴らはどちらにも難癖をつけるだろう。」無限なるものであり、無限なるがゆえに限りある身には測り難い理性 Vernunft と対比しつつ、限定された人間の悟性 Verstand を貶める――その反響を哲学の中にも見出すことのできる――論法は、一個の批評としての正当性を含みながらも、「真心いちずを貫けよ」(一五二)という俗謡を連想させることがある。ヘーゲルが悟性の愚昧ぶりを例証する場合、省察のあるべき姿を遊離した形でとらえがちな実証主義一般の通弊を発《あば》いている限りにおいて正しい。しかしヘーゲルはその域をこえて思考禁制に一役買っているふしがあり、方法論の方で要請している概念の否定的な働きを断ち切っているところなど、思弁哲学の絶頂にありながら、善男善女の信徒に向って、自分のふたしかな才智など当てにしないでいつまでも導きの必要な善男善女のままでいるように説く新教の牧師を彷彿させると言っていい。むしろ感情と悟性の対立のうちに、その統一、ほかならぬ道徳的な統一を見出すことこそ哲学の課題というべきだろう。判断力の形で発揮される知性は、所与の事実を言い表わしながら判断を下すことでそれに抵抗する。また判断の働きは本能の動きを遮断することによって可能になるわけだが、反面では社会の圧力に対抗する固有の力を通じて本能の動きに寄り添うということがある。判断力は自我の強度と釣り合っている。ひいては衡動という原動力に比例していることにもなるのだが、例の心の分業制はこの種の力をもっぱら感情の部門に振り当てていたわけだ。外圧に耐え抜く本能的な意志は推論の意味上の含蓄と化している。判断主体が勝利を獲ち取る道は、推論に徹してわれを忘れ、なにものによっても判断を曇らされないことを措いてほかにない。ところが日常生活裡の人間はとかく目先の利害がからんでくると愚かになりがちで、腹の底ではよく分っていることをうわべは分らないふりをしながら目の敵にしたりするものだ。また大状況に目を転ずれば、今日の世界を蔽いつくしている愚鈍さにしても――そのために現代人は自分たちの住んでいる世界の仕組みが気違いじみていることに気づかないでいるのだが――昇華も揚棄も経ていない支配階級のなまな利害の産物である。短期的にせよ滔々たる勢いで一定の方向に向う支配階級の利害は歴史の流れを決定づける匿名の枠組みとなる。それと対応する関係にあるのが、偏見の力と社会生活《ベトリーブ》を表裏一体のものとして自覚できない個人の度し難い無知蒙昧である。こうした個人の知的無能は自律性や責任感の欠如といったような道徳上の欠陥と両々相俟っているのが通例だが、逆に言えばソクラテス流の合理主義にもそれなりの真実性があって、思慮分別のある人間――その想念はしかるべき対象に向けられていて、形式論者のそれのように空回りすることはない――が、悪人である場合はまず考えられない。なぜなら目先の私欲に目が眩むのが悪の動機であるとすれば、その動機はおおむね想念という媒体の中で四散するものだからだ。どんな認識もその基底には愛情があるというシェーラーの説は、無媒介的に当面の対象に対する愛情を要請していたためにまやかしであった。しかしシェーラーの説は、彼の唱える愛情に直接性の仮象を余すところなく解消させるほどの力があれば――ということは当然認識の対象と対立をきたす場合も考えられるわけだが——真理となるだろう。想念の分裂に対抗するためにはばらばらになった心の諸部門の統合を図ってもなんにもならない。また非合理的な酵素を適当に合理的理性 ratio に配合するようなやり方でも駄目で、ひとえに反対の側から思考を思考として成り立たせている願望の要素を自省するしかない。他律的な混ぜものぬきで思想の客観性の中に溶け込んだその要素は、そのとき始めてユートピアをめざす推進力となるのである。

128

退行三題——わたしのブラームスにまつわる一番古い思い出は——といってもこれはわたしの場合に限らないだろうが——例の子守唄である。ところでわたしは歌詞を完全に誤解していた。その中に出てくるNäglein というのが、接骨木《にわとこ》、地方によっては石竹の別名であるのを知らなかったわたしは、それを小さな画鋲のようなものだと思っていた。わたしの寝る天蓋つきの小さなベッドにもカーテンが張りめぐらされていたが、そのカーテンを画鋲でしっかり留める、だから中の子供は光のまったく射し込まない暗闇に身を沈めて、いつまでも——ヘッセン地方の独特の言い廻しでいえば「牛の値が一文になるまで」——なんの不安もなく安らかに眠れるのだろう、と。なんの花にもせよ、こうしてわたしたちをすっぽり包み込んでくれる帳《とばり》の優しさには及びもつくまい。一点の曇りもない光明をわたしたちに保証してくれるのは昏睡の闇だけであり、わたしたちがいつの日かなり得るであろう状態を保証しているのは、この世に生まれなかった場合をめぐる夢想だけである。

「安らかにおやすみ／小さなお目々を閉じて／ほら聞こえるでしょう、雨の降るのが、／お隣りの犬の吠えているのが。／お犬はその人にかみついた、／乞食の服を引き裂いた、／いま乞食が門の方に駆けて行く、／安らかにおやすみ」。これはタウベルト（一五二）の子守歌の第一節だが、その内容ははなはだ穏やかでない。にもかかわらず最後の二行には、安らかな眠りに誘《いざな》う平安の約束が秘められている。ただこの平安は、闖入者を首尾よく撃退したから枕を高くして眠られるというブルジョア風の非情な自己満足によってのみもたらされるものではない。子供のわたしは夢うつつのうちにこの歌を聞きながら、ショット（一五三）社の歌謡集の挿画ではユダヤ人のような風体に描かれていたよそものが追い出された事実の方はすでに半ば忘れかけていて、「乞食は門の方に駆けて行く」という詩句のうちに他人を不幸にしない安息の有り様《よう》をおぼろげに感じていたのだった。一人でも乞食がいる限り神話は存続している、とベンヤミンはその断章の一つで言っている。最後の乞食がいなくなったとき、始めて神話は和解されるであろう、と。しかしその暁には、うとうとしながら眠りに落ちて行く子供の意識の中でのようにあらけない暴力沙汰も忘れられてしまうのではあるまいか？　乞食がひとりもいなくなれば、彼の身に加えられた本来なら償いようもない仕打ちの数々も結局は償われるのではあるまいか？　弱い者いじめに犬をけしかけるというのは結局全自然をけしかけるようなものだが、人間の手で行われるそうした迫害のうちにも、それ自体自然界の一現象である迫害がいつの日か跡形もなく消滅することへの期待がひそんではいはしまいか？　文明社会の敷居の外に押し出された乞食もこの世のしがらみから解放された古里に終《つい》の栖《すみか》を見出すのではあるまいか？　「もう安心してお休み、乞食もお宿に帰ったよ。」

物心がつくようになって以来、わたしは「山と深い谷の間《あわい》に」という歌が好きだった。のどかに草を食んでいた二匹の兎が猟師に撃たれた、ところがよく考えてみるとまだ生きていたので、走ってその場を逃げ出したという内容の歌だった。しかしわたしがそこに含まれた教訓を理解するようになったのはずっと後のことである。理性がこの世で耐えていくためには、絶望から有頂天にいたる振幅が必要であり、合理一本槍では外界の狂気に太刀討ちできない、という教訓を。わたしたちは二匹の兎に見習うべきであろう。銃声を聞いたら死んだつもりになってその場に倒れ、心を静め、おもむろに思慮をめぐらすこと、そしてまだ息があったらその場を一目散に逃げ出すことだ。恐怖を受けとめるにせよ、幸福を感じ取るにせよ、その力の基になっているのはただ一つ、時には自己放棄も辞さぬほど全面的に経験に対して開かれた感受性であり、そうした経験の中でこそいったん倒れた者が自分を取り戻すということも起るのであろう。実在のもたらすはかり知れない悲しみに引きくらべれば影の薄くなる幸福など、なんであろう。それというのも世の成り行きが狂っているからで、抜け目なくそれに適応する向きはまさしくそのことによって気違いじみた現実の加担者となるものであり、常軌を逸した外界の動きを阻止するのはかえって変り者の方ということにもなりかねない。ひょっとすると変り者だけが、まがまがしい現実の仮象性、いわゆる「絶望の非現実性」に思いをこらし、自己の生存だけでなく、生命そのものに残された余地を悟るかもしれない。力のない兎の狡智は猟師の罪業に肩すかしを食わせることで自分自身とともに猟師の方も救っているのである。

129

お得意へのサービス――偽善的な文化産業は、消費者本位がモットーであり、まさに消費者自身の望んでいるものを提供していると称している。そしてそれ自体の自律性を躍起になって否定し、犠牲者たる消費者を審判者に祭り上げたりするわけだが、その実、文化産業の内々の専横ぶりはいろんな点で度を過ごしがちな自律芸術も顔負けする体《てい》のものである。お得意の反応に順応しているというのは体のいい作り話で、その反応なるものも文化産業の手によってでっち上げられたものであり、お得意たる消費者たちは仲間を装った文化産業から反応の仕方まで教え込まれるという寸法である。社会的に無力であることを神かけて誓い、われひとともに平等であることを口が酸っぱくなるくらい唱えながら権力の分け前に与り、平等主義の裏をかくという手合いがいるが、個人にそうした下心があればあるほどかえって、他人や全体に同化しようと努めるものであり、そこに一種の調整作用 Adjustment が働いているという考え方がある。文化産業もその作用に従っていると称しているのだが、この調整作用という観念自体がイデオロギー臭いと言っていい。たとえばある楽曲について「これは聞き手に代って聞く音楽」などという謳い文句がまかり通っている。世の大人たちは子供の手にていよく贈り物を押しつけようとするとき、相手の子が口にしてくれれば自分に都合のいいような言葉をまず浴びせかけ、大方はあやしげな代物と相場の決っている贈り物の品をまさにその子の口から聞きたいと思っている有頂天な悦びの言い廻しを使って手渡したりするものだが、映画産業がトラスト大の規模でやっていることもそんな場合の大人たちのいやらしい手管に類している。文化産業は退行的な模倣に目処《めど》を置いており、抑圧された模倣衝動の操作を目ざしている。公衆がその産物について行う模倣を先取りし、公衆の間にこれから醸し出そうと思っている同意を所与のものであるかのように見せかけるのがその場合の手口である。また事実、安定した体制下ではこうした同意を当てにしてよいのであり、なにもわざわざ醸し出すまでもなくすでに公衆の間に存在している同意を儀式的に反復すればよいといったようなあんばいで、状況は文化産業にとってお誂え向きにできているのである。その産物も、刺戟物そのものというより、ありもしない刺戟に対する反応様式のモデルといった観がある。だからこそ映画の例で言えば、熱っぽい伴奏音楽、舌たらずの小児語、物欲しげな通俗性といったものがついて廻るのであり、スターのクローズ・アップにもなんて美しいんだろうと触れ回っているような風情が見られるのだ。文化マシンが押しつけがましく観客に迫ってくる流儀には、真正面から撮影した驀進中の急行列車を思わせるところがある。もっともどんな映画にも流れている一種独特の抑揚は、子供たちを魔法にかけたり、とって食べようとしている魔女のそれで、魔女は身の毛のよだつような声で呟きながら子供の前に食べ物を差し出すのだ、「おいしいスープだよ、このスープ、おいしいだろ。さあ飲んで元気におなり、元気におなり」。(一五四) 芸術の世界でこうした料理のための魔の炎を発明したのはワーグナーだった。その言語表現の内密の味つけと音楽の薬味にはのべつそれ自身を賞味しているような趣があると言っていいが、天才独特のやむにやまれぬ告白衝動に駆られたワーグナーは、『指環』の中のミーメが毒の入った気付けの飲み物をジークフリートに差し出す場面でこうした経緯のあらましを種明かしして見せている。ところで怪物はと言えば、ブロンドの毛を波打たせ菩提樹の下に悠然と身を横たえているわけだが、一体誰がその首を落せばよいであろう？（二五五）

130

灰一色――それ自体の良心の疼きも文化産業の場合はなんの足しにもならない。その精神には逃れられぬ客観性があるために直接この産業に従事する連中も手痛い目に合っているのであり、現に内情に通じているエージェントたちは自分たちが流している害毒との関わりを内心の留保を通じて否定しようとしている。映画がイデオロギーを広めているという認識もそれ自体が巷間に流布したイデオロギーである。このイデオロギーを管理面に適用したのがあらゆる映画を二つの系列に分ける杓子定規の分類で、一つは日常からの逃避を助ける合成された白日夢の系列、いわゆる現実逃避もの escape、もう一つは、正しい社会生活を送る上で励ましとなるようなメッセージを伝える conveying a message 有益な作品の系列、ということになる。あらゆる映画をこうしてエスケープものとメッセージものに手際よく分類するやり方そのものに、二つのタイプのインチキ性が現われている。もっともエスケープものを笑い草にする向きにしても――その浅薄ぶりを憤る声からして規格化されているような有りさまで――社会慣習という遊びのルールに従わぬからといって遊びめいたことをくそ味噌に言う旧弊な考えを蒸し返しているにすぎない。現実逃避映画が嫌悪をそそるのはそれが気の抜けた現実生活にそっぽを向いているからではない。むしろそれ自体に気の抜けたところがあるためにそっぽの向け方が不徹底に終っているから、またそれによって与えられる実体のない満足が現実生活の上での挫折感と表裏一体をなしているからである。映画の育む夢には本当のところは夢がないのだ。たとえばテクニカラー映画の主人公に画面で接しても彼らの実体が資本をかけて類型的な名士に仕立てられた平凡な人間でしかないことが一瞬の間も頭を離れない、といったような訳合いで、一定の方式にのっとって制作された夢物語のきらびやかな装いの下にはキネマ存在論の骨組みがありありと透けて見えるのであり、その骨組みというのは観客に推奨される価値のヒエラルヒーであり、好ましくないことと手本とすべきことについて定められた規範《カノン》なのである。現実逃避物語ほど実際的効用をもったもの、社会生活の営みに密着したものもない。観客を非現実の彼方に連れ出すのももっぱらその頭に実生活の掟を叩き込むのが目的であり、観客が常日頃経験している掟通りにいかないこまごましたことは距離にぼかされて視野のうちに入ってこないという利点があるわけだ。エスケープものは全篇これメッセージである。反対に逃避から逃げようとしているメッセージものがメッセージを満載しているのは言うまでもないが、この系列には物象化への抵抗まで物象化してしまう嫌いがある。映画畠の人間が、ある種の作品について、この銀幕上の傑作にはいろいろな見所があるがその上に健全な思想があるとほめそやすのを聞いてみるがよい。その言いぶりは、美貌の女優について、請け合ってもいいがあのひとにはおまけに個性があるなどと断言する場合とまったく変らない。首脳陣の居並ぶ制作会議でも、たとえば、このエスケープ映画にはいつもよりエキストラに金をかけるほかになにか観客の心を高めるような理想が欲しい、その理想は「人間は高貴なれ、人助けを好み、善良であれ」（一五六）、でもいいではないか、といったような調子で、ずいぶん安易に事が運ばれるのではないかと想像されるのである。どんな作品にも固有の論理が具わっているものだが、その論理から切り離された理想は道具立ての一種になる。改革の斧を振って弊害を取り除くとか、実態よりも美化された社会保障だとか、いずれにしても手っ取り早く理解できるだけに底が知れているわけだ。制作者たちがいちばん好んで取り上げるのはアル中患者の社会復帰の問題だが、飲んだくれたちのしがない陶酔境をひそかに羨んでいるようなふしもある。匿名の法則に従って動く社会のぶきみな動向を描く場合でも、救済策を講ずる意志さえあればなんとか切り抜けられるような描き方になっているために、攻撃を意図しながらも当の社会を擁護する結果になっている。そして、まっとうな考えを持った人間をことごとく糾合した一種の人民戦線が実際に存在しているような錯覚を観る者に与えている。現状の改善策を具体的に絵解きして見せるメッセージの実用的な精神は、体制と結託しつつ、ともかくみんなが事あるごとに衆知を集め、悪の根源について合意に達しさえすれば、一個の主体と化した社会の総体(そもそもそんなものは現代には存在しないのだが)によってどんな問題でも解決されるという作り話を広めている。もっともそうした形で有能ぶりを発揮すれば、それだけでもある種の快感が得られるのは事実である。これをたとえるなら、自分の住んでいる家が怪しげな地盤の上に建てられていても、掃除に大童になればそれに紛れて地盤のことなど忘れてしまうようなもので、結局メッセージがエスケープめいた役割を果すことになるわけだ。本式の現実逃避ものがもしあるとすれば、社会総体の有り様《よう》に対するむかつきを形式面の構成要素にまで反映させつつ形象化した作品だろう。そうした作品ならばそれこそ土壇場でメッセージに転化するということがあるかもしれない。それをはっきりした形で表に出さなくても、というよりむしろ、提言めいたことに対してとことんまで禁欲を貫き通すことによって。

131

おばあさんに化けた狼（一五七）――映画を弁護する連中はこの上なく大雑把なことをいちばん有力な論拠にしているのであって、要するにそれが多勢の人間によって消費されているというのである。文化産業のメディアであることがあからさまな映画も、彼らの口にかかると一種の民衆芸術と化すのだ。彼らの言い分では、自律芸術特有のさまざまな規範に縛られていない映画はそれによって審美上の責任を免れているのであり、その方面の尺度が映画に比べて反動的であることは歴然としているというのだが、たしかに映画を芸術的に高尚にしようとする試みに、妙に気取った場違いな感じ、固有の形式を踏み外したところ、一部の通人のための輸入物といった臭味がつきまとうのは事実である。映画は芸術づくほどに鍍金《めっき》ものめいてくる。これは第一線で活動している連中が自説を唱える上での恰好な材料ともなるわけで、いつとなく低俗《キッチュ》化した内面性の批判者をもって任ずる彼らは彼ら自身の素材丸出しのキッチュを振りかざしながら前衛を気取っていられるのだ。彼らの土俵にうっかり足を踏み入れると、ともかく相手の方は現場の経験と身近なデータで武装しているわけだから、とうてい太刀打ちできない。たとえば、映画は真の大衆芸術にはほど遠く、実際は大衆を欺く具に使われているだけではないかという疑問を呈したとする。するとはね返ってくる答えは――しかし市場のメカニズムを通じて観客の要求はたえ間なく吸い上げられている。映画の制作は集合的に行われているわけだが、それだけでもその集合的な性格は保証されていると言っていい。制作担当者たちを陰険な策士のように考えるのは世間知らずの勘ぐりでしかない。大方の連中に才能がないのは事実だが、しかるべき才能の持主が何人か集まれば制度上のいろいろな制約をのりこえていい作品を作り出すことも可能である……またたとえば、映画の追随している大衆の趣味なるものは実際は大衆自身のそれではなく、大衆に押しつけられたものではないかという疑問を呈したとする。それに対する彼らの反論は――大衆が現在所有しているものこそまさしく大衆の趣味なのであって、別途にそういうものがあり得るような言い方をすること自体おかしい。大体昔から民衆芸術の名で呼ばれてきたものはいつの時代も支配層の文化を反映していたものだ。理想的な観衆を前提にして制作するなどというのは論外で、制作の方向を現実の需要にしかるべく適応させてこそ、それ相応の論理が働いて名もなき公衆の意志がはっきりした形を取ることにもなるのだ……またたとえば、映画は紋切型の嘘で固められているのではないかという疑問を呈したとする。すると――ところが紋切型というのは民衆芸術の本領である。映画に勇士や悪漢が出てくるのは、メールヘンに難場を救う王子や悪魔が出てくるのとまったく同じ流儀である。この世を善玉と悪玉に二分する冷酷無惨なやり方も映画と高次のメールヘンに共通に見られることで、メールヘンにも悪玉の継母に焼けるように熱い鉄の靴をはかせて死ぬまで踊り狂わせるような場面が出てくるわけだ……〔一五八〕

こうした論法に対抗するには、論客たちが拠にしている基本的概念をじっくり検討する以外にてがないだろう。出来の悪い映画もいちがいに制作担当者たちの無能のせいにするわけにはいかない。ずぬけた才能の持主も多忙な現場で才能をすりへらしているのが実情だし、才能のない連中がこの世界に多勢入り込んでいるのは映画のいかさまなところが山師タイプの人間を惹きつけるからだろう。ともかく作品がつまらないのは客観的な理由によるのであり、スタッフに人材を得れば新しい民衆芸術が生み出されるといった筋合いのものではないのである。大体、民衆芸術という観念は、農業を主にした生活環境、でなければ単純な商品経済を拠に作られたものだ。そうした生活環境を代表する典型的人物は、主人と下僕、いつもうまい汁を吸う人間と貧乏籤ばかり引いている人間ということになるだろうが、まだ完全に客体化されていない身近な姿で登場する点に特徴があった。階級的差別による溝があるという点はそうした社会ものちの産業社会と変りなかったであろう。しかしその構成員はまだ全体的な社会構造の中に組み込まれていなかったのであって、後代に現われるこの種の構造は、個々人をまず因子的存在に貶め、しかるのちに孤立して無力化した彼らを集めて集産的社会を作り出すのである。たしかに現代にはすでに民衆は存在しない、しかしだからといって、ロマン派が言い触らしたように大衆が民衆より悪質ということにはならない。むしろ徹底的に疎外された社会の新しい姿のうちに露呈されているのは、まさしく往時の社会の欺瞞性である。文化産業はいくたの特質を民衆芸術の遺産から継承していると称しているが、そのためにもともと民衆芸術に具わっていたその種の特質までが胡散臭くなってくる。映画にも一種の遡及力があって、お手のものの楽天的な調子の惨劇を介してかねがね不正に加担していたメールヘンの一面が浮び上ったり、仕置を受けた悪党の顔に、統合の進んだ社会によって排撃された、またこれを排撃することが前々から社会化の夢であった、異分子たちの顔がおぼろげに甦ったりするのだ。したがって個人主義の芸術が死に絶えたからといって、大時代な反応をしめす主体を自然人のように見せかけている芸術が正しいことにはならないのであり、その主体なるものの実体は二、三の大会社の（無自覚的と言えばたしかに無自覚的な）シンジケートでしかないのである。かりにお得意である大衆に映画への影響力が認められるにしても、それは切符の売り上げというような形で現われた抽象的なものでしかない。劇場の拍手は舞台の出来栄えに対して正確に反応した。それに取って代ったのが切符の売り上げというわけだが、総力を結集してかかる制作者の側に対して放心した無力状態というハンディキャップを背負い込んだ観客大衆としては、提供された作品にこうした形でイエスかノーで答える以外に意志表示の方法がないのである。下働きの技師なども含めた無数のエキスパートに制作の過程において発言権が与えられているという事実も映画の人間性を保証することにはならないので、この点は専門の科学者たちによって構成された委員会の決定が爆弾や毒ガスの人間性を保証することにならないのと少しも変らない。

映画芸術なるものについて知ったかぶりの駄弁を弄することは文名の欲しい物書きどもには似つかわしいことかもしれない。しかし彼らがしきりに提灯をもつ映画のナイーブな味わいというのも旦那衆の頭を通して見た下男族の無知蒙昧といった趣があって、いまさらそれを口にすることに何かの意味があるとは思えない。現代人にとって欠くことのできない日々の糧となった観のある映画の有り様《よう》は、本当を言えば今日明日のうちにも実行に移せるはずの人間の本分から大きくかけ離れているのが実情であり、まさにこうした二律背反《アンチノミー》を考えることに対する抵抗が糧となって、映画擁護論は栄えているのである。たしかに映画の制作に携っている連中は陰険な策士タイプではないかもしれないが、その事実も以上の点の反証にはならない。何事も操作を旨とする客観的な精神は、検閲以前の段階において、経験を律するルール、状況判断、専門技術の面での基準、何事にもついて廻る銭金勘定、独自の自重を持った生産設備などのうちにくまなく滲透しているのであり、またかりに大衆の意見を打診したところで、体制の遍在性を反映したような答えが返ってくるだけだろう。制作に当っている当事者たちも主体としての働きを失っている点はその下で働いている人びとや出来上った作品の消費者と変りないのであり、ひとり歩きを始めた組織の歯車として動いているにすぎない。大衆芸術は――事あるごとに反対ばかりしているインテリのそれでなく――現実の大衆の趣味を尊重しなければならない、というヘーゲル風の指針が唱えられているが、我田引水も甚だしいと言わねばならない。万人を包み込むイデオロギーとしての映画が人間の客観的な利益と相容れないものであり、現在の利潤体系と癒着していること、またそれに伴う関係者の良心の疚しさやごまかしは隠れもない事実だからである。一般人の意識の状態が現在見られる通りのものであるからといって、それを乗りこえ、そうした有り様《よう》が意識自体や客観的な情況と撞着していることを突いた知見を黙殺していいことにはならないはずだ。ナチスの御用学者だった教授の説は正しくて、民衆の間で歌われていた過去の民謡も支配階級の文化の落ちこぼれを糧にしていたというのは事実その通りであるかもしれない。おしなべて民衆芸術の名で通っているものがつぎはぎだらけで、それこそ映画と同じように「有機的」でないのは理由のないことではないのである。ただそうは言っても、うわべが綺麗事で装われている場合でもそれを訴える声を聞き取ることのできる往時の不正と、巧妙に拡声機や宣伝心理学を操って現実にありもしない人間同士の触れ合いをふれ回る連帯に名を借りた現代の疎外状況の間には明らかに逕庭があるのであり、その相違は、悪魔をこわがる子供をあやすために善人が報われ悪者が罰せられるメールヘンを話して聞かせる母親と、どの国の秩序もそれ相応に正しいのだということを観客の耳目にこれ見よがしにいやというほど叩き込み、今さらのように、そして今までよりもさらに痛烈に古来の恐怖を観客に思い知らせる映画作品の間のそれに対応していると言っていい。メールヘン風の夢想は大人の中にひそむ子供への訴えを含んでいるということがしきりに言われているが、その実、全面的な啓蒙の手で組織的に行われた退化にすぎないのであり、なれなれしく観客の肩を叩くような種類のものほど、徹頭徹尾観客を裏切っていると見て差し支えない。成員同士の直接の触れ合いを謳った映画の手になる民族共同体は結局は余す所のない媒介に行き着くのであり、人間と人事百般はこの媒介によって完全に事物の域に引き下げられるために、人間と事物の見境がつかなくなり、はては物象化の桎梏まで感知されなくなってしまうのである。映画には主体的人間を社会の機能的存在に変える力がある。しかもそれがまことに円滑に行われるために、その手にかかった人たちは、なんら矛盾を感ずることもなく人間性を剝奪された状態を人間本来の姿のように思い込み、ほのぼのと心の温まるような幸福を味わっていられるのだ。落ちこぼれがないように限なく張りめぐらされた文化産業の組織網は津々浦々に行きわたった社会の偽装と一体である。だからこそまた反対派の論陣をあんなにやすやすと手玉に取ることができるのである。

132

ピーパー書店版（一五九）——全体主義の政体になっていなくても社会の統合は進んでいると見なければならない。社会体制は反体制派をも包み込んでその意識を一定の型にはめ込むところまで来ている。政治的にはブルジョア・イデオロギーに反対する理論武装で身を固めたインテリたちも規格化の過程に組み込まれており、彼らの方にも大勢に順応する気構えがあるものだから、口先では正反対のことを唱えながらも結局世上一般の精神と大差ない存在となり、その見解にしても、あまり根拠のない好みや、自分に与えられたチャンスをどう見積るかでどうにでも変るような有りさまで、行き当りばったりの傾向が強まる一方である。彼らが主観的にラジカルだと思っていることも、客観的には全体の枠組みの中でインテリ層のために設《しつら》えられた一部門と化しているようなあんばいで、ラジカリズムと称されるものが、当節のインテリが何について賛成し何に反対しなければならないかをほどよく弁えているという一種の資格証明、いわばうわべだけの体裁のようなものに堕している。彼らの選ぶ物品は、学生団体のメンバーが選ぶそれと同じように評価の定まったものであり、その数は限られており、価値体系の中で一定の位置を占めているものばかりである。彼らは口先では公に認められたキッチュを目の敵にしているけれども、彼ら自身の性向は、すなおな子供があてがわれた食べ物に満足するように紋切型に敵対する紋切型ともいうべきものに甘んじている。この種の若いボヘミアンたちの住居はさながら彼らの精神の楽屋裏の観がある。壁に掛っているのは向日葵《ひまわり》やアルルの喫茶店を描いたゴッホの名作の原物に見まがうばかりの複製であり、本棚に並んでいるのは、社会学や精神分析の文献のダイジェスト版や、本当は抑制が利かないのに種々の抑制症状に悩んでいるといったタイプのための性関係の手引書の類である。それからプルーストのランダム・ハウス版——これは粒選りの作品の廉価版といったところだが、第一スコット・マンクリーフの苦心の訳に対して気の毒であるし、安く上げるためにぎっしり詰め込んだ「オムニバス」版の体裁からして文章のはしばしにいたるまで通念の偽りを発《あば》いて見せた作者を侮辱するものである。ところが妙な巡りあわせでそのプルーストが栄誉ある同性愛者として若者たちの間で復活し、ドイツのどこの家庭にもある森の動物や北極探検に関する本と似たような役割を演じているわけだ。それから目につくのが蓄音器、その傍らに置いてあるレコードは、実直なさる作曲家の作品で、もっぱら鉄道の駅名を歌い込んだリンカーン・カンタータ、誰でも感心して聞き惚れることになっているオクラホマ地方の民俗音楽、聞いていると集団の一員になったような気分にひたり、世間を尻目にかけながら寛いでいられる騒々しいジャズ物数枚などである。彼らの口にする判断は仲間内で認められたものばかりであり、どんな理屈も彼らは先刻御承知なのである。文化の所産は、大勢順応型でないものも含め、おしなべて大資本の流通機関に組み込まれており、世界じゅうで一番進んだこの国において、量産品の印のついていない産物は、書物にせよ、映画にせよ、また音楽にせよ、まず一般の公衆の手もとには届かないものと相場が決っており、そのためにひとと違ったものを求めても始めから入手できない仕組みになっているのである。こうした状態でカフカの作品までがまた借りしたアトリエの備品と化している。インテリ自身、自分たちの狭い経験の範囲内でその良さが確実に分っているものばかり追い求めて、インテリ向き（ハイブラウ）という商標つきで市場に出廻っているもの以外は見向きもしない。彼らの念願はせいぜい在庫リストの中のめぼしい品目に通暁し、正確な謳い文句で品物の特質を言い当てることに尽きている。その道に深入りしたアウトサイダーの生きざまなどというのは幻想であり、世間に認められるまでの待機期間にすぎない。彼らを変質者呼ばわりすることさえ買いかぶりというものであり、変哲もない顔を素通しの角縁めがねで隠しているのは、世間の競争場裡で「切れる」という評判を取りたいから、また自分自身でもそう思い込みたいからである。彼らはもともとその程度の人間でしかないのだ。反対派のポーズを取ることは集団儀礼の形で引き続き行われているけれども、型にはまらない判断という個々人における反対のための必要条件は消滅しかかっている。彼らはスターリンがちょっと咳払いをすれば、もうそれだけでカフカやゴッホを塵芥の山に捨ててしまうのである。

133

精神史への寄与――わたしの所蔵している一九一〇年版の『ツァラトゥストラ』(二六〇)には巻末に出版社の広告が出ている。広告されているのはライプチヒに本拠を置くアルフレート・クレーナーの念頭にあった一群のニーチェ読者を対象にした本ばかりであり、そうした読者層をクレーナーは正確に摑んでいたと思われる。「アーダルベルト・スヴォボダ著『理想の人生目標』。スヴォボダはこの著作において遙かに光を放つ啓蒙の炬火を掲げており、その炎は真理を求め続ける人間精神のあらゆる問題の上に光明を投じ、理性・芸術・文化の真の理想を吾人の眼前に明らかに指し示している。豪華な装いを凝らしたこの大著は、巻頭から巻末まで手に汗を握らせるような筆致で書かれており、刺戟的かつ啓発的であり、神経を強壮にする温泉や清々しい高山の大気と同じように、真に自由な精神の持ち主を奮い立たせずにはおかぬであろう」。この本は「人間の道」という見出しがついており、ほとんどダーフィト・フリートリヒ・シュトラウスの著作同様に推奨に値することが謳ってある。「マックス・ツェルプスト著『ツァラトゥストラに寄せて』。実際は二人のニーチェが存在する。その一人は世界的に著名な〈流行哲学者〉、華やかな詩才に恵まれた詩人、達意の散文の大家であり、いまや万人の口の端にのぼり、その著作から出た二、三のスローガンが誤解されて〈教養人〉の怪しげな常識と化したニーチェである。もう一人のニーチェは、底の知れない、汲めども尽きぬ思想家にして心理学者、古今無双の精神力と思想の力を備えた偉大な人間の探索者、生の評価者であり、はるかな未来はまさに彼のものである。現代人の中のまじめな具眼の士にニーチェのこの面を理解してもらうのが、この小冊子に収められた二つの講演を貫く著者の意図である」。そういうことならわたしは前のニーチェの方を選ぶだろう。次のも後者の系統である、「メータ・フォン・ザーリス・マルシュリス著『哲学者にして貴人――ニーチェの人となりを知るよすがに――』。この本の魅力は、ニーチェの人柄がひとりの意識家の女性の心のうちに呼びさました種々の感情を包むことなくありていに叙べたところにある」。鞭を忘れるな、ということをツァラトゥストラは学んだ。しかし次の本もそんなことはなんの関わりもなさそうである、「マックス・ツェルプスト著『歓びの哲学』。マックス・ツェルプスト博士はニーチェを足がかりにしながらも、ニーチェに見られるある種の片寄りを克服しようとしている……冷ややかな抽象的思考は著者の本領ではない……この本はむしろ、読者の心を慰めるために著者の歌い上げた頌歌、歓びに寄せた哲学的な頌歌である」。これではまるで学生好みの余興の類だ。ともかく片寄ったことはよくないというわけだ。そんなことなら無神論者の天国に直行した方が気が利いているだろう、「福音書、独訳、ハインリヒ・シュミット博士による緒言と注釈付。福音書はしばしば手を加えられ、改悪された形で現代に伝えられているが、この新版は原典を拠にしており、性来宗教的な人びとだけでなく、止み難い衝動から社会的に活動しようとしている一部の〈アンチ・クリスト〉にとっても貴重な心の糧となるであろう」。果してこれを選んでよいものか、選択に困難を覚えさせるような謳い文句だが、どうやら宗教的人間とアンチ・クリストという二つのタイプのエリートは、共観福音史家たちのように仲よく折り合っていけるものらしい、「カール・マルチン著『新しい人間の福音（一つの綜合の試み、ニーチェとキリスト）』。読者の徳性を高める素晴らしい小冊子。現在、学問や芸術の世界で過去のもろもろの精神と四つに組んだ格闘が行われているが、そうした現代のさまざまな動きが著者の早熟な心のうちに根を下ろし、花を咲かせるにいたった。しかもおもしろいことに、この「新しい」、まったく新しい人間が、自身と吾人を爽やかに元気づけるための飲み物を汲み出してくるのは太古の生命の泉、そのもっとも澄明な響きを山上の垂訓の中に聞き取ることのできるもう一つの福音なのである……また表現の上でも、かの福音のことばを特徴づけるような平明と偉大が見られる」。これには「倫理的文化」という見出しがついている。こうした奇蹟が四十年ほど前にすでに起っていたのであった。ニーチェの内なる天才が世間との交渉《コミュニケーション》を絶つことに踏み切った〔二六二〕のももっともな次第であったが、その年から数えても二十年後のことである。ところがどんな手を打っても徒労であった。倫理的文化はニューヨークで亡命前は結構いい暮らしをしていた女性たちに女中の仕事を仕込むのに役立ったようだが、組織的に編成されたこの文化を代表する生きのいい生臭坊主どもは、ひとり「ひそかにゴンドラの唄〔二六三〕」をくちずさんでさえ、誰かに聞かれなかったであろうかと戦いた人の遺産をさんざっぱら食い物にしたのであった。滔々たる野蛮な時流のさなかにあって、音信を空壜に託して流しておけば後世の人に拾いあげられることもあるだろうというのは、すでに当時においても気休めのはかない望みでしかなかった。絶望のうちに記された音信は「生命の泉」のぬかるみにはまり込んで、精神の貴族をもって自任するうからやからの手に拾われ、高度に芸術的でありながら割安な壁飾りに仕立てられたのであった。コミュニケーションが飛躍的な進歩をとげたのはむしろそれ以後のことである。想像裡に描かれた後世は信用を置けるという点ではひょっとすると同時代にまさっているかもしれないのだが、そうした後世に望みを託さず、もっぱら死んだ神のために筆を取っている自由精神のチャンピオンたち——彼らがそんな風であるからといって誰が彼らを悪しざまに言えるだろう。

134

ユウェナーリスの誤信（一六三）——諷刺文学を書くのは難しい。いつの時代にもましてその必要性が高まっているのに、諷刺自体が現実の事態に愚弄されるような状態が見られるわけだが、理由はそれだけではない。むしろアイロニーという手段そのものが真理に反するようになったのだ。まず対象を一応名目通りの存在として提示する、ついでその名目上の存在をいわば観察者を介在させない判断抜きの形であるがままの実態と引き比べるというのが、アイロニーの対象を裁くやり方である。あるいは積極性を自任しているものをそれ自体の実情と突き合わせることで、否定面を浮び上らせるというやり方。アイロニーは注釈的な言葉を持ち出した途端に効力を失ってしまう。その拠になっているのは自明性の理念であり、自明性の大本《おおもと》にあるのは社会的な反響という現象である。概念の働きを伴う個人的な反省が無用になるのはひとえに個人を拘束する世論の一致《コンセンサス》が見られるからであり、事実、笑いころげる公衆を味方にしている人間には証明の必要などないのである。そうした訳合いで、諷刺文学の歴史を見ても千古の昔からヴォルテールの時代にいたるまで、頼み甲斐のある強者、権力の側につく傾きがあった。諷刺文学が代弁しているのは、おおむね啓蒙のより進んだ段階によってその存在を脅かされている比較的古い階層だった。そうした階層は持ち前の伝統主義を開化の手段を使って梃子入れする必要に迫られていたわけで、現に諷刺文学が飽きもせずに操り返す題目は風俗の退廃ということであった。退廃が進むと、剣士の盛んに振り回したフルーレ(フェンシング用の剣)が新しく生まれた世代の目にはただの棒切れにしか映らないということにもなってくる。現象に精神的な意味を与えるさいに諷刺作家は二枚舌を使う。彼らはそのために公衆を笑わせながら時代の先頭を切っているように見られ勝ちだが、実際には、彼らが拠にしているのはむしろ時代の進運に取り残された規範である。ただそうした規範でもまだ一般に妥当するイデオロギーとしての有効性を保っているために、筋道立った公正な審理という手順も踏まないで退廃現象を槍玉に挙げたりできるわけだ。卑猥な言葉を使って性風俗の紊乱を摘発しているアリストファネスの喜劇は、近代主義の流儀で過去を礼賛し、賤民層を誹りながらも当の賤民層によりかかっていた。キリスト教の時代が到来し、ブルジョア階級が勝利を収めるとともにアイロニーの機能は弛緩した。また被抑圧階層の側に寝返る例もちょくちょく見られるようになったが、この層が実際には被抑圧階層でなくなっている場合はとりわけそうだった。もちろんそれ自体の型《フォルム》に捕われているアイロニーは、権威主義の名残りである嵩にかかった意地の悪さを完全に拭い去るにはいたらなかった。アイロニーが昇華して人間性の理念へのアピールと化したのは、ブルジョア階級に凋落の萌しが見られるようになってからのことである。しかし現状ならびにそれに伴う意識と妥協することを拒んだそうした理念すら自明性はつきものだったのであり、客観的・直接的な明証性への疑惑が頭を抬げることはなかった。一例を挙げればカール・クラウスの警句だが、まともな人間でなければ悪党、才知がなければ愚鈍、真の言語表現でなければたんなる新聞記事という風に截然と割り切っており、割り切ることになんのためらいも見られないのである。彼の所説に備わる威力はこうした思い切りの良さの賜物である。問題の所在を電光石火の早業でとらえ些かの渋滞も見せぬ彼の筆致は、問答無用で押し通す強気な反面を持っているわけだ。持論のヒューマニズムを不易の真理として説くクラウスの散文は、声高にそれを強調すればするほど逆コース風の特徴が目立ってくる。彼の散文は、背徳、デカダンス、文士、未来派などを次々に断罪しているが、精神の自然状態の熱狂的な信者たちにまさる点ということになると、そうした連中が下等であるという認識くらいのものである。ところでヒトラーに対して最後まで妥協しなかったクラウスもシュシュニク（二六四）に対しては腰が弱かったと言っていいが、恐れを知らぬこの批評家にも弱味があったということではなく、そこに露呈されているのは諷刺そのものにつきまとう二律背反《アンチノミー》である。諷刺文学には現実に拠になるものが必要なのであり、あら探しの好きな小言屋を自称していた人もこのジャンル固有の実証性に屈服しているのである。彼が無定見なジャーナリストに浴びせかけていた非難にしても、一個の批評としての真実性を含みながら、べらべらまくし立てる人間に対する世間一般の反感を思わせるようなところがある。また彼は自分を本来の実力以上に見せかけようとする者を憎んでいたが、この種の憎悪は持ち前の素質という既定の事実にその人間を縛りつけようとするものだ。商業的に煽り立てられた野心が野心だおれの拵えものめいた作品を作り出すということがあるわけだが、そうした所産に対して曇りのない批評眼が働き、背のびして実力以上のものを目指しながらついに及ばなかった連中の正体を発《あば》き出す。彼らの及ばなかった高みにあるのは権力と成功だが、彼らがそれと一体化する試みに失敗したためにそれ自体もまやかしであることが判明する。しかし反面においてそれが野心家の目に映じたユートピアであったことも事実である。にせのダイヤでも無力な子供の夢に輝いているというこどがあるわけだが、いわばその夢までが成功の裁きの庭に引き出され、失敗したという廉で同罪の判決を下されるのだ。諷刺は、おしなべて、社会の崩壊過程において解き放たれる種々のエネルギーを見る目がない。だからこそ、逆に行き着くところまで行き着いた退廃が諷刺の力を独占するという図も過去に見られた。ただ第三帝国の領袖たちが亡命者や自由主義国の政治家に浴びせかけた嘲笑は腕ずくで凄味を利かせる類のものでしかなく、諷刺の名にも値しないような代物だった。今日、諷刺文学が成り立たないのは、センチメンタルな人達が考えたがるように、万人を拘束する規範が失われ、価値が相対化したからではない。むしろアイロニーの形式上のアプリオリである合意自体が、内容の上で全世界を蔽っている現状に問題があるのだ。まさにそのようなものとしての合意は、それこそアイロニーにふさわしい唯一の対象と言っていいだろうが、同時にアイロニーの基盤を奪っているのも当の合意なのである。現代はアイロニーの媒体であるイデオロギーと現実の間の差異が消滅してしまった。イデオロギーの役割が大幅に後退して、現実の模写と模写による確認に終始するようになったからである。かつてアイロニーがある対象について表現していたのは、それ自体の言い分はこうだけれども、実態は現にこれこの通り、ということだった。ところが今日では極端な嘘をつく場合でさえ、現実はまさにこの通り、を自説の拠にするような世相になっていて、所説の率直さにおいては善に合致するような有りさまになった。現状の岩壁には反語的人間の手がかりとなるような割れ目は一つもないと言っていいので、手がかりを失って転落するその頭上には彼の力を奪った悪意に充ちた事物の嘲笑が降りかかってくるのだ。概念抜きの、現実はまさにこの通りというジェスチャーは、世の中がおしなべてその犠牲者に向けるジェスチャーにほかならないのであり、アイロニーに含まれている超越的な合意は、本来ならアイロニーが攻撃を加えなければならない連中の現実に即した合意のために影が薄くなっているような有りさまである。全体主義的な社会は反対勢力の告発まで拠のない抗議と見なして吸収してしまったが——かつてその種の抗議の気勢を殺《そ》ぐのはアイロニーの役割だった——この社会独特の度しがたいくそ真面目と張り合うためには真理を概念的に把握するというくそ真面目の一手しかない。

135

禿鷹——口述筆記させることには——自分で筆を取るより楽であるとか、精神の集中に拍車がかかるというばかりでなく——一つの実際的な利点がある。著作家でありながら、執筆過程のごく早い段階に批評家の立場に身を置き換えられるというのがその利点である。口述内容は暫定的なものであり、あとで手を加えるための材料でしかないから著者を拘束しない。しかも筆記者の手で書き留められたその内容は、当の著者の手を離れ、ある程度客観性を帯びたものとして彼の前に立ちはだかる。彼はそのままの形では残らないかもしれないことに、明確な形を与えなければならないという矛盾に悩まされなくてもすむ。なぜなら彼自身としては書くという作業から解放されているからで、言ってみれば責任の筋を通すために責任の所在をくらましているわけだ。思想内容を言語で定着することには一種の賭を伴うが、その危険も、まず気軽に差し出された覚書きがあり、ついでそれに手を加えるという当り障りのない体裁になっているために、著者自身、自分の無鉄砲に気がつかないですむということもある。理論の表出に伴う困難が絶望的に増大した昨今の状況では、この種の詭計《トリック》の効用は大きいと言わねばならない。弁証法はまず一定の所説を打ち出し、ついでそれを撤回し、撤回しながらも手放さないというような行き方をするわけだが、いま見たような詭計はこうした弁証法的な段取りの技術的な補助手段である。ところで適当な頃合いに、異論、アイロニー、神経の焦立ち、せっかち、礼を失した態度など、総じて口述者の癇にさわるような反応を示す場合、筆記者はそのことで感謝されてしかるべきであろう。筆記者はそんな場合に口述者の激怒を引っかぶることになるのだが、その怒りの大本《おおもと》には当人の良心のわだかまりがひそんでいるのであり、自作を不信の目で見ながらも良心が咎めるだけ片意地になって、犯すべからざるものと思い込んだ自身のテクストにしがみつくのが著者というものの陥りがちな通弊である。ところが口述する場合、いろいろ癇にさわる助手にその有難味も顧みずに感情をぶちまけることで、肝心のテクストに対する関係が浄められてすっきりするわけである。

136

露出症患者——芸術家は昇華しない。一般の人間のように、欲望を充たすか、さもなければ抑圧するという行き方ではなく、それを作品という社会的にも好もしい形に変えるのが芸術家である、というのは精神分析理論の迷妄でしかない。（それに、筋の通った本格的な芸術作品は例外なしに社会的に好ましくないのが昨今の状況である）。むしろ、猛烈な勢いで溢れ出て現実とぶつかり合う神経症がかった本能をあらわに示しているのが芸術家の真実の姿である。世の俗物は俳優やヴァイオリニストのことを女たらしでいつも神経のピリピリしている人種と思っているが、そうした俗物の空想の方が俗物的である点においてはそれに負《ひけ》を取らない精神分析の衝動理論などよりまだしも真相に近いと言っていいので、後者によれば欲求不満者中の幸福児ともいうべき芸術家はその捌け口を交響曲や長編小説の中に見出しているというのである。むしろあらゆる種類の不安に対して過敏のあまり抑制が利かない、しかもその状態がヒステリックに誇張されているのが芸術家たちの身上で、極端な場合は偏執病じみてくるナルシシズムが持ち前の特徴である。おしなべて昇華された高尚なものに対して彼らはほとんど生理的な嫌悪の念を抱いている。現に彼らは耽美派《エステート》を蛇蝎の如く嫌っており、生活環境を整備することに無関心であり、趣味に凝り固まった生活態度を些事拘泥に対する反動形成が未発達である結果と見る点で、彼ら自身のことを誤解している心理学者たちと軌を一にしている。彼らが愚にもつかない粗野で卑猥な言動に走りやすいことは、上《かみ》はモーツァルトがアウクスブルク在住の「ベースレ」（二六五）に宛てて出した手紙から、下《しも》は下積みの恨みの鬱積している練習指揮者《コレペティトル》の駄洒落にいたるまで、過去のさまざまの事例に照らして明らかだ。彼らの実態にフロイト理論は当てはまらない。なぜならフロイト理論には——一面において夢や神経症の象徴的表現の働きに関してすぐれた知見を含んでいるにもかかわらず——表現行為に関して十全な概念が欠けているからである。自主検閲抜きで表現された衝動の動きが、目標を見出せぬままにそれを獲得する意図を放棄したとしても、その状態を指して抑圧と言えないというのは確かにその通りだろう。一方、分析理論は筋肉運動を伴う——「本当の」——欲望充足と幻覚性のそれを区別しているが、この区別は欲望の充足と偽らざる表現の間に差異を認める方向にあると言っていいだろう。しかし芸術表現は幻覚ではない。たしかにそれは現実原則に照らせば仮象《シャイン》であり、現実原則を回避する傾向をもっている。ただそうは言っても個々の主観が、表現を通じて——精神病の症候に見られるように——妄想裡に現実に取って代るようなことはない。芸術表現は現実と等しくないものを突きつけて現実を否定するが、その存在を認めないわけではない。むしろそれは、症候が言ってみれば葛藤の盲目的な産物であるのに対して、現実の葛藤を直視するのである。芸術表現は衝動の動きを現実の壁に遮られた形で示している点において、抑圧と共通性をもっている。そうした衝動や同系統の一連の経験は客体との直接交渉を阻まれているのである。芸術に表現された衝動は、感覚的に模倣された形で、そこにこめられた抵抗も含めてその本領をあますところなく開示する。形象に形を変える代償と引き換えに生き永らえる衝動は、内から外へ向う途上において骨抜きにされないだけの強さを備えている。この場合の衝動は、普通の目標や自主検閲による「手直し」の代りに、現実に対する論難を含んだ本領の発露という客観的な目処《めど》を持っており、その点において昇華と区別される。こう言ってもよいであろう、成功した主体の表現は、その一つ一つがさまざまな力の鬩《せめ》ぎ合う自身の心理に対するささやかな勝利である、と。想像の世界に後退することによって圧倒的に優勢な現実の力をそれ相応に認めながらも、諦めて順応するわけではない、また外界の暴力を引きついで内面に歪みを加えるようなことをしないのが芸術の行き方であり、芸術のパトスはひとえにこの一点にかけられているのである。これをやりとげる人間は個人的には例外なしにそれ相応の代償を支払わなければならないのであって、自身の手になる表現(その出所も彼ら自身の心理である)にはるかに及びもつかないというのが彼らの実態だ。彼らの所産のみならず、そうした彼らの姿を見ていると、芸術作品を普通の意味での文化上の業績に数え入れることに疑念を生ぜざるを得ない。どんな芸術作品も社会の仕組みの中では文化に帰属せざるを得ない。しかしたんなる工芸品の域をこえたもので拒絶的なジェスチャーを文化に対して示していない作品は一つもないと言っていいので、そうした拒絶的なジェスチャーは芸術作品の成立に必然的につきまとうものなのである。芸術も、それに携わる芸術家も、世にいわゆる芸術に対しては敵対的な関係にあるのだ。フロイトは軽はずみに現実にはたぶん存在しない昇華などという概念を使って社会的に望ましい有り様《よう》を礼賛していたわけだが、衝動目標を断念しながらもそれに対する節操を貫く芸術は、ほかならぬその節操を通じて社会的に望ましいとされていることの正体を発《あば》くのである。

137

ちっぽけな苦悩に立派な歌（二六六）――当代の大衆文化は歴史的必然性を帯びているが、たんに生活の全般が巨大企業に包み込まれた結果ではない。むしろ、現代人の規格化された意識にはその対極に位置しているように思われるかもしれない美意識の主観化の帰結なのである。たしかに芸術家は、自己の内面に深入りするにつれて外界の模倣に子供じみた喜びを覚える段階を卒業したであろう。しかしそれとともに、心の省察を通じてしだいに自分自身を意のままに操る術を覚えるようになったのであった。技法の進歩は自由の増大と異質の要素からの独立を彼らにもたらしたが、他面では内面自体の技巧化という一種の物象化現象を伴った。表現技術が向上するにつれて芸術家自身が自分の表現するもので「ある」必要は逆に減少するのであり、その度合いに応じて、表現内容が、さらに言えば主観性の内容までが、制作過程の一機能にすぎなくなってくる。表現の調教師ともいうべきワーグナーについて芝居がかっていることを非難したとき、ニーチェが感じ取っていたのはまさしくその辺の経緯だったのだが、ただ事は芸術家の心理の問題などではなく、歴史の趨勢であるという認識が彼には欠けていた。ところで野放しの情動から操作の対象に様変りした表現内容は、買手を求めて展示された品物めいた一面を持つようになる。たとえば抒情の主観化を押し進めたハイネに商売上手な反面が見られるということがあるわけだが、これはただの矛盾ではなく、主観によって管理された主観性そのものに売り物めいたところがつきまとうのである。「スカラ」〔あらゆるニュアンス・調子〕を駆使する一種の名人芸が十九世紀以降の技巧に長けた芸術家の著しい特徴になっているが、この方向を押し進めるとおのずからジャーナリズム・スペクタクル・損得勘定の世界に入り込んでくると言っていいので、必ずしも芸術への裏切りがそうした事態を招いたわけではない。芸術の運動法則が目ざしているのは主体の主体自身による支配と対象化であるが、その行き着くところは芸術の没落である。いろんな題材や感動の種をお役所風に吟味し、篩《ふるい》にかけて市場に売り出す映画独特の反芸術的な流儀、内面化の果てに再び外面との戯れを追い求めるようになったその行き方も、元はと言えば内なる自然に対する支配をいやましに強めてきた芸術自体から出て来たことだ。ところで近来の芸術家たちについてしばしば彼らの芝居気なるものが取沙汰されているが、露出症じみたその傾向は商品としての自分自身を市場に売り込む彼らのジェスチャーにほかならない。

138

Who is who（紳士名鑑）――芸術家や学者は自分を世間ずれしていないうぶな人間と思い込んでいるものだが、なにか厄介な問題が持ち上ったときなど、相手方が利害に聡《さと》く打算に長けているということで事の次第を説明したがる彼らの傾向にもそうしたうぬぼれが現われていると言っていい。しかし自分はよくて悪いのは世間という論法、何によらず自分の肩書を振り回す流儀は、結局、当人自身のうちなる世間を正当化することになりがちのもので、誠意と老獪を対立させる議論の場合もその点は同断である。その行動において慎重で、疑り深く、屈折しており、政治的な考慮や戦術上の配慮をたえず抜かりなく働かせているのは今日ではむしろアウトサイダーの知識人であり、事実、彼らはつねづね最悪の事態を覚悟していなければならないような状況に置かれているのである。一方、体制同調派の方は一党派の域をこえ一大生活圏を形成するにいたった縄張りの中でのうのうとしていられるわけで、前には彼らの得手《えて》と思われていた打算を今では必要としないような境涯になっている。彼らは安んじて理性のルールに縛られており、彼らの利害状況はごく自然に彼らの思考のうちに反映されているために、彼らの人間性から邪なところが影をひそめてしまった。彼らが何か良からぬことを企んでいると見る場合、その判断は彼らがぶきみな世の動向の同類であるという理由からいって形而上的な意味では正しい、しかし心理的な意味では間違っているので、そうした判断を下す当人自身、現実に増えている被害妄想の気があると見なければならない。実際にやっていることからすれば、人を裏切ったり、卑劣な行為に出たり、自分自身や友人を権力に売り渡すような真似をする場合でも、彼らはべつだんそのために腹に一物《いちもつ》を蓄え、手のこんだ個人的な策略をめぐらす必要などないのであって、むしろ他の人間ならさんざん考えた挙句にやっと踏み切るようなことを彼らは事もなげにやってのけるのであり、そのためにはひたすら反射神経の命ずるままに動き、当面の要求に唯々諾々と従いさえすればよいのである。そうした彼らが信頼という言葉を口にすると、彼ら自身が頼もしい人間のように思えてくる。彼らは自分たちには必ずお裾分けが来ることを承知していて明日を思い煩わぬその日暮らしの生活を楽しんでおり、エゴイズムと無縁であることを標榜しながら、万事不自由のない暮らしを約束している社会状態にはいち早く予約申込みをして置くことを忘れない。こうして誰も彼も申し合せたように個人的な利益ばかり追い求めているために、まさしくそれこそごく当り前の一般的なことで、ことさら利害に関わりのあることではないような外観を呈している。彼らの物腰はあけっぴろげで、屈託がなく、ざっくばらんだ。彼らは好人物なのであり、人が悪いのは彼らの敵の方である。利益に反するような行為に出る自主性を与えられていない彼らは、そのために他人の善意が頼りであり、自身も善意の塊りである。いわば抽象的な利益という余すところなく媒介された事態が第二の直接性を作り出しているわけだが、まだ完全にその枠組みの中に組み込まれていない人間の方は何事によらず不自然さが目立って失態を演ずることになる。身の破滅を招かぬためには世人以上に世馴れたところを見せなければならず、不馴れでやりすぎるものだから忽ちぼろが出るといった破目になる。こうした人間に、邪推、権勢欲、仲間意識の欠如、二枚舌、うぬぼれ、無定見など、数々の欠点が見られるのも否定できない事実である。社会の魔法の手にかかると大勢に同調しない者は否応なしに利己主義者になり、一方、現実原則にのっとって生きる自己喪失者は無私な人間ということになるわけだ。

139

配達不能——世間一般の教養ある人士がふつう芸術作品に求めているのは、それによって何かを与えられるということである。彼らはいまではラジカルな作風に憤慨するようなことはない。むしろその種の作品に接しても、鉄面皮にへり下って、わたしには分らないの一手で押し通す。反撥するというのは、否定の回路を通ずる残された最後の真理との関わり方だが、そうした反撥まで葬り去るのが分らないという言い分である。その挙句に神経を逆なでするような作品は実用品の類と一緒くたにされ、その中からどれを選ぶかは当人の勝手、気に入らない場合は返品することもあり得るし、いずれにしても当人にはなんの責任もない品物同然の扱いを受けるようになる。とにかく馬鹿な旧弊な人間なものだから、要するについて行けないんだな、というのがそんな場合に彼らが好んで口にする言い草だが、そうやってへり下って見せれば見せるほどそれだけ確実に非人間的ナ民ノ声 vox inhumana populi の力強いユニゾンに加わり、石化した時代精神の下す裁きに参画できるという寸法である。誰ひとり得るところのない訳の分らぬ作品は、かつては人騒せな犯罪のような扱いを受けていたが、当節ではむしろ憐れむべき気違い沙汰のように見られている。こうしてこの手の作品に含まれた不快な刺戟とともにその方面の誘惑を斥けているのが彼らの流儀だ。何か得るところがなくてはならないというのは、一見、内容の充実と実質を要求しているように見えるけれども、実際はそれらを切り捨てているのであり、与えられる内容をかえって貧しいものにしているのである。ところでこの点は人間に対する関係も芸術作品に対する関係と似たようなものであると言わねばならない。得るところがないと称して相手の人間を責めるのは愚の骨頂である。付き合っても得るところがないのならその付き合いを絶てばよいのだ。それでもその付き合いに執着し、しかも不平を言い立てるというのは、受容の器官である想像力を欠いているとしか考えられない。当事者の双方が相互に与え合わなければならない、そうした関係こそ等価交換の利かない、取り分の不足を訴えることもできない幸福というものだが、それにしてもこうして与えることは受け取ることと切っても切れない関係にある。折角相手のために何か見つけてもそれが相手の心に届かないとなれば万事休すだ。大体、打てば響くのが愛というものの本来の姿である。神話においては犠牲《いけにえ》を受納することが神の恩寵のしるしであった。供犠の面影を止めている愛が乞い求めているのもまさしく犠牲が受納されることであり、もしそれが受け容れられないとなれば運命に呪われたように苦しまなければならない。今日、贈り与える行為の退廃が見られるが、それと見合う形で受け取る側の態度も冷たくなっている。そうした態度は結局幸福そのものの否定に行き着くわけで、こうして真の幸福を否定しているからこそ自分流儀の幸福にしがみついていられることにもなる。現状の壁を打破するためには、無理に気張って自身に禁じているものを、また当人としてはそうせざるを得ないものを相手の手から受け取る気になればいいのだが、なかなかその気になれないのは受け取ることがそれなりの労力を彼らに強いるからだ。めざましい技術の成果に目を奪われ、生活上の無駄な労力を忌み嫌うことが習い性となった彼らは快楽に伴うエネルギーの費《つい》えまで厭うようになっているのだが、その本性からしてどんなに昇華された種類のものでも快楽にはそうした無駄がついて廻るものなのである。その実行に徒労感がつきまとうのはおびただしい便宜の発明された昨今も昔と変らない。本当を言えば精力の浪費のうちにこそ幸福の奥義がひそんでいるのだが、そうした浪費が彼らには我慢がならないのだ。英語のきまり文句に言う「リラックスして、気持を楽にして」relax, take it easy 事を行うのが彼らの理想だが、元来この文句は病院の看護婦たちの口癖だったわけで、法悦境をあらわすのにふさわしい言葉ではない。幸福は不経済であるために時代おくれになった。なぜなら幸福のイデーである両性の交合はリラックスした状態の反対であり、無理強いされた労働が呪わしい緊張状態であるとすれば、至福の緊張状態だからである。

140

Consecutio temporum（時称関係）——わたしが最初に作曲を習った教師はわたしの無調熱を覚まそうとして、いろいろ新傾向の作曲家たちの醜聞めいた情事の話をしたりした。それが利き目がないのを見て取った彼は、今度は手を変え、わたしが当世風を気取りたがっているのだろうと見当をつけた上でその弱味を突いてきた。そのときの彼の言い分はこうであった。超モダンな作風は今ではもうモダンではなくなった。きみの求めている刺戟にはもう新味がなくなったし、きみを興奮させている表情的な音型は時代おくれの感傷の産物でしかない。大体、いまの若者たちは——これが彼の口癖だったが——連中よりも赤血球を沢山持っているよ、と。当の彼自身の作品は東洋風の主題を規則通りに半音階を使って引き延ばしたもので、時代の尖端を行くような彼の意見が脛に傷持つ音楽学校長の口車でしかないことを物語っていた。ところがやがてウィーンに遊学したわたしは、校長がわたしの現代風の傾向に反対するために持ち出した流行なるものが、大サロンの古巣であるこの街においても地方在住の彼の頭に描かれていたものと似たり寄ったりであることを発見した。新古典主義というのは、自身の反動性について白《しら》を切り、反動的な要素まで前衛的であるかのように見せかけているタイプの反動だが、この新古典主義こそ、ファシズムや大衆文化の時代を迎えてから相変らずものに感じ易い芸術家に対するこまやかな配慮を切り捨て、クルッ・マーラー(二六七)の精神と技術的進歩の精神を一つに結びつけた滔々たる時流の走りだったのである。現代風は本当に時代おくれになってしまったのだ。元来現代性というのは年代とは無関係な質的カテゴリーである。それを抽象的に定式化することは難しいにしても、旧套墨守の表面的なまとまりや、調和の仮象や、それ自体のコピーによって裏付けられた事物の秩序などとの絶縁がその必然的な定めであることは間違いない。愚直にも未来派に罵声を浴びせかけた黒シャツ党員(二六八)たちはまさしく彼らの激昂においてモスクワの検閲官たちより多くのことを理解していたと言っていいので、モスクワの連中は、集団時代の精神に立ちおくれ個人本位の邪道に迷い込んでいるという理由からキュビズムを禁じているのであり、その点では、ストリンドベリーやヴェーデキントの作品は過去のもの、アングラのルポルタージュ劇こそは時代の尖端を行くものと決め込んでいる高慢ちきな劇評家も似たり寄ったりである。もっとも尊大な俗物的見解にも忌まわしい一面の真実が語られているのであって、あらゆる発言にそれ自体の組織の刻印を押しつけようとする社会総体の動向に引きかえ、事物の本質を批判的に構成する営みが立ち後れているのは事実である。その営みはかつてリンドバーグ夫人（二六九）が未来の波と呼んだものと対立しているのだが、ただ堕落した世論から村八分されているだけでなく、気違いじみた世情に自らも毒されている。精神をそれ自体と張り合うように仕向ける現存在は圧倒的に優勢であるために、それに比べれば同化されない抗議の声にさえどこか手作りめいた無経験の頼りなげな風がつきまとい、その昔現代風の立ちおくれを予言した校長の地方的な泥臭さを思い起させるのである。自我ぬきで生活している個々人の心理的な退行には客観的精神の退行が対応しており、その中で幅を利かせている愚鈍や幼稚がとっくに歴史の時効にかかったものを鳴物入りで最新の史的勢力として売り出し、反対に進んで退行の風潮に身を委ねないものには時期おくれのレッテルを貼っている。こうした進歩と反動の取り違え quid pro quo のために現代芸術における方向づけは政治上のそれに劣らぬくらい困難になっている。そのために創作活動そのものも麻痺状態に陥っているのが実情であって、創作の現場でも法外な抱負を抱いている作家は自分を山猿のように感ぜざるを得ないのに、大勢順応派は人目を忍んで四阿《あずまや》に小天地を見出していたのは遠い昔のこと、今ではロケットに打ち乗り、大過去に繰り出すといった有りさまである。

141

La nuance／encor'（もう一度、ニュアンスを）——昨今、思索や情報の有り様《よう》をめぐってニュアンスの断念を要求する声が出ているが、それをいちがいに痴呆化の進んだ世態に屈服した結果として片づけることはできない。ことばのニュアンスが相手に認められない場合、事は受容の問題に留まらず、ニュアンスそのものに関わってくる。言語は、明確に社会と一線を画した個人的表現の場合でさえ、それ自体の客観的な実質からいって社会的な表現である。言語が伝達の場で蒙るさまざまの変容は作家の伝達を無視した素材にまで波及する。慣用によって損われた語句や語形は損われた状態で作家の仕事場に入り込んでくるのであり、いかに俗塵を去った別天地にあってもいったん歴史的に言語の上に生じた損傷をそこで修復することなどできないのである。歴史は言語に影響するだけでなく、言語のまっただ中で生起する。だから慣用を度外視して用いられた言葉遣いはどことなく泥臭かったり、悠長な復古趣味の臭みがつきまとったりするわけだ。今日では、あらゆるニュアンスが一種の「味わい」flavor に成り下り、大安売りされているために、先駆的な文学表現の微妙な個所までが、Glast（耀《かがよ》い）とか、versonnen（沈思黙考）とか、lauschig（閑静な）とか、würzig（薬味の利いた）とかいった手垢のついた言葉を連想させる始末である。際物《キッチュ》に反対する企てもそれ自体が際物めいた工芸的要素の勝ったものになり、御婦人方によく見受ける一種間の抜けた慰めの調子がついて廻るのだが、女性たちといえばドイツではその心の有り様《よう》までリュートや手製の服なども含めて統合の対象になったものであった。国内に留まって運よく生き延びたドイツの知識人たちはおのおの自作を引っさげて文化界の空席の後釜に坐ろうとしているが、練り上げられた上物《じょうもの》の俗悪文学ともいうべき彼らの作品で読むと、つい先頃まで自覚的に旧套に敵対しているように思えた言葉遣いまでが古めかしい気取りのように読みなされるのである。どうやら今日のドイツ語には、ビーダーマイヤー調の二番煎じか、でなければ無味乾燥で野暮ったいお役所言葉か、二つに一つの道しかないようだ。ところで商売上の思惑だけでなく、しかるべき政治的な動機や、はては言語自体の置かれている歴史的な位相までが単純化の方向を示唆しているのが昨今の状況だが、この傾向はニュアンスを圧倒しているというより、ニュアンスの退廃をしゃにむに助長していると見た方が真相に近い。単純化の傾向は全能の社会の前に犠牲を捧げている。しかし当の社会はまさにその全能性のゆえに認識と表現の主体にとって測り知れぬ存在であり、日常語の網にかからなかった平穏無事な時代にそうであったようにいまなお未知数の存在である。全体《トタリテート》の舵を取る力を失った人間が逆に全体に吸収同化されていく――この現代人の現実が、制度化された言語形態も臆面もない個人的な語り口もひとしく無効にしているのであり、制度化された言語形態を文学言語に取り入れて機能転換させる試みも同様に実を結ぶにいたっていない。そこに見られるのはろくにダイヤグラムも読めない人間の技師気取りのポーズでしかないのである。集団言語は、自分の孤立を一種のロマン主義と見てその状態からの脱却をはかる作家を惹きつけているが、それ自体ロマン主義を免れていない。なぜなら彼自身その一員の資格で直接代弁できない人々の声を代弁しているというのはおこがましい詭弁でしかないからであり、代弁できないのは、作家の操る言語が物象化のためにその人たちからちょうどお互い同士の関係のように引き離されているからであり、究極的には現代における集団の形態がそれ自体ことばを失っているからである。いくら個人が主体的な表現を捧げて打ち込んだところで、それによって主体性を帯びるような集団など今どき存在しないのだ。津々浦々まで監視の行き届いた解放祝賀祭の公式の讃歌調というものがあるわけだが、その調子に同調しないで、ロジェ・カイヨワ（一七〇）が取りようではどうとでも取れる含みを持たせて勧めているそっけない調子 aridité に肝胆を砕く者は客観的な文章法をその欠如態において経験することになるのであり、しかも辛酸の挙句に普遍性の具体的な形を取り返せるわけでもない。ブルジョア的な個人性の一掃を目ざす集団言語の抽象性とひときわ具体的なその対象の間には矛盾があるが、矛盾の原因は作家の非力にはなく、歴史的アンチノミーにある。作家個人の側は集団にわが身を委ねようとするのだが、集団の中にその所を得るにはいたらない。そのため折角私人性を断念しても、その断念に私的な妄想じみた趣がついて廻ることになる。独力で緊密な社会構造を模倣するその文体は生命のないコンクリートにまで語らせたつもりになっている。しかし裏付けを欠いた集団言語の独善の報いは覿面《てきめん》で、しょっちゅう反則を犯す破目になるのであり、その即物性なるものも事物をないがしろにして成り立った即物性であり、結局、柄にもなく高尚な韻文を朗誦したかつての日のブルジョアと大して変り映えしない結果になるのである。ニュアンスの退廃した現状を打開する道は、退廃したニュアンスにどこまでも固執することにはないだろう。また逆にそれを根絶やしにすることにもなく、能う限りニュアンスの度合いにおいて在来のそれを凌ぎ、主観的な陰翳感覚でしかなかったものが純然たる対象固有の規定に転化するまでその方向を突き詰めていくしかないだろう。書き手は自分の選ぶ言葉が事柄だけを専一に意味するように細心に注意しながら、一つ一つの言い廻しを打診し、言葉遣いとして妥当なものと妥当でないものを辛抱強く聞き分けなければならない。にもかかわらず時代精神に取り残され、お払い箱になった主体性の塵芥の山に投げ込まれるのを惧れる向きは、今を時めく当節風と実質において進んだものが一致しなくなった現状を想起すべきだろう。モダニズムを流行おくれと見て清算するような時世にあっては、まさしく流行おくれのレッテルを貼られたものに真理のお鉢が廻ってくるかもしれないので、変転きわまりない歴史過程はこの種の真理の頭上を素通りして過ぎるのである。いかなる真理も主体がその内容を充足しなければ言い現わすことができない。時代錯誤がモダニズムの隠れ家となるゆえんである。

142

ドイツの歌はこれに従う(二七二)——ゲオルゲを始めとする芸術家たちは、韻文と散文の間に生まれた雑種の奇形と見て自由詩を斥けた。しかし彼らの所見に根拠のないことはゲーテの作品やヘルダーリンの晩年の頌歌によって明らかである。彼らは専門家的な目を働かせて自由詩の目に見る通りの外形を把握しているのだが、その表現を隈取っている歴史を聞く耳は持たないのだ。たしかに韻律の自由な詩が行分けした調子の高い散文でしかない場合もないではないが、それはこのジャンルが衰弱した時代のことである。自由詩がジャンルの独自性を発揮するのは韻律詩の枠組みを破って出て来たときであり、詩人の主観がその枠組みに安住できなくなったときである。そんな場合の自由詩は、韻律固有のパトスを韻律の要求に逆らうために逆用した、厳格きわまる作法の厳格な否定といった趣を呈するわけだが、この間の消息は、均整のとれた八小節構造から解放された音楽上の散文が調性規則の分節化とともに体裁を整えるにいたった厳正な構成原理を抜きにしては考えられないのと軌を一にしている。自由な韻律の中に生かされると、技巧を凝らした無韻の古代詩の残片が精彩を放つということがある。近代語の中ではその異様さが際立つけれども、異様であるために言語に絶したことを言い現わす場合にはかえって有効である。ただ折角移植されても、それらの残片は生きた言語の流れのままに漂って行かなければならない。いったん意味伝達《コミュニケーション》の世界に入り込んだからには、その世界とのけじめも意のままにならないような有りさまで、はかないと言えばまことにはかないのだが、言ってみれば特権を奪われたお忍びの状態でも周囲から際立ち、様式化の役を果していたのがそれらの残片だった。ところが時代が下り、トラークルの抒情詩あたりになると、よるべのない詩句が夢の波をかぶったような風情になってくるのである。自由詩の最盛期が人間の尊厳と平等を謳歌したフランス革命の時代だったのは理由のないことではなかったのだ。ところでいま取り上げたような詩の自覚的な行き方は、言語一般がその無自覚的な歴史の中で従っている法則に類似しているのではあるまいか。本当を言えば、散文の労作はおしなべて自由な韻律をシステム化したものであり、絶対的なものが帯びている呪縛力とその仮象の否定とを合致させる試み、表現に伴う形而上的な威力をそれ自体の世俗化を通じて救い出そうとする精神の格闘ではあるまいか。もしそうだとすれば、非神話化の過程が言語そのものの破壊に及ぶようになって以来、散文作家がおのがじしわが身に引き受けたシシフスの苦役に一条の光が投げかけられることになるだろう。言語表現の上でドン・キホーテになることが、爾来、作家の掟となったのだ。なぜなら大昔から両義性を帯びている言語自体が、世の営みと世の営みにつきものの体《てい》のいい嘘に奉仕するか、それともそれ自体の源泉になっている宗教的な要素を遠ざけながら聖なるテキストへの道を選ぶか、二つに一つの決定に、すべての構文がひとしく加担しているからである。禁欲的に韻文を閉め出した散文の有り様《よう》は、元来、歌の喚起を目ざしているのである。

143

In nuce（要約的に）――混沌を秩序の中に持ち込むことが今日における芸術の課題である。芸術家の生産力というのは本来意に任せぬ領域にあって我意を貫く能力である。芸術はまことしやかな段階を脱却した呪術である。

芸術作品が呪物の系統を引いているのは争えぬ事実である――だとすれば、芸術家たちの自作に接する態度にいくぶん呪物崇拝《フェティシズム》の気《け》があっても、いちがいに彼らを責められないのではあるまいか。

古来イデーを示現する芸術形式として精神化の極致を目ざしている演劇は、それを成り立たせている必要条件からいって否でも応でも公衆の存在に頼らざるを得ない反面をもつ。

絵画や彫刻においては、事物の言葉なき言葉が、高次の、しかし元のそれに類似した言葉に翻訳されている、とベンヤミンは述べているが、同じ論法を音楽に適用してこう言ってもよいであろう、名前を純粋な音声の形で救っているのが音楽である――ただし名前を事物から切り離すという代償を払って――と。

芸術一般の厳密かつ純粋な概念はおそらく音楽に俟つほかないのであって、文学や絵画の傑作は――傑作に限って――必然的に、美の縄張りをはみ出したなまな素材性、自律的な形式に完全に溶け込んでいない要素を帯びているものだ。そこから、深味のある首尾一貫した美学ほど、たとえば十九世紀のすぐれた長編小説に当てはまらないという事態が生じてくる。小説の立場を代弁したのはカントの美学に対する反論を展開したヘーゲルだった。

美学者たちは、芸術作品は無媒介の直観の対象であり、完全にそれ自体に即して理解できるものであるという信念を世間に弘めているが、根拠のない考えであると言わねばならない。一つの作品にはそれを成り立たせている文化上のさまざまな必要条件があり、消息通でなければついて行けない固有の「言語」というものがあって、いま問題にしているような芸術観はその壁にぶっつからざるを得ないわけだが、その種の困難が障害になっていない場合でも、芸術作品はたんなる没入を超えたものを享受者に要求しているものなのである。こうもりを素晴らしいと称する人はまさにそれがこうもりであることを承知していなければならない、言い換えれば、この場合のこうもりというのは、翼のある動物ではなく仮装服の一種であることを母親に教わった覚えがなければならない、そして、明日はお前もこうもりに連れて行ってあげるよ、と言われた幼時の思い出を持っていなければならないのである。〔一七二〕一つの文化伝統の中に身を置いているというのは、芸術作品を一般に認められた保証つきのものとして経験すること、その作品を介して前にそれを観たすべての人びととの反応に自分も一枚加わることを意味していた。そうしたことがなくなると、作品は弱点や欠陥をさらけ出してしまう。一種の祭式だった劇の運びは愚にもつかぬ代物になり、意味深い節回しの典則《カノン》の観のあった音楽も気の抜けた味気ないものになる。そうなると本当に美が感じられなくなるのだが、こうした事態から改作や翻案の権利を引き出しているのが大衆文化だ。伝統の圏外に置かれた伝統文化の弱点がそれに手を加える口実を与えているのであり、ひいてはそれを台無しにする蛮行を許しているのである。

芸術上の傑作は、そこに盛られた内容よりも、とにもかくにも生活に打ち克って作品の体をなしたという事実によってわたしたちに慰めをもたらす。だから何より希望の糧になるのは絶望的な内容の作品である。

カフカ——自我 ipse を持たない唯我論者 Solipsist。

カフカはキルケゴールの熱心な読者だった。しかし彼自身の実存哲学 *Existentialphilosophie* との関わりは、世にいわゆる「打ちのめされた人びと」vernichtete *Existenzen* の一人で彼があったという域を出ない。

シュルレアリスムは幸福の約束 promesse du bonheur を反古にしている。完全無欠な形式によってもたらされる幸福の仮象を、真実な幸福観のために犠牲にしているのだ。

144

魔笛（一七三）――文化至上の保守的なイデオロギーは啓蒙と芸術を単純な対立の構図において捉えているが、美の生成に含まれた啓蒙の契機を見損っている点から言っても正しくない。一面において美の拠となっているいろんな特質を解消すると同時に、美という一つの質を新たに確定するのが啓蒙である。カントによれば芸術作品は無関心の超然たる愉悦 das interesselose Wohlgefallen を観る者に起させるわけだが、この愉悦感も、どんな美的対象の中にも尾を引いている対立を孕んだ歴史の文脈においてのみ理解されるのである。無関心に打ち眺める対象が観る者の心に適うのは、同じ対象がかつては極度の関心を掻き立てたからであり、ひいては観る側に心静かに眺める余裕などなかったからであった。観賞の態度はまさしく啓蒙の洗礼を受けた自己陶冶の賜物だった。金や宝石は知覚に及ぼす効果から言って美と贅沢が未分化に入りまじっている対象と言っていいが、昔は魔力を秘めたものとして崇められていた。金や宝石の反射する光はそれらの固有の実体と見られ、それを浴びたものは妖しい力の擒《とりこ》となると考えられていた。その力を利用した往古の自然支配は、これら宝石類を、世の成り行きを巧みに掠め取ったそれ自体の力を使って意のままに操るさいの道具と見ていた。魔力の拠となっていたのは全能の仮象だった。仮象の方は精神が自らの蒙を啓くとともに消散したが、魔力そのものは宝石類が人間に及ぼす力となって生き延びた。かつてその力に打たれて震えた人間の目は、支配力の正体を見破ったあとでも畏怖の念にとらえられることをやめないのである。観照 Kontemplation は呪物崇拝の名残りであると同時に、それを克服した段階を現わしている。呪物の座を下り、言ってみれば威力を断念した——人間の側でそれらに備わっていると見なし、また自らもそれらを利用して行使しようと考えていた威力を断念した宝石類は、やがて威力を持たぬものの象徴に成り変り、自然支配から癒えた幸福の約束と化した。以上が贅沢品の辿った始源の歴史であり、それがあらゆる芸術の意味の中に流れ込んでいるのである。完璧な無用物であり、絶対的な無力においてその本領をあらわす美の魔力のうちには全能の仮象が否定的に希望の形で映し出されている。いわばこの世のありとある力試しを免れているのが美であり、合目的的なものが全面的に幅を利かせている支配権力の世界にあって、それを拒否しているのが美の全面的な無目的性である。現状がそれ自体の理性原則についてその徹底化を通じて行う否定ということがあるわけだが、現存社会もこうした否定によってのみ可能な社会に目を開かれるのであって、この事態は今日にいたるまで変らない。観照のもたらす至福の核心は魔術から解放された魔力にひそんでおり、観照者の目に輝くのは神話の和解である。

145

芸術まがい——ふと足を踏み入れた他人の家などで、そこに貯えられたがらくた類がある種の芸術作品と類似しているのを目にとめて愕然とすることがあるものだ。半球形の文鎮でさえ——ガラス玉の中にはヴィルドゥンゲン温泉（一七四）だよりとサインした松林の風景が収まっている——どことなしにシュティフター（一七五）の緑の松原を連想させるところがあるし、彩色を施した庭先の侏儒にもバルザックかディケンズの小説に出てくる矮小な人物の面影がある。そんな連想が働くのは、題材なぞのせいでもなければ、美的仮象に通有の抽象的な類似性のためでもない。むしろがらくた類の存在に、ふだんはあくせくしながらそのしがらみに絡まれている浮世の一片を形を変えて再生産することに成功し、かつては怖れの対象であったものを自ら作り出す営みを通じて適応の強制を象徴的に打破し得たという勝利感がおろかしくもあからさまに露呈していることに問題があるので、同じ凱歌のこだまが芸術上の力作の中にも反響しているのである。ただそうした作品の場合は模倣の原物と無関係な独自の存在というぬぼれがあり、勝利感のあからさまな表白を断念しているわけだが、自然からの解放を祝いながらも神話の繫縛を脱していないという点では前者と軌を一にしている。いずれにしても、人間を怖れ戦かせていたものがその掌中に握られ、意のままに用いられるようになっていると言っていいので、原物を扱い易い対象と化すことが器の大小にかかわらぬ形象というものの通有性である。読本に収められた「秋」の挿画のようなものにも既視感 déjà vu が漂っており、『エロイカ』を例に取るなら、偉大な哲学と同様にイデーを一つの総体的な過程として捉えながら、その過程をあたかも無媒介の感覚的な現前であるかのように描き出しているわけだ。結局、際物に対する憤慨は、際物がたあいもなく模倣の幸福に溺れていることへの怒りであり、芸術作品に備わる力が内内に模倣を養分にしているのは今も昔に変らぬ事実であるけれども、模倣行為そのものはいつ頃からかタブー視されるようになっているのである。生活上のしがらみになっている種々の目的を脱却したものは、現存在に対する抗議を含んだより良いものとは限らないので、時には自己主張の能力を欠いた愚にもつかぬ代物である場合もある。この種の愚かしさは、自律芸術がこの世の汚れに染まっていないと称する独自の自己主張を現実の場での横車的な自己主張を尻目に偶像化するにつれて、その度合いを深めていく。主観的な企ては客観的な意味の救出に成功したように装うとき偽りとなる。際物は主観的な企てについてまさにその点を発《あば》き出すものであり、際物の虚偽性は始めから真実を装っていないのである。際物が一般の敵意を買うのは、芸術の秘密をあけすけに口外し、文化と未開人の類縁性の一端を外部に洩らすからだ。カントは美の本質を「目的を持たぬ合目的性」と定義したが、あらゆる芸術作品がおのがじし抱えている解決不可能な矛盾もそこにひそんでいる。つまり美とは制作行為に発揮される自然支配能力の神化であり、第二の自然の創造であり、目的を持たない絶対的な即自存在という建前に立つものであるが、制作行為そのもの、あるいは独特の光彩を放つ人工物そのものは、まさしく芸術がその枠組みを突き破ろうとしている目的合理性と切っても切れぬ関係にある。制作されたものでありながら存在物を装うという矛盾は芸術の生命を培う要素であり、芸術の発展法則もそこに求められるのだが、他面ではその恥部でもあるわけだ。いかに媒介されているにもせよ、時代ごとに与えられた物的生産の方式に従い、ものを「作り」出す芸術は、物的生産の方式に従うものとして「なんのために」という問いを免れないが、元来その問いを否定することこそ芸術の目的なのである。芸術の死活に関わるこの問いは、人工物（作品）の生産様式が物資の量産方式に近づくにつれ、ますますストレートな形で誘発されるようになる。しかし芸術作品はこの問いを沈黙させようと試みる。ニーチェに言わせれば、「完全なものは生成したものであってはならない」（『人間的・あまりに人間的』第一巻「アフォリズム」第一四五番）、つまり作られたもののように見えてはならないのだ。ただ作品が完璧性によって制作過程との関わりを断ち切ろうとすればするほど、作られたものとしてのそれ自体の有り様《よう》は大きな破綻を生ぜずにはいない。作りものの痕跡を抹殺しようとして際限なく苦心を重ねることが、結果において作品の姿を損ね、未完成の断片を作り出す破目になるのだ。呪術の衰退のあとを受けて、その遺産たる形象《ビルダー》（偶像）を引き継いだのが芸術だった。しかしその営みに取り組む芸術の拠となったのは形象（偶像）を破壊したのと同じ原理だった。芸術を指すギリシャ語の語幹が技術のそれと同一であるのはいわれのないことではないのである。（一七六）逆説的に文明過程に組み込まれた芸術はそれ自体のイデーとの間に葛藤を生ずることになる。映画や流行歌は産業時代の末期の住民たちの荒んだ直観力に訴えるために当節風のさまざまの祖型《アルヒェティプ》を合成的に作り出しているが、そのために芸術が危殆に瀕しているというだけでは十分でない。むしろこうした現代世界の祖型は、遠くは最古の芸術作品のうちに封じ込められ、円熟の極に達した作品の迫力の源泉ともなっている狂気を隠れもない痴呆ぶりのうちに白日の下にさらけ出しているのである。いわば終末期の暗澹たる光景が始源における迷妄をどぎつい光で浮び上らせているわけだ。――ささやかな造形の矜りを根絶やしせずに守り続けてきたことがフランス芸術のチャンスを育み、同時にその限界ともなっているが、大体際物の概念を認めていない点にフランス芸術をドイツ芸術から分つ相違がもっとも歴然と現われていると言っていい。巧みな仕上りによって人の心を楽しませる作物に温かいまなざしを投げかけるのがフランス芸術の伝統であり、その顕著な具体的な現われは枚挙にいとまがない。卓抜な職人芸術が巧みな業《わざ》 bien fait を楽しむ風潮に支えられ、久しく感覚的な生命を保って来たのである。そのために作り物でない完璧性に対する絶対的な要求や、真理と仮象にまつわる弁証法が切り捨てられていることは事実であるけれども、他面においてハイドンのいわゆるムガル王（一七七）の虚妄を免れていることも確かであって、この種の芸術家たちはちっぽけな人物や形象をいじくり回す行き方に興味がないことを揚言し、呪物追放を目指しながら自ら一種の呪物崇拝に陥っているのだ。作られたものとその過程を経ないものという仮象の間に生ずる矛盾につきまとわれるのが芸術であるが、趣味の名で呼ばれているのはこの矛盾のバランスを取る能力である。しかしどこまでいっても趣味と一致しないのが真の芸術作品であって、むしろそうした矛盾を突き詰めて尖鋭化し、そのために自滅しながら本領を現わすのがその名に値する芸術作品である。

146

商店――ヘッベル(二七八)は読み手をはっとさせるような日記の記事の中で、「生長して大人になるにつれて人生の魅力が」失われていくのはなぜだろうという問いを投げかけている。「なぜなら、わたしたち大人はとりどりのぶざまな人形の中に彼らを動かしているぜんまい仕掛けを透視するからであり、まさしくそのためにこの世の刺戟的な多様性が味気ない単調に様変りするからである。子供は、綱渡り師が歌い、楽師がラッパを吹き鳴らし、女中が水を運び、御者が馬を駆るのを見るとき、みんなそうしたことをするのが楽しいからやっているのだろうと考える。子供にとっては、こうした人たちも家に帰れば、食べたり、飲んだり、床に就いたり、そしてまたその床から起き上る生活を送っていることなど、思いも寄らないのだ。しかしわたしたちは、彼らの活動がなんのために行われているかを知っているのである」。要するに生計のため、ありとある活動をたんなる手段として差し押え、交換可能なように抽象的な労働時間に還元する生業《なりわい》のためである。かつては実体としての重みを持っていた事物の質は価値の偶然の現われでしかなくなる。「等価形態」Äquivalentform はあらゆる知覚の有り様《よう》を損ねていると言っていいので、「事をなす楽しみ」が固有の規定となって、光を発していないような物事は見る目に対しても精彩を失うのだ。感覚器官も感覚上の与件をそれだけ切り離して捕捉するのではなく、色彩なり、音なり、運動なりについて、それ自体のための存在であるか、それとも何か別の物のために存在しているかを弁別するように働く。やがて器官は偽りの多様性に疲れ、一切を灰色の中に浸してしまう。それというのもいまなお固有の質などというものが存在するという惑わしに迷わされなくなったためで、固有の質と称せられているものも実際は私有の目的に目安を置いているのであり、さらに言えばもっぱらその目的のおかげで存在を保っているのが大方の実情なのである。目に映る世界から魔力が失われたのは、この世界の「商品世界」Warenwelt という客観的な規定に感覚中枢が敏感に反応した結果にほかならない。事物は私有の汚れを払拭した暁に始めて有用かつ多彩なものとなるであろうが、商品世界を蔽っている抑圧の下ではこの両者は両立しないのである。ところで子供たちはヘッベルの考えでは「刺戟的な多様性」の幻想にとらわれているということであったが、むしろ子供たちの自発的な知覚は、現象と代替可能性 Fungibilität の間の矛盾——諦めきった大人たちの知覚はすでにそこまで及ばない——をとらえ、それから逃れようとしている。遊びがその場合の彼らの対抗手段である。曇りのない目を持った子供は「等価形態の特異性」につとに気付いているわけだ。「使用価値は、それと反対のもの、すなわち価値の現象形態となる」（マルクス『資本論』第一巻、ウィーン、一九三二年刊、六一ページ）。子供は無目的の遊びにふけりながら、一種のトリックによって交換価値に肩すかしを食わせ、使用価値の味方になる。子供は手にして遊ぶいろいろの物から媒介された有用性を切り捨てる。そしてまさにそうした物とのつきあいを通じて、それらの物が持っている人間にとって好もしい側面、人間も物も醜く歪めてしまう交換関係に左右されない一面を救い出そうとする。おもちゃの荷車には決った行先があるわけではないし、そこに載せられた豆粒のように小さい樽の中味は空っぽである。しかし小さな荷車や樽はまさにその役目《ベシュティムング》を果さないことによって、そうした役目を均一化する抽象化過程に加わらない独自の存在のアレゴリーであり続けることによって、かえって固有の定め《ベシュティムング》に対する節操を貫いているのだ。そして散在しながらも巻き添えを免れた状態で、社会の手でそれらに加えられた烙印を社会そのものが拭い取り、人間と物の間の生活過程である実際活動が実用一本槍でなくなる日の訪れをしずかに待ち設けているのだ。遊びの非現実性は現実なるものがまだ真の現実になっていないことを告げている。遊びは正しい生活のための無意識の習練なのである。最後に子供たちの動物に対する関係について見ても、マルクスが労働の一翼を担って剰余価値を生み出すことすら認めようとしなかった動物たちにユートピアの仮の姿を認めることがその基本になっている。動物たちは人間の目から見れば格別課題らしいものも持たずに存在しているわけだが、そのために彼らの存在そのものが絶対に交換の利かない彼らの名前と一つに溶け合っている。だからこそ子供たちは動物が好きなのだし、一般に動物の姿を眺めていると心が幸福感に充たされるのである。犀を例に取るなら、その容姿自体がわたしは犀ですということを告げているのだ。メールヘンやオペレッタにはこの手の形象が数多く出てくるわけだが、オリオンの名前が本当にオリオンだということがどうしてわたしたちに分るのかしら、という婦人の問いは、一見滑稽なようでいて、星座を摩すほどの深遠な意味がこもっているのである。

最新機関（二七九）——とっくに立証ずみの事実だが、賃労働によって近代の大衆は形造られ、労働者そのものも生み出された。一般に個人は生物上の存在であるばかりでなく同時に社会過程の反省形態でもあって、即自的存在という個人の自意識は個人の能力を高めるために必要な仮象でしかなく、近代経済の渦中に置かれた個々人は価値法則のたんなる手足となって活動しているのが実情である。個人の内面を構成している要素も——その社会における役割だけでなく——そうした事情から割り出して考えなければならないだろう。その場合、現段階において決定的なのは、資本の有機的組成というカテゴリーである。マルクスの蓄積理論はこのカテゴリーを「生産手段を活かす労働力の量と比較してみた、生産手段の量の増大」と理解していた（マルクス『資本論』第一巻、ウィーン、一九三二年刊、六五五ページ）。社会の統合が進むにつれ——とりわけ全体主義国家において著しい現象だが——個々人を部分要素として物的生産の大きな枠組みの中に組み入れる締めつけもいやましに強まり、そうした趨勢の赴くところ、「資本の技術的な組成における変化」は、生産過程のテクノロジー面の要請をもろにかぶる人間、もっと厳密に言えばそうした要請によって体質を決定される人間に引き継がれていく。その結果、人間を有機的に組成している部分が増大する。個々人をそれ自身の内部において（生身の目的ならぬ）生産手段として規定している要素が、可変資本に対して機械類の占める割合が増大するように増えていくわけだ。巷間に流布している人間の「機械化」という言い草は、人間を外部からの「影響」や同じく外的な生産条件への適応を通じてある種の変形を蒙る静的な存在と見なしており、その意味において誤解を生じやすい。なぜならこの種の「変形《デフォルマチオン》」の土台となるもの、社会のさまざまの機構が外部から働きかける内部存在などというものは存在しないからである。変形は人間の身に生ずる病気ではなく、社会そのものの病気なのであり、この社会が——生物学主義的思考が自然に関して用いている言葉を借りるなら——「遺伝的疾病のある」子供を生み出しているのだ。労働力を商品に変える営みとともに始まる過程はあらゆる人間にくまなく滲透し、その活動をおしなべて交換関係の変種と化しつつ先験的に通約できる一種のものにしているわけだが、現在の生産関係の下における生活はそうした段取りによってのみ再生産が可能なのである。現下の生活の徹底的な組織化は死者の連合を要求している。生への意志がそれ自体の否定を拠にすることを強いられているのであり、言い換えるなら自己保存の必要が主体における生を抹殺しているのだ。こうした事態に比べるなら、社会心理学や文化人類学が記述の対象にしている適応の営みや体制順応型の行動などはことごとく付随現象でしかない。人間の有機的な組成も専門技術上の能力に限って見られることではないので——まさにこの点を月並みな文化批評はどうあっても認めようとしないのだが——それと対照的な人間の内なる自然にも及んでいる。もちろんそうした自然の要素も、もともと社会の弁証法に源を発しているわけで、それが再び元の弁証法に巻き込まれていくのである。人間の内部の技術に無縁な部分まで技術のための一種の潤滑油として組み込まれていく。元はと言えば、分業制や、生産過程の分野別に人間を解体する行き方や、自由などの産物だった心理のこまやかさまでがとどのつまり生産に奉仕させられるのだ。三十年前にある弁証家はこう書いた、「対象化され、実用化された精神能力を売り物にしているその道の〈名人〉は、……対象化され実用化された自分の能力を円滑に機能させるために冥想的なポーズを取ることさえある。こうした構造がいちばんグロテスクな形で現われているのはジャーナリズムで、そこでは、まさしく個人の持ち前であるべき、知識、気性、表現能力などが、〈持ち主〉の人格や取り扱われた対象の具体的な実質と無関係の、それ自体の法則に従って動く抽象的なメカニズムと化している。ジャーナリストの〈無節操〉、自分の体験や信条を公然と売り物にして憚らない彼らのやり口は、資本主義下の物象化が絶頂に達した結果としてのみ理解できるのである（補注七）」。ここで検証されているブルジョア階級の「堕落現象」は——その堕落ぶりを告発しているのも当のブルジョア階級だったわけだが——いつしか社会の規範としてまかり通るようになり、後期産業主義時代を生きる非の打ち所のない人間の性格として公然化するにいたった。生身を売り物にするというのならまだしもなまやさしい。事はとっくにその段階を通り越しているのであって、何はともあれ自分を売り物にしなければならない生身の人間が自身を種々の技能を備えた一種の物にしてしまっているのが現状である。言ってみれば自我がその人間の全体を自らの装置と化して意識的に使役する状態である。こうした編成変えにさいして、経営責任者である自我が営業資材である自我に持ち前の大部分を引き渡すということが起り、その結果、前者の自我は座標上の一点のように完全に抽象的な存在になる。いわば自己保存の営みが肝心の自己を見失ってしまうのである。掛け値のない親切心だとか、ヒステリックな怒りの発作などといったさまざまの性格上の特性が意図的に操られ、挙句の果てにその場の状況に応じて自在に発動される仕掛けが出来上る。性格上の特性もこうした形で動員されるとその内容に変化を生じ、固有の特徴が脱落して、硬直した情動の脱殻《ぬけがら》、任意に持ち運べる物質のようなものだけがあとに残る。こうなるとすでに主体の持ち前とは言えないわけで、むしろ主体が内なる客体と化したそれらの特性に相対する形になる。無際限に自我の言いなりになる特性は、同時に自我から疎外されており、完全に受け身であるために自我を養う力も失っている。以上のあらましが精神分裂病の発生する社会的な背景である。特性が衝動の根や自己から切り離された結果――自己に即して言えば、かつては結合の要でしかなかったのにいまでは特性を意のままに操る立場にある――内的な構成が拡大した代償に解体過程の拡大という、つけが廻ってくる。個人の内面に食い込んだ分業制が個人の徹底的な客体化という形で完成し、その挙句に病的な分裂に行き着くわけだ。全体主義的な傾向を持つ大衆運動の人間学的な前提になっている「精神病的な性格」も、そうした背景から出て来る。一定の特性が刹那的な行動様式――一見、活性化のように見える――に成り変ったという事実こそ、有機的な組成が拡大している証左である。性質によって媒介されていない機敏な反応は自発性の回復を物語るものではない、むしろ、中枢機能が読み取って意のままに操作する一種の計測器のような存在にその人間を位置づけるだけだ。事に当っての決着が無媒介の形で出て来ればくるほど実際にはそれだけ深く媒介が滲透しているのであり、無抵抗に即答する反射作用の中には主体のかけらも見られないのである。事実、現代社会におけるそれの見本になっている生物学上の反射作用には、主体性に比べて対象物めいた異質性が目立つわけで、しばしば「機械的」と呼ばれるのも理由のないことではない。それに生体は死に近づくほど、痙攣状の反応を示すことが多くなるのも事実である。こうしてみると二通りの全体主義国家において激発している大衆の破壊的傾向は、潜在的な死の願望の現われというより、彼ら自身の行き着く所まで行き着いた状態の発現と見た方がいいだろう。彼らが殺戮行為に走るのは、彼らの目に生きているように見えるものを自分たちの同類にしてしまうためである。

148

屠殺業――形而上のカテゴリーは社会体制を隠蔽するイデオロギーであるばかりでなく、同時に体制の本質や真相を現わしており、カテゴリーの変化のうちにはこの上なく重大な経験の変化が沈澱しているものである。たとえば死の経験にしても歴史の推移を免れないわけで、逆にその有り様《よう》を手がかりに歴史を理解することも可能である。かつて死に具わっていた尊厳は個人のそれと釣り合っていた。経済的な基盤から出て来た個人の自律性は、個人がそれを経験的に相対化したために霊魂の不滅にかけられていた神学上の希望が薄らぐとともに、個の絶対性の観念に達して完成する。こうした経緯にいわば大写しされた死のイメージが対応していたわけで、総じてブルジョア的な行動や思考の基体になっている個人を完全に抹殺するのが死ということになった。死は個人という絶対無上の価値の絶対無上の代償であった。ところでそうした高みにあった死も、個人が社会的に解体するとともに下落していく。そのために昔ながらの尊厳に装われると内実の虚妄のためにがたぴしするようになるのだが、もともとそうした虚妄性は死の概念のうちに含まれていたのであって、不可解な事態を名ざし、主語を欠いた状態について賓述し、枠に納まり切らぬ事柄に枠をはめようとすることにそもそも無理があったのである。ところで現代人の意識からは、真理にもせよ、虚妄にもせよ、死の尊厳などという観念は消滅してしまっているのであり、それも彼岸にかけた希望の力が働いた結果などではなく、ひとえに現世生活の絶望的な無力感の産物なのである。急進的なカトリック教徒だったシャルル・ペギイ(一八〇)は一九〇七年に早くも次のように書きつけていた、「現代世界は、その内うらにいたるまで一種独特の尊厳が具わり、堕落することなどつゆ考えられぬ無類の性質を帯びているために、おそらくこの世でもっとも堕落させることが困難なものを堕落させることに成功した、すなわち、死を堕落させたのである」(『人間と聖者』ニューヨーク、一九四四年刊、九八ページ)。死によって抹殺される個人自体が自制力と固有の存在を欠いた空しいものでしかないのなら――「無化する無」というハイデッガー流の言い廻しを茶化した感じになるが――その存在を空しくする勢力もまた空しいことになる。かけがえのない個人の死は取り返しがつかない、ところが代りはいくらも見つかるということになれば、勢いその人間の死も軽く見られるようになり、往古のキリスト教が逆説的なパトスをかけて構想したのとは違った意味で取り返しのつく出来事になる。そして取るに足らぬ些事 quantité négligeable となり、そのようなものとして完全に枠づけられてしまう。さまざまの働きを持った個人の場合でも、その背後には必ず社会の用意した控えの人間が待機しているのであり、後者の目から見た前者は、始めから死期が来るのを待つばかりの、しかし当面は自分の働き場を占有している邪魔者でしかない。それに応じて死の経験の方も働き手の交代を軸にした経験に成り変り、死にまつわる社会現象に解消されない自然現象の部分は衛生学の手に委ねられるのである。こうなると一個の自然な生きものが社会組織から排除されるのが死であり、それ以外の何物でもないというのがその受け取り方になるのだが、社会組織の側に即して言えば結局こうした形で死を飼いならしたのであった。社会の絶対性に引き比べるなら自然な生きものは絶対的に取るに足らない、ひとりの人間の死はこの事実をいまさらのように思い知らせるのである。社会の有機的な組成に生じた変化に関して文化産業がなんらかの証言を行っているとすれば、いま述べたような事態をありていにぶちまけている点など、さしずめその稀有の例ということになるだろう。早く言えば文化産業のレンズの下で死が滑稽な相を呈し始めているのである。文化産業のある種のジャンルにおいて死に浴びせかけられている笑いには、確かに額面通りには受け取れぬ含みがあると言っていいだろう。死は社会が全自然の上に張りめぐらした網にかからぬ形の定まらぬものであり、そうした無定形のものに対する不安が笑いの蔭に隠れているということはあるだろう。しかし今では網自体が巨大化して、その目もつんでいるため、網目にかからぬものにかかずらう記憶などくだらない感傷のように見られるのだ。探偵小説の堕落はエドガー・ウォレス（一八二）の作品とともに始まったが——ウォレスの作品は、あまり筋の通らぬ構成や、未解決の謎や、大袈裟な誇張などによって読者を愚弄しているように見える反面、全体主義の恐怖にまつわる集合的イメージをものの見事に先取りしている——爾来、殺人喜劇のタイプが発達した。この手の作品はあくまで間違った恐怖心を笑いのめすという体裁になっているけれども、その実、死の表象をいちじるしく損っている。この手の作品に出て来る死体は、そのなれの果て、小道具の一種でしかない。人間の面影をとどめてはいるけれどもすでに一個の物体にすぎないわけで、めまぐるしくあちこちに死体を運搬する場面の出てくる「ちょっとした殺人事件」と題する映画に見られるように生前の状態のアレゴリーという面を持っている。一般に死の見かけ上の廃棄をぞんぶんに楽しむところに滑稽味がひそんでいるのだが、ずっと以前、カフカは同じ事態を猟師グラックス（一八三）を主人公とする物語の中でパニックを混えて描き出していた。また同じ事態のために音楽までが滑稽味を帯び始めたと見られるふしがある。国家社会主義者たちが何百万という人間の上に加えたこと、死者同然に扱った生者の点検、ついで死の量産化と低廉化は、死体から笑いのためのインスピレーションを得ている連中の上にはるかに影を投げかけている。決定的なのは、生物学上の破壊が社会の自覚的な意志のうちに取り入れられたことである。死に対しても個々の成員に対しても無頓着になった人類、それ自体においても死んだ人類だけが、お役所仕事の形でおびただしい人間を死にいたらしめることができるのである。自分自身の死をねがうリルケの念願は安手のまやかしにすぎないので、昨今の人間がけだもの同然のあえない死をとげている現実についてひとを欺いているのだ。

149

言半ばにして──現代社会のもろもろの傾向に批判を加えると、言いたいことを全部言い切らないうちに自動的に反論がはね返ってくる、昔からそうだったので今に始まったことではない、と。何もいまさら昂奮することはないわけで、昂奮するのは歴史の不変性に対する洞察を欠いている証拠である、そんな非常識を口走るのはヒステリーの気《け》があるのだろう、と異口同音に得々と診断が下される。それから追い討ちをかけるように、社会を攻撃することでいっぱしの人間を気取り、非凡の特典にありつくつもりだろうが、きみがしきりに憤慨していることはみんな先刻承知の事実で、相手が誰にもせよいまさらそんな月並みなことに興味を持てというのは無理難題というものだろう、などと言われるのだ。凶悪な世相の自明性がそうした世相を弁護することに役立っている。つまりみんな知っていることだから誰もそれを口にしてはならないというわけで、沈黙に掩護された世相の方は従前通り大っぴらにまかり通る寸法である。さまざまにニュアンスの違う哲学によって一様に脳裡に叩き込まれた、現存在の根強い重力に支援されている事柄はそれだけでも正当性のあることが明らかだという教えを世人は忠実に遵奉しているのだ。だから現状に不平を鳴らすと、それだけでもう世直しを計る輩という嫌疑がふりかかってくる。同調派は反対者を陥れるためにトリックを弄し、まず反動的な没落観を抱いているという言いがかりをつける――そんな没落観など根も葉もない、なぜならおそるべき事態は常住たえまなしというのが現実ではないか？――そして推論の誤りなるものを指摘することで否定的な現実に対する具体的な洞察の方も当てにならないことを匂わせ、暗黒の世に栖ついている者に体よく蒙昧主義者の烙印を押しつけるのだ。ところで昔からそうだったという言い分を一応認めるとして――そうは言っても、チムールやジンギスカンにしても、インドの植民政庁にしても、何百万という人間の肺を計画的にガスで引き裂くような真似はしなかった――おそるべき現実のいつ果てるともない恒久性は新しい段階が一つ前の段階をそのつど上廻る点に現われている。永続しているのは一定量の苦難ではない、苦難がしだいに地獄の相を深めて行く道筋に永続性が見られるのであり、現実の敵対関係《アンタゴニスムス》が増大しているという言い分の真意もそこにひそんでいるのである。かりに敵対関係の増大を口にしてもそれ以外の意味でなら毒にも薬にもならない、気休めになるような空念仏を並べ、質的飛躍を断念する結果になるのが落ちである。死の収容所を文明の勝ち戦《いくさ》に生じた一寸した手違いのように扱い、ユダヤ人の受難を世界史の大局からすれば取るに足らないと見る向きは、弁証法の知見以前に逆戻りしているだけでなく、最悪の事態を阻むという自身の政策の目ざすところを取り違えているのだ。生産力の発展の場合だけでなく、支配の圧力がたえまなく増大する場合も量は質に転換する。ユダヤ人が集団単位で撲滅される傍らで労働者の生活が社会によって引き続き再生産されるとき、ユダヤ人たちはブルジョアであり、彼らの運命は大局の力学にとって重要でないという指摘は、かりに大量虐殺の事実を利潤率の低下によって説明できたとしても経済一点張りの妄説の譏りを免れまい。事態のおそろしさは、根は同一不変でありながら――「前史」の持続――たえず新しい、想像を絶した、あらゆる予期を上廻るような形でそれが実現される点にひそんでいるのであり、まさしくその点において発展してやまない生産力の忠実な投影なのである。残虐行為についても『経済学批判』が物的生産について指摘した二重性がそのまま妥当する、「あらゆる生産段階に共通のさまざまの規定というものがあり、それが思考によって一般的な規定として確定される。しかしあらゆる生産に当てはまる一般的条件なるものは……抽象的な要因以外の何物でもなく、それによってはいかなる現実の生産段階も把握されないのである」。言い換えれば抽象化された歴史の不変性は、学に固有の客観性によって事柄に対して中立的というわけにはいかないのであり、それなりに正当である場合さえ煙幕の役を果しているわけで、それと指弾できる事態もその中で朦朧と霞んでしまうのだ。ところがまさしくこの点を体制擁護派たちは認めようとしない。彼らは一方では最新の流行 dernière nouveauté を追うことに血道を上げながら、他面では歴史という時限爆弾の存在を頭から否定してかかるのである。たとえばアウシュヴィッツをギリシャの都市国家の破壊になぞらえ、そこに惨事の程度差だけ認めて平然とすましているわけにはいかないだろう。しかし家畜車で連れ去られた人びとの味わった未曽有の責苦や屈辱ははるかな遠い過去にまでぎらつく光を投げかけていると言っていいので、往時の行き当りばったりの残虐行為のうちには科学的に企てられた同種の行為がすでに萌芽として含まれていたのである。同一性は、いまだかつて見られなかったような事態、とりも直さず非同一性のうちにひそんでいるのであり、そうした事態によって過去の実態が発《あば》き出されるのだ。今も昔も変りはないという言い分は、直叙されれば虚妄であり、全体の力学に媒介されて始めて真実となる。現実のおそろしさは疑いもなくその程度を増しているのであり、その点の認識を固執しない向きは冷ややかな静観主義の議りを免れぬばかりか、最近の事態を既往から分つ特異性とともに、おそるべきことが果てしなく出来《しゅったい》する全体の真の同一性をもとらえ損うのである。

150

号外——ポーとボードレールはそれぞれ自作のさわりとなる箇所で新奇なものという概念を打ち出している。ポーの場合は大渦《メエルシュトレエム》巻を描写した条り（一八三）で、新奇なものの見本と見なされているその恐怖はありきたりの報告の埒外にあり、大方の想像を絶しているという。ボードレールの場合は「死」と題する連作の最後の一行で、地獄であろうが、天国であろうが、「未知の世界の奥底に、新たなものを探り出すために」奈落の底に身を投げよう、と歌われている。いずれの場合も個我が身を委ねるのは未知の脅威であり、それがめくるめくどんでん返しのうちに快楽を約束しているのである。意識の空隙に巣くう新奇なものは、いわば目をつぶった状態で待ち望まれているのだが、恐怖や絶望から新たな刺戟を引き出すための一種の呪文と化していると見ていいだろう。それこそこの呪文によって悪も華となるのである。しかし寒々としたその字面はこの上なく明瞭な反応様式を暗号文字化したものであり、産業時代の個我が抽象的になった時代に対して出した明確な回答の書き換えにほかならない。新奇なものを礼拝し、モダニズムの理念を掲げるのは、何一つ新しいものをもたらさない現実に反逆するためである。機械で作られた商品の画一性や、対象《もの》も対象を見る目もひとしなみに捉えて同化する社会化の網のために、目にふれるかぎりのものがことごとく前に見かけたもの、同類の任意の見本、原物の替え玉めいてくる。志向に染まっていない予想外の層に触れてこそさまざまの志向も芽を伸ばすことができるのだが、そうした層が掘り尽されたように見えるのであり、新奇なものというイデーが夢に描いているのもまさしくこの層なのである。失脚した神に代ってその座についた、それ自体は手に入れ難いのが新奇なもので、経験の衰弱にまつわる意識の芽生えがそこに絡んでいる。しかしその概念はそれ自体経験の疾病の埒内にあり、とらえようのない具体物のあとをむなしく追い求めるこの概念固有の抽象性はその証拠である。Sensation という言葉はボードレール流の新奇の一般向きの同義語だが、この言葉の辿った語義の変遷を分析すれば「近代風の始源史」について啓発されるところがあるだろうと思われる。センセーションという言葉は認識論を通じてヨーロッパ人の教養の中にひろく根づくことになった。たとえばロックはこの言葉を反省と対立する単純かつ直接的な知覚の意味に用いている。ところが時代が下るとともに大きな未知数の意味を帯びるようになり、挙句の果てに、大衆を興奮させ破壊的に陶酔させるもの、消費財としてのショックを意味するようになった。くまなく行きわたった数量化が知覚の可能性そのものを奪ってしまったために、問題になっているものの質がなんであろうとともかく何かを知覚できれば、それがかりそめの幸福をもたらすのだ。当面の対象にかかわる充実した経験に代って、マノメーターの振幅で計り尽せる感覚という、主観的であると同時に物理的でもあるような単発的な要素が幅を利かすようになった。即自存在からの歴史的な解放がこうした形で直観の形態に結実したのであり、経験の土台を「基礎刺戟」にまで切り詰め、個々の感覚エネルギーを基礎刺戟の特有の性質と無関係なものと考える十九世紀の感覚心理学はそれなりにそうした過程を斟酌しているのである。ところでボードレールの詩は一撃をくらった目が閉じた瞼ごしに見る閃光にみちみちている。この閃光には幻覚じみたところがあるが、新奇なものというイデーそのものが幻覚じみていると言ってよい。冷静な知覚が社会の鋳型で作られた事物しか認めないような場合に閃光を放つものは、それ自身反復である。それ自体のために求められ、いわば実験室の中で製造され、概念的な図式と化した新奇なものは、出現した途端に強制的に呼び戻された古いものというその正体をあらわすのであり、その点、外傷性神経症の症状に似ていないこともない。眩惑された者の前で時間的継起のヴェールが引き裂かれ、代って千篇一律の祖型があらわれる。だからこそ新奇なものの発見は悪魔じみているのであり、永劫回帰の劫罰を思わせるところがあるのである。ポーは新奇なもののアレゴリーを、大渦巻の渦中に翻弄される小舟の、めまぐるしく旋回しながらも静止しているように見える動きに託している。マゾヒストが新奇なものに身を委ねて経験するセンセーションは、その一つ一つが退行にほかならない。ボードレールを嚆矢とする多種多様なモダニズムの存在論は一様に幼児的な部分衝動への対応を含んでいるが、この点に関する限り、精神分析の知見は正しいと言わねばならない。部分衝動の多元性は、それに眩惑されたブルジョア理性の一元性が自己破壊を希望の手形のように見なしている目もあやな蜃気楼の類である。この希望の約束こそはモダニズムの理念を形づくっているのだが、その核心にひそむ千篇一律性のために、現代風を名乗るすべてが古びもしないうちから古めかしい様相を呈するのだ。十九世紀の中葉にモダニズムのオベリスクとしてそそり立つ「トリスタン」(一八四)は同時に反復衝動の巨大な記念碑である。祭壇に祀られるようになって以来、新奇なものにはいかがわしいところがつきまとっている。たしかにしだいに硬直の度を加えつつある現状の枠を乗りこえるものがことごとくその中に結集している。しかし新奇なものの吸収作用のために、そうした枠組みの重圧の下で個我の痙攣的瞬間への解体が――その種の瞬間においてこそ個我は生きているように錯覚するのだが――決定的に助長されるということがあり、とどのつまりに新風に乗って新奇なものを追放する全体主義社会がいっそう幅を利かすことになるのだ。セックスに殉じて殺された女を歌ったボードレール(一八五)の詩は、恐怖のうちにも救いをひめた犯罪の静物画のうちにアレゴリー風に快楽の聖性を歌い上げている。しかし首のない裸体を前にした陶酔は、ヒトラー政体下の犠牲候補者たちを駆り立てて、彼ら自身に破滅をもたらすさまざまの措置について報道している新聞を憑かれたようにがつがつ買い漁らせたそれに早くも類似していたのである。ファシズムは絶対的なセンセーションだった。第一次ユダヤ人迫害が行われた当時、ゲッベルスはその声明のなかで国家社会主義者たちは少なくとも退屈ではないと自賛した。第三帝国においては、ニュースや噂のもたらす抽象的な恐怖が衰弱した大衆の感覚中枢を一瞬燃え立たせる唯一の刺戟の種だった。新聞の大見出しにとびつく衝動には一種の不可抗力があり、その力のために読者のこころは締めつけられ痙攣しながら太古の闇に引き戻されたと言っていいのだが、もしそうした不可抗力に引きずられているのでなかったら、傍観者はおろか実地に携わっている連中でさえ言語に絶した事態には耐えられなかったであろうと思われる。戦争が進展するにつれてついにはまがまがしい凶報までがでかでかと報道され、しだいに明らかになっていく敗色を国民の前に糊塗するようなことは行われなかった。こうなるとありきたりのサディズムとかマゾヒズムとかいった概念では間に合わなくなってくる。技術の普及した大衆社会では、これらの概念も、センセーション、言い換えるなら、彗星のように倏忽《しゅっこつ》のうちに現われては消える極端に新しいものに媒介されているからである。この種の新しい事態に圧倒された公衆は、ショックにのたうちながらも、おそろしい事態の被害者は自分なのか、他人なのか、その区別さえつかなくなってしまう。肝心なのはショックのもつ刺戟としての価値であり、それに比べるならその内容の方は実際にはどうでもよいことになるわけだが、詩人たちが詩的喚起力を通じて実現しようとしたのもまさしくそうした有り様《よう》におけるショックだったのだ。したがってポーやボードレールがその醍醐味を味わい尽した恐怖も、独裁者たちの手で現実化された昨今ではセンセーションとしての実質を失い、一種の燃え殻になっているということも考えられないではない。新奇の名の下に強行された質の救出には、肝心の質が伴っていなかったのだ。それ自体の実質を放棄して新奇なものになればどんなものでも享受の対象となり得るわけで、これはあたかも感覚の鈍麻したモルヒネ患者が最後にはどんな薬品でもよくなり、アトロピンにさえ手を出すようになる事情に似ていると言ってよい。センセーションの渦中では質を弁別できなくなるとともに、おしなべて判断機能が停止してしまうわけで、まさしくこの点がセンセーションを破滅に通ずる退行の動因たらしめているのである。退行性の独裁制に伴う恐怖という形で進歩の弁証法的な形象としてのモダニズムは爆発点に達し、完結した。新奇なものの集合的な形態はボードレールに見られるジャーナリスティックな傾向やワーグナーの騒々しい太鼓の用法にいち早く萌しているが、じっさいこの種の新奇なものは、外面生活を煮つめて刺戟と麻痺をもたらす一種の麻薬と化したものにほかならない。ポーやボードレールやワーグナーに麻薬中毒の気《け》があるのは理由《いわれ》のないことではなかったのだ。新奇なものが悪の権化と化すためには全体主義による仕上げを俟たなければならないが、かつて新奇なもののカテゴリーを生み出した個人の社会に対する緊張関係はそうした仕上げの過程において帳消しになる。今日では、種類のいかんを問わず、ともかく古さびたところがありさえすればめぐって来た新奇なものに感応する風潮が津々浦々に行きわたり、新奇なものが誤ったミメーシスの世にあまねき媒体と化している。その度ごとに装いを変えて現われる千篇一律なものに熱中するうちに個人の解体が進行し、性格の堅固さがことごとくそのために吸い取られてしまう。ボードレールが形象の力を借りて領していた境地を、いまでは腑抜けになって魅せられることでわがものにするわけだ。無節操、非同一性、与えられた状況への病的な敏感さなどはすべて新奇なものの刺戟のなせる業であるが、その刺戟なるものもすでに形骸化しているのが実情である。そこには子供を作ることを断念した人類の姿が投影されているかもしれないので、それというのも誰しも最悪の事態を予期せざるを得ないのが昨今の世情であり、新奇なものはおそらくあらゆる未生児のひそかな象徴なのである。マルサス（一八六）は十九世紀の始祖の一人であるし、ボードレールが石女《うまずめ》を礼賛したことにもしかるべき理由があったのだ。自らを再生産することに絶望した人類は、子々孫々のうちに生き残る願望を無意識のうちに未知の事物というキマイラに託しているのだが、当のキマイラは死神に酷似している。このキマイラが示唆しているのは総体としての現体制の没落であり、この体制はその成員のすべてを事実上すでに必要としていないのである。

151

オカルティズム批判テーゼ――I　オカルティズム愛好は意識の退化の徴候である。意識は、無条件なものを考えながら、条件つきの事態に耐える力を失った。両者を一体性と差異性の両面から規定するのが概念的把握の本来の姿であろうが、両者を無差別に混同するのが退化した意識のやり方である。かくして無条件なものは事実となり、条件づけられたものには無媒介に実体が認められる。一神論が崩壊して、第二の神話が生み出される。「わたしは神を信じないので、占星術を信じているのです」――アメリカで社会心理学畠のある調査が行われたさいに、回答者の一人はこう答えたものであった。のぼりつめて審判者の座につき、唯一神の観念をつかんだ理性は、唯一神の失墜とともにその巻き添えを食ったものらしい。精神《ガイスト》は分裂を起してもろもろの妖怪《ガイスター》となり、そのために妖怪などというものが存在しないことを認識する力を失ってしまうのだ。巧みに偽装された社会の不吉な動向はいかさまの啓示や幻覚現象でその犠牲者たちをたぶらかす。幻覚現象の断片的なもっともらしさは、まがまがしい世の成り行きを直視し、それに耐えて行けるような錯覚を彼らに抱かせるのである。数千年にわたる啓蒙の実績がありながら人類はいまふたたび大きなパニックに見舞われていると言っていいので、人間支配という形を取った人類の自然支配にはかつて人間が自然から受けた脅威の怖ろしさをはるかに上廻るものがあるのだ。

II　第二の神話は第一のそれより真実性に乏しい。どの時代にも、それなりの認識の段階というものがあり、人間の意識は時代の進展につれて盲目的な自然との関連から解き放たれていくわけだが、第一の神話はそうした意味でそれぞれの時代の認識の結晶だった。ところが偏見と障害の産物である第二の神話はいったん手中に入れた認識を自ら放擲しているのであり、こうした神話の抬頭してきた社会は、まさにオカルティストたちが自家薬籠中のものと称している自然の要素を包括的な交換関係によって人目から蔽い隠した社会なのである。双子座を見上げる舟人の視線にしても、樹木や泉に生命を見る見方にしても、不可解な現象を前にした心気朦朧の状態にありながら、ともかく行動対象をめぐる人間の経験にその時代なりに適合したところがあった。ところがいろんな等級の見霊者たちの小屋掛けや相談室に甦ったアニミズムは、合理化された社会に対する反動を合理的に利用したものであり、疎外の事実を否認しながらもそれ自体が疎外の証左で、その上それを食い物にしているのであり、存在しない経験の代用物になっているのである。オカルティストは商品の物神的性格から極端な結論を引き出してくるわけで、おびただしい悪鬼の面相を呈してさまざまの対象物からオカルティストに襲いかかってくるのはむりやり対象物化された労働にほかならない。生産物の固まりとなった世界にあって当の世界が人間の手で生産されたという事実が一般に忘れられていたわけだが、オカルティストはその事実を遊離・倒錯した形で想起し、即自存在として客体の即自に付け加え、同化するのである。客体が理性の光に照射されて冷却し、生気の仮象を失ったために、生気の源泉となる客体の社会的な質が自然的かつ超自然的な質として独立の扱いを受けるようになり、事物の中の一事物と化すのである。

III　魔術的思考への退行が資本主義末期に行われているために、その思考自体が資本主義末期に特有の諸形態に同化されている。体制の壁の割れ目ごしにその外部を窺うみじめたらしい企ては、曖昧な反社会性を帯びた体制自体の末端現象であり、壁の外にあるものについては何ひとつ明らかにしないであろうが、それだけに体制内で進行しつつある退廃のエネルギーについては示唆するところが大きい。もっともらしく水晶球〔二八七〕の後に構えて依頼人の心を威圧する小賢者たちは、人類の運命を手中にしている大賢者たちのミニアチュアである。心霊研究 Psychic Research に携わる蒙昧主義者たちが互いに敵対し陰謀を企らんでいる図も、まさしく社会の縮図にほかならない。オカルトがかった事象の及ぼす催眠作用には全体主義の用いる恐喝手段に似たところがあり、事実、昨今の世相では両者は互いに入りまじっている。占者の薄笑いは拡大して社会自体の自嘲と化した観があり、その笑いは人心のあからさまな物的収奪を楽しんでいるのである。星占いにはお役所の一般人への通達を思わせるところがあり、数をめぐる神秘論には官庁の統計やカルテルの価格に対して世人を心構えさせる効果がある。統合《インテグラチオン》ということも種々の権力集団への分裂を偽装するイデオロギーであることが最後に判明するのであって、それらの集団は互いの撲滅を図っているのである。その渦中に落ちた者はいずれにせよ助からない。

IV　オカルティズムはあらゆる意味の主観化に対する反射運動であり、物象化を補完する役割を演じている。客観的現実がかつてなかったほど空しく感じられるために、世人としては呪文《アーブラカダーブラ》に訴えてでも現実から意味を引き出したくなるわけだ。かくして手当りしだい行き当りばったりのものに意味がこじつけられ、狂いを生じた現実的なものの合理性に、跳ねて踊るテーブルや、地球外の天体の目に見えない光線が取って代ることになる。現象界の屑が病んだ意識には可想界 mundus intelligibilis(一八八) となるのだ。それはカフカのオドラデク(一八九)が天使と紙一重であるようにいま一息のところで思弁的な真理であるが、思考の手間を省いた独善的な形を取っている限り狂気の沙汰というほかはなく、自己を放棄した、またそのために客体のうちに自身を誤認している主観性でしかない。「霊《ガイスト》」と称されているもののいかがわしさが完璧であればあるほど――もしこれが本当に生気を帯びたものであれば、啓蒙された個我は直ちにそのなかに自身を再発見するに違いない――そこに探り当てられたもともと存在しない意味は個我のやみくもな無意識裡の投影でしかなくなるのであり、こうした個我は、臨床的にそうでないまでも歴史的に解体の危機に瀕しているのである。自身が解体しつつあるからこそ外界の方もそれに同調させたくなるわけで、まただからこそいかがわしい小道具に手を出したり、よからぬ願《がん》を掛けたりするのだ。「三番目の女は わたしの 手相を見る／そしてそこにわたしの不幸を読むという」。オカルティズムにひたる精神は 自身の 呪縛のために悪夢にうなされる人のように呻吟しているのが実情で、その苦しみは自分が夢見ていることを感ずるために募るばかり、しかもそのために目覚めることもないのである。

V　オカルティズムは反ユダヤ主義がその一例となるような思考のパターンによってファシズムと結びついているが、両者の発揮する威力はたんに病的な性質《たち》のものではない。オカルティズムの威力はむしろ、真理に飢えている意識が、いろんな種類の公的な進歩思想によって故意に遠ざけられているにもかかわらず常日頃ぼんやり感じ取っている認識を、いかがわしい万能薬ともいうべきものの力を借り、一種の判じ絵の形で摑むことができると思っているところから来ている。その認識というのは、自発的な転換の可能性を事実上締め出している社会が、そのために全面的な破局にのめり込んでいるという認識だ。星占いは、疎外された自然の要素——事実、星辰ほどに疎遠なものは他に考えられない——の間の模糊とした関連を個人の身の上にかかわる知見として示すわけだが、そうした星占いの気違い沙汰も現実のそれの模写なのである。星座から読み取られる脅威は、没主体の無意識の中に影を落としている歴史的現実のそれにほかならない。誰も彼もさきゆき彼ら自身の作り上げた全体の犠牲者になりかねないという事実、彼らとしてはこの事実に耐えるために、当の全体を自身から転嫁して外面的に類似したものに押しつける以外にないのである。根も葉もない恐怖を抱いたり、よしなしごとに現《うつつ》を抜かすことで手に負えない苦しみや死の不安を体よく発散しつつ従前通り抑圧し続けることが可能となるわけで、生き抜くために彼らとしてはそうせざるを得ないのだ。生命線が切れているのは潜伏性の癌のしるしとされているが、そうした見立ての行われる個人の手のひらに即して言えばペテンにすぎない、しかし占い師たちの診断の対象になっていない集団に関してならあながち不当とも言えないだろう。当然のことながら、秘術に凝る連中は自然科学のばかでかい夢物語に魅せられている。彼らは彼ら自身の感化力《エマナチオン》とウラニウム・アイソトープを混同しているが、惑乱もはなはだしいと言わねばならない。神秘的な光線は技術上のそれのつましい先取りなのである。迷信は、社会の表面にまき散らされている滅亡の符丁を関連づけて解読している点から言えば、一つの認識である。にもかかわらず迷信が愚かしいのは、死の衝動に駆られながらもさまざまの幻想にしがみつき、本来なら現実の社会に直面することによってのみ与えられる回答を天に投影した社会の変形物から期待しているからである。

Ⅵ　オカルティズムはおろかな連中の形而上学である。霊媒たちの程度の悪さも、お告げの内容のいかがわしさや下らなさも偶然ではない。心霊術が信奉されるようになってからこのかた、彼岸から届いた知らせは高の知れたことばかりで、せいぜい、旅立ち近し、という予言を添えた、死んだおばあさんの挨拶程度のものでしかなかった。さすがの霊界も貧弱な人知の理解力をこえたことは伝達できないのだという言い逃れは、これまたばかげているというほかはないので、パラノイア患者の妄想体系があみだす補助仮説の類でしかない。人間の悟性 lumen naturale はおばあさんを訪ねる旅などよりもっと大きなことを過去になしとげているのであって、霊たちがそのことを無視するのならそうした霊たちこそ不作法な妖怪にすぎないのであり、いっそそれらとの交りを断った方がよいのである。超自然界からの消息がまやかしであることは、その平凡な自然主義的内容に露呈されている。失われたものを彼岸に追い求める連中がそこで出くわすのは、うつろな自身の影でしかないのだ。もともと度しがたいリアリストの彼らは、住みなれた平々凡々の日常性を踏み外さないために、慰藉のよすがとなる意味を一面では彼らが逃げを打っている無意味なことに近づけてしまうのである。愚にもつかぬ魔法はそれによって照らし出される愚にもつかぬ実生活と似たもの同士の関係にあるわけで、だからこそまた分別臭い現実家たちにとってもお誂え向きなのである。与えられた事態とそれに該当しないという点だけが違っているさまざまのデータが四次元の例証に使われている。実在しない点だけがそうしたデータのオカルト的性質 qualitas occulta をなしているのだが、おろかな人びとには結構世界観の代用になるわけだ。占星師や降神術者はどんな質問に対してもたちどころにきっぱりした回答を与えて寄越すけれども、本当を言えば問いに対する答えになっていない、快刀乱麻を断つと見せて、解答らしいものを一切回避しているのが実態である。宇宙空間と並ぶほど崇高なものと見なされている彼らの縄張りは椅子や花瓶同様に思念を煩わさぬ存在であり、そうした有り様《よう》によって体制順応主義を助長している。存在自体に意味があるということほど、現存の体制にとって具合のいいこともないのである。

VII　偉大な宗教は、ユダヤ教のように死者の救済の問題に偶像禁制の掟に従って沈黙をもって応えるか、でなければ肉体の復活を説いた。それらの宗教は精神的なものと肉体的なものは不可分であると本気で考えていた。どんな観念にせよ、またいわゆる「精神的な事柄」にせよ、なんらかの形で肉体的な知覚に基づかないものはないであろうし、また一方で肉体上の充足を求めぬものもないだろう。こうした考え方はオカルティストたちの目にはあまりに下等なものと映るのだが、お高くとまって復活の思想など見下している彼らはもともと救済など求めていないのである。昨今ではハックスリのような人でさえ彼らの形而上学と一般の形而上学を弁別できなくなっている始末だが、彼らの形而上学の原理は次のような歌の文句に要約されていると言っていいだろう、「霊魂は天空高く舞い上る、ユッヘー（万歳）／ところで肉体はソファーに鎮座まします」。精神性が高揚するほどに機械論的な二元論の度も甚だしくなるという次第だが、デカルトでさえこれほど截然たる区別を立てはしなかった。分業と物象化が極点まで推し進められ、言ってみれば常住たえまない生体解剖によって肉体と霊魂が切り離されるのである。純潔なるべき霊魂は俗界から首尾よく脱け出して活動の場を光明界に移し、孜《し》々たる営みをちょうど俗界において中断されたその箇所から継続して行うことになるわけだ。しかしこうした形で独立宣言した霊魂は、いい加減な解脱によって脱け出した肉体の安手なイミテーションになってしまう。霊魂と肉体の間の交互作用ということはこの上なく硬直した哲学でさえ主張してきたことだが、そうした交互作用のあるべき場所に星気体《アストラルライブ》が定位することになるのであり、この星気体なるものは、実体化された精神の対抗者たる肉体に対する不面目な譲歩の産物でしかない。純粋精神の概念にしても肉体の比喩によってのみ把握されると言っていいのだが、その比喩は同時に精神《ガイスト》を揚棄する働きを持っている。霊《ガイスター》の物象化は、事実上、霊の否定にひとしい。

VIII　彼らはしきりに唯物論の非を鳴らしながら、他面では星気体の目方を量りたがっている。彼らの関心の対象は経験の可能性を超えていなければならない、しかし同時に経験の対象にならなければならない。厳密に科学的に事を運ぶのが彼らの流儀で、いかさまが大きければ大きいほど、実験の段取りは入念をきわめたものになる。しかし研究所まがいのものものしい管理体制は、管理すべきものが何もない実情からすれば不合理のきわみであると言わねばならない。妖怪変化に止めを刺したのと同じ合理主義的かつ経験主義的な装置が、自身の理性《ラチオ》を信用できなくなった連中にその同類を押しつけるために活用されるわけだ。

さすがの四大の精霊たちも、捕えがたい彼らの特性を見越して仕掛けられた自然支配の罠を前にしては逃げの一手しかないだろう。しかしそうした難点までも、オカルティストたちは巧みに利用している。精霊たちは検問を嫌うので、万一の場合に備えてさまざまの予防措置を講じた上で彼らのための小さな出入口を用意し、そこから自由に登場できるような仕掛けにしておくわけである。それというのもオカルティストたちは実際家だからだ。彼らはあだな好奇心に駆り立てられているのではないので、実際的なヒントを求めているのである。だから彼らは天空の星から先物取引への切り換えにも抜け目はない。大抵のお告げが、援助を当てにしてやってくる貧しい知人の訪問とともに不幸が一家を訪れる、という類のものでしかない。

IX　オカルティズムの犯しているもっとも重大な罪は、精神と現存在を混交していることで、その結果、現存在が精神の属性と化している。精神はもともと生存を保つための器官であり、その出所《でどころ》は現存在であった。しかし現存在が精神において反省されるうちに、精神自体も別種のものになっていく。現存在に即して言えば自身を省みることで自身を否定するわけだが、こうした否定こそ精神の要素なのである。そうした精神に、高次の次元のそれにもせよ明白《ポジティブ》な実在性を押しつけることはそれ自体の対立物に精神を引き渡すようなものだろう。末期のブルジョア・イデオロギーは精神をもう一度前アニミズムの段階と同じような即自存在に仕立てたと言っていいので、その場合の拠になったのは、肉体労働とそれを計画的に支配する精神労働の間の分裂、要するに社会の場での分業であった。意識は即自的に存在する概念という形でこの特権を存在論的に正当化し、それを成り立たせた社会原理に対して当の概念を独立させることで特権を恒久化したのであった。こうしたイデオロギーが爆発的に現われているのがオカルティズムであり、オカルティズムは言ってみれば正体をむき出しにした観念論なのである。ほかでもない、存在と精神の間に硬直したアンチ・テーゼが打ちたてられているために、精神が存在の一部門と化してしまう。観念論はもっぱら全体について、存在は精神であり、精神は実在しているというイデーを要請したのであったが、オカルティズムは現存在が限定された存在を意味するというヘーゲルの説から実にばかげた結論を引き出してくるのだ、「生成の面から見た現存在は、一般に非在を含む存在であり、その結果この非在は存在との単純な統一態の中に取り込まれているのである。非在が存在に取り込まれ、具体的な全体が直接態という存在の形態の中に置かれることが、取りも直さず限定性 die Bestimmtheit ということの意味にほかならない」（ヘーゲル『論理学』第一巻、グロックナー編、一二三ページ）。オカルティストたちは文字通り非在を「存在との単純な統一態において」受け取るのであり、全体から限定されたものにいたる道程をいかさまを使って短縮したのが彼らなりの具体性というものであり、近道をするについては、ひとたび限定された全体はすでに全体ではないという理屈を楯に取ることができるのである。彼らはいわば形而上学に向って「ココガろおどす島ダ、ソラ、跳ンデゴラン（一九〇）」と呼びかけているわけだ。つまり彼らの感覚からすれば、哲学による精神の叙任が現存在による規定を伴わなければならないのであれば、散在する任意の現存在が個別的な精神として正当化されるのは理の当然、ということになるのである。してみるとブルジョア意識の高揚の極致である精神の実在に関する教説は、卑下の骨頂ともいうべき精霊信仰を始めから内包しているということにもなるだろう。現世の正当化を意味する、つねに「実定的《ポジティブ》」な現存在への移行は同時に精神の実定性《ポジティヴィテート》に関するテーゼをうちに含んでいるのであり、精神の身柄を拘束し、絶対者を現象界に転位させるものである。「産物」としての物的な世界の全体が精神であるのか、それとも任意の事物が任意の精神であるのか、いずれでもよいことにとり、世界精神 Weltgeist は精霊の頭《かしら》 Spirit、非精神化した現状の守護天使となる。こうした状況を食い物にしているのがオカルティストたちであり、彼らの神秘主義はヘーゲルに見られる神秘的要素の鬼子《アンファン・テリブル》ともいうべきものである。言い換えるなら彼らのいかさまのために思弁の伝統が破産の憂き目に会うのだ。限定された存在をまことしやかに精神に見立てる彼らは、反面では対象化された精神に存在のテストを課しているのであり、テストの結果は必然的に否定的である。精神(霊)などどこにも見当らないのだ。

152

濫用を戒める——弁証法の起りはソフィストたちの詭弁だった。つまり相手方の独断的な主張をぐらつかせ——当時の検察官や喜劇役者の言い草で言えば——劣勢な発言を優勢に転ずることを目的とした議論の方式だった。弁証法はその後発展して、永遠の哲学 philosophia perennis に対立する批評の不死身の perennierend 方法としての体裁をととのえ、抑圧された人びとのくさぐさの想念、時には彼らさえ夢寐にも思いつかなかったような想念の隠れ家となった。しかし相手を言い負かす手段である弁証法は、当初から権力にありつくための手段、内容のいかんにかかわらず強弁する表面的な技法でもあったのであり、金払いのいい連中に奉仕する一面を持っていた。要するに何かと言えば逆ねじを食わせて、相手をねじ伏せることがその原理になっていたのである。したがって弁証法が真であるか否かは方法自体の問題ではなく、歴史過程に棹さすその志向性の問題であった。ヘーゲル学派が左右両派に分裂したのは、ヘーゲル理論の両義性と三月革命以前の政治情勢の双方にその原因があった。弁証法は、歴史の完全な客体であるプロレタリアートには史上初の社会的な主体となり、人類の自覚的な自律を実現する力が備わっているというマルクスの理論の専売ではない。ギュスタヴ・ドレ（二九二）が旧政体のある代議士に言わせている、彼がいなかったら革命にはならなかっただろうから、ルイ十六世こそ人類の恩人であるという洒落にしても弁証法的である。何もかも解消してしまう否定哲学はつねに解消者の方も解消する。しかしこの哲学が解消されたものと解消するものの双方をその中に揚棄するように求めている新しい形態は、社会が敵対関係を孕んでいる限り、絶対にすっきりした形では出て来ない。支配関係が再生産される限り、解消者が解消される過程にまたぞろ旧来の変り映えしない質が露呈されるのであり、突き詰めた意味ではそこで飛躍が行われたとは言い難いのである。真の飛躍が行われるためには、堂々めぐりを打破する出来事を俟たなければならないだろう。新しい質の弁証法的な規定は支配関係のしがらみを温存する強力な客観的傾向に依存せざるを得ないために、ほとんど不可避的に——概念の働きによって否定の否定を達成した場合でさえ——想念においても古き悪しきものをかつて存在しなかった新しいものとすり替えることになるのだ。新しい質の弁証法的な規定に携わる者が客観的現実に思いをひそめる場合、その思いの深さは、客観的現実はすでに真理であるというまやかしに加担することで贖われる。また自身をきびしく限定して、存在する特権を歴史過程に負うているものから特権のない状態を引き出そうとする場合、復古の風潮に屈服することになるのだ。こうした点は個人生活に端的に現われている。ヘーゲルは個人生活の空疎さを難詰した。自身の原則の純粋性を固執するたんなる主観性は二律背反《アンチノミー》に陥るであろう。そして社会や国家の場で客体化されない限り、偽善や悪などさまざまの不行跡を重ねて身の破滅を招くであろう、と言うのである。モラル、純然たる信念を拠にした自律、さらに良心でさえもが仮象にすぎない。「モラルに関しては現実的なものは存在しない」（『現象学』ラッソン編、三九七ページ）のであるから、『法哲学』ではその必然的な帰結として良心よりも婚姻が上位に位置づけられ、良心に対しては、ヘーゲル自身がロマン派とともにイロニーとして規定した高みに達しているにもかかわらず、二重の意味において「主観的な Eitelkeit（うぬぼれ・無内容）」でしかないという悪口が浴びせかけられる。こうした弁証法のモチーフは彼の体系のあらゆる層を貫いているのだが、真実と虚妄の両面を持っている。真実なのは、個別者の正体を見きわめて、全体から分離したものがひたすら独自の存在で全体の一分子などではないと思い込んでいる虚偽意識であり、必要から生じた仮象にすぎないことを発《あば》いているからで、こうした虚偽意識を全体にそなわる力を通じて消滅させるのもこのモチーフの独自の働きである。虚妄なのは、思想によって悪しき主体性に対置される客観的現実が主体の批判の営みの後塵を拝して不自由の状態に低迷する限り、「外化」と呼ばれる客体化のモチーフがよりによって主体のブルジョア的自己主張の口実に悪用され、体のいい合理化の役を果すことになるからだ。外化という言葉には、個人的意志の服従によって個人的恣意から救われるという期待がこめられている。しかしこの言葉は、まさに外部を制度的に主体に対立したものとして設定することによって

――一方では口が酸っぱくなるほど和解を説いていながら――主体と客体の間の不和が相変らず持続していることを言外に告げているのであり、ついでに言えばこうした主体と客体の不和こそ弁証法的批評の主題をなしているのである。自己外化の所業は、ゲーテが救いの境地として描き出した諦念に達し、結局、現状の正当化に行き着くのだが、この点は当時も現在《いま》も変らない。たとえば家父長的社会によって女性たちが一種の片端ものにされており、こうした人間の奇形もそれを生み出した前提を抜きにしては取り除けないことを理解しながら、事もあろうに心にどんな幻想も抱いていない弁証家がそうした認識から亭主関白の立場を引き出し、家父長的な世相を弁護するということもあり得るのだ。その場合彼の側にも、現在のような諸条件の下ではいまと違った男女関係など不可能である、というようなもっともな論拠がないわけではないし、偽りの解放の尻ぬぐいをさせられている抑圧された女性たちへの人情味さえ欠けていないかもしれない。しかしそうしたそれ自体としては真実なふしぶしも、男性の利害が絡むとイデオロギーになってしまうのである。弁証家は未婚のまま年老いていく女性が世間の晒し者になり、不幸であること、離婚がどんなにむごたらしいものであるかも知っている。にもかかわらず反ロマン主義の立場に立って共同生活に揚棄されないたまゆらの情熱よりも客体化された結婚を優先する弁証家は、愛情を踏みにじって結婚生活を営んでいる連中の代弁者となっているのであり、そうした連中は、結婚の相手、換言すれば抽象的な所有関係を何よりも愛しているのである。この方向を突き詰めると、個人などというものは与えられた境遇に順応して各自の義務を果していればよいので、個々人自身はさほど問題とするにも当らないという結論に行き着くことになるだろう。そうした考え方に染まらないためにも、蒙昧を脱した弁証法は逆コースを目ざす護教的な要素にたえず警戒の目を光らせていなければならないであろうが、反面においてその種の要素も一面的な単純性を嫌う弁証法の構成要素となっているのである。どんな反省もたえず無反省な状態に逆戻りする危険につきまとわれている。しかしその危険は、何よりも弁証法を駆使する人間が全体知を体現しているかのような口を利く優越感に端的に現われていると言っていいので、大体全体知などというのは当の弁証法の原理から言ってあり得ないものなのである。この種の論客は全体性の立場に身を置き、論敵がどんなに確たる否定論を突きつけても「こちらはそんなつもりで言ったんじゃありませんよ」と教えさとすような調子で軽くいなし、同時に自分の方でも概念の運動を強引に打ち切り、諸種の事実のあらがい難い重力を指摘して弁証法をさし止めたりするのである。こうした弊害を生ずるのも、われを忘れて弁証法に没入すべき場合にそれを利用する立場に立つからだ。そうなると卓抜な弁証法的思想なるものが弁証法以前の段階に逆戻りして、どんなものにも必ず両面があるという悠長な御託になってしまうのである。

153

終りに——絶望的状況のさなかにありながらも是認できる哲学の有り様《よう》は唯一つしかないと言っていいので、それは万事を救済の立場から眺められたように考察する試みである。救いの境地からこの世に射し込んでくるそれ以外に認識にとっての光明はないので、他の一切は要するにテキストに基づく解釈の類、突き詰めれば一種の技術にすぎない。メシアが出現した暁にはこの世はみすぼらしいぶざまな姿をさらけ出すことになるだろうが、似たような位相においてこの世が転位され、異化されて、隠れていた割れ目や裂け目が露呈されるような遠近法を作り出さなければならないのである。恣意や強引に陥ることなく、ひたすら具体的な対象物との接触を通じてこうした遠近法を獲ち取ること、思惟にとっての眼目は、結局、この一点にしぼられるのだ。それはいとも容易なことである。なぜなら現代における情勢そのものが否応なしにそうした認識を求めているからであり、さらに言えば百パーセントの否定的状況は、ひとたび心眼を凝らしてこれを視るなら結晶して反対の場合の鏡文字になるからである。しかしそれは一面において全くの不可能事でもある。なぜならそうした認識の有り様《よう》はたとえほんの僅かにもせよ現存在の縄張りから解脱した立場を前提しているわけだが、実際における認識は、たんに現存在からもぎ取られたものでなければ拘束力を持たないというだけでなく、まさしくそうした現存在との関わりのために、なんとかして逃げ出したいと思っている現実のぶざまさやみすぼらしさに自らも腐蝕されているのが実態だからである。思想には無条件なもののために自らの条件づけられた有り様《よう》に対して殻を閉ざす傾向があるが、その傾向が激しければ激しいほど、自分でも気付かないで——ということはそれだけ取り返しのつかない形で——現世の虜になっているものだ。思想は、可能性のためには、自身の不可能性さえもしかるべく理解していなければならない。そのために思想に課せられる要求の大きさに比べるなら、救済が現実性を持っているか否かなどという問題はむしろ取るに足らないのである。

訳注

〔献　辞〕

（一） traurige Wissenschaft. ニーチェの Fröhliche Wissenschaft（楽しい学問――中期の著作の表題）のもじり。

（二） ヘーゲル『精神現象学』、「序論」、ズールカンプ・テオリー版三六ページ。

（三） マルクス『経済学批判』の序文に出てくる用語。マルクスはそこで過去の歴史の総体を「人間社会の前史」と呼んでいる。

〔第一部〕

（四） Ferdinand Kürnberger（一八二一―一八七九） ウィーン生れの作家。作品に詩人レーナウを主人公にした小説などがあるが、批評の分野でも健筆を揮った。

（五） Jacob Grimm（一七八六―一八五九） 有名なグリム兄弟のうちの兄。

（六） Bachofens（一八一五―一八八七） スイスの法学者。母権制の研究によって著名。

（七） Friedrich August Wolf（一七五九―一八二四） ドイツの古典文献学者。古代研究の基礎をつくった。

（八） Johann Wilhelm Adolf Kirchhoff（一八二六―一九〇八） ドイツの古典文献学者。

（九） Jean Paul（一七六三―一八二五） ゲーテ時代のドイツの作家。

（一〇） Aldous Huxley（一八九四―一九六三） イギリスの作家。なおアドルノには「オルダス・ハックスリとユートピア」と題するエッセー（『プリズム』所収）がある。

（一一） 世界と個人の魂が一体であることを唱えたブラマン教の文句（サンスクリット語）。

（一二） ドイツの詩人ヘルティ（一七四八―一七七六）の人口に膾炙した歌の一節。

（一三） パリに本拠を持つ高級レストランのチェーン。

（一四） バルザックの作中人物。冷酷非情な高利貸の典型。

（一五） バルザックの小説『浮かれ女盛衰記』に登場する娼婦。リュシアン・リュバンプレに純情を捧げる。

（一六） モリエール作『守銭奴』の主人公。

(一七) ディケンズ作『クリスマス・キャロル』の主人公。守銭奴。

(一八) **Takt** 礼節と訳してしまうとコンヴェンションの意味に近くなるが、本文中に見られる通り、タクトは個人の自由裁量の要素を含み、コンヴェンションとは一定の距離を置いたものである。

(一九) 一八九五年頃ドイツに抬頭した様式。もともと手工芸・インテリア・建築などが主な分野だったが、文学にも波及した。いわゆる「アール・ヌーボー」のドイツ版。

(二〇) 一九〇三年ヨーゼフ・ホフマンらが発起人になって作られた美術工芸関係の創作集団。ウィーン・セセッションと交流があった。

(二一) ワルター・グロピウスが一九一九年ワイマールに創立した学校で、機能主義的な建築を目指した。

(二二) 一九三三年オルガ・フレーベ・カプティンによって創立された学会。機関誌として『エラノス年鑑』を出している。宗教哲学や心理学が対象領域であり、年鑑の発行人はポルトマンだが、ユング派の寄稿者が目立つ。

(二三) **Katherlieschen** グリム童話「フリーデルとカーテルリースヒェン」の作中人物。

(二四) **Paul Heyse** (一八三〇—一九一四) ドイツの詩人。

(二五) 悪魔と結託して百発百中の弾丸を使う射手。もともと民間伝承だが、ウェーバーにこれを素材に使った同名のオペラがある。

(二六) 「マタイ伝」第七章の「何ゆえ兄弟の目にある塵を見て、おのが目にある梁木《うつばり》を認めぬか」を踏まえている。

(二七) ヘーゲル『精神現象学』の「序論」に出てくるテーゼ、「真理は全体である」のもじり。

(二八) **Katze aus dem Sack** それまで隠していた本音や真相をさらけ出す。一種の慣用句。

(二九) **Rudolf Carnap** (一八九一—一九七〇) ウィーン学団の主要メンバーの一人だったが、のち渡米。論理実証主義の立場に立つ哲学者。

(三〇) **Matthias Grünewald** (一四五五頃—一五二九) ドイツの画家。

(三一) **Heinrich Schütz** (一五八五—一六七二) ドイツの作曲家。

(三二) **August Bebel** (一八四〇—一九一三) ドイツの社会民主主義者、社民党創立者の一人。

(三三) **Hans Driesch** (一八六七—一九四一) ドイツの哲学者、生物研究から出発した。

(三四) **Heinrich Rickert** (一八六三—一九三六) 新カント派——西南ドイツ派——を代表する哲学者。

(三五) **Focke-Wulff** ドイツの航空機製作会社。

(三六) **Heinkel** ドイツの航空機製作会社。

(三七) Lancaster イギリスの航空機製作会社。

(三八) Karl Kraus（一八七四―一九三六） オーストリアの文学者。一八九九年から一九三六年まで雑誌『炬火』をほとんど独力で刊行。アドルノに対して文体上の影響があったと見られる。

(三九) イエーナがフランス軍に占領された時、馬上に跨って行進するナポレオンを目撃して語ったと伝えられるヘーゲルの言葉。

(四〇) Edward Grey（一八六二―一九三三） イギリスの政治家。外相等を歴任。

(四一) ナチス・ドイツの組織。労働者の休暇、旅行、成人教育等の管理運営に当った。

(四二) ルードルフ・モッセ Rudolf Mosse（一八四三―一九二〇）の創立した新聞コンツェルン。出版活動も行っていた。共和派の側に立っていたが、一九三九年ナチ党の手中に帰した。

(四三) 一八七七年に創立されたドイツの出版社。なお前出の『ベルリーナー・イルストリールテ』(写真入り週刊誌)は当社の刊行物の一つで、ワイマール時代、この種の雑誌としてはヨーロッパ最大の発行部数を誇っていた。

(四四) 一八五六年創刊。一九四三年発行停止。経済欄や学芸欄の水準の高さで、世界的に知られていた。

(四五) Emil Ludwig（一八八一―一九四八） ドイツの伝記作家。『ゲーテ』（一九二〇）、『ナポレオン』（一九二五）など。

(四六) ベルリンの目抜き通り。商業と文化の一中心。

(四七) 一九三三年度のウーファ映画。監督ハンス・シュヴァルツ。

(四八) Hans Fallada（一八九三―一九四七） ドイツの作家。両大戦間の混乱期に生きる小市民の運命を描くことに長けていた。

(四九) キルケゴール『死にいたる病』のもじりであろう。

(五〇) 一九二〇年に発表されフロイトの論文「快楽原則の彼岸」のもじり。

(五一) Tagore（一八六一―一九四一） インドの詩人、哲学者。

(五二) Franz Werfel（一八九〇―一九四五） プラーハ生れのドイツ語作家。表現主義運動から出発した。

(五三) Protagoras（BC 四八〇頃―BC 四一一頃） ギリシャの哲学者。ソフィストの祖。

(五四) イプセン作『野鴨』の中のレリングの言葉、「普通の人間から生きるための嘘を取りあげてごらんなさい、同時に幸福も奪うことになりますよ」を踏まえているものと思われる。

(五五) 本来は石鹸会社の提供した連続ラジオドラマ、もしくはテレビドラマ。また一般にセンチメンタルな軽いメロドラマを指す。

(五六) Karen Horney（一八八五―一九五二） 女流の精神分析家。始めベルリンを中心に活動していたが、のちアメリカに渡った。アドルノは終始彼女に対して批判的である。「修正された精神分析」（『ゾチオロギカ』所収）参照。

（五七） Schmock フライタークの喜劇『ジャーナリスト』の登場人物で、無定見なジャーナリストの典型。
（五八） 不詳。その綴り Atheo から見て、無神者の意味をこめたペンネームの類かも知れない。
（五九） Georg Groddeck 生年没年等不詳。『魂の追求者』という著書がある。
（六〇） Münchhausen ルードルフ・ラスペ Rudolf Raspe（一七三七―一七九四）作の冒険談の主人公。
（六一） 「趣味判断については議論できない」というのが一般に引用されている原形。
（六二） ゲーテ『ファウスト』第一部、書斎の場でメフィストフェレスが口にする言葉。ただし、原文の alles, was entsteht（一切の生ずるもの――鷗外訳）がアドルノの引用では alles was besteht となっている。
（六三） Bergeret アナトール・フランス作『現代史』の主人公。作者の分身と見られる。

〔第二部〕

（六四） Francis Herbert Bradley（一八四六―一九二四） イギリスの哲学者。シェイクスピア学者アンドリュウの兄。
（六五） John Locke（一六三二―一七〇四） イギリスの哲学者。主著『人間知性論』。
（六六） Johann Georg Hamann（一七三〇―一七八八） ドイツの哲学者。「北方の魔術師」と呼ばれ、その著作は晦渋難解をもって聞えている。
（六七） ルクセンブルクの町。この町では、毎年、聖霊降臨祭後の第一月曜日に舞踏病の終熄に感謝を捧げる祭りが行われた。祭りの参加者は音楽の伴奏に合せて三歩前進二歩後退を繰り返す。
（六八） グリム童話の『シュワーベン七人男』などにより広く知られる民間伝承に基づいている。なおシラーはシュワーベン出身。
（六九） シラーの処女作。
（七〇） アマーリエ・フォン・エーデルライヒ。『群盗』の作中人物。
（七一） シラー『たくみと恋』の作中人物。
（七二） 「事行」はフィヒテの概念。「星のきらめくわれらの頭上の天空」は、カント『実践理性批判』中、「結論」の冒頭に出て来る有名な条りを踏まえているのであろう。
（七三） ゲーテの戯曲『タッソー』の主人公。身分の相違を省みずエステ家の皇女に思いを寄せた。以下に出てくるアーデルハイト（『ゲッツ』）、クレールヒェン（『エグモント』）、グレートヒェン（『ファウスト』）はいずれもゲーテの創作した女性たち。
（七四） Frank Wedekind（一八六四―一九一八） ドイツの劇作家。作品に『春のめざめ』などがある。

（七五）　ハインリヒ・ホフマン（一八〇九―一八九四）作の児童読み物。本文中に出てくる「ばたばたフィリップ」、「スープ嫌いのカスパル」、「あばれん坊のフリーデリヒ」、「お転婆のパウリーネ」、「教会の塔を飛びこえるローベルト」、「空ばかり見ていて足もとのふたしかなハンス」はすべてこの読み物の中の子供たち。

（七六）　イプセン作の戯曲。以下、『ジョン・ガブリエル・ボルクマン』、『民衆の敵』、『海の夫人』、『建築家ソルネス』、『小さなエイヨルフ』の順に彼の作品が引合いに出されている。なおついでに記せば、太陽を手に入れたがっているハンスは『幽霊』のオスワルドと重なり、結句の「自分自身について行う審判」はイプセンが自分の創作行為について語った言葉にほかならない。

（七七）　Hedda Gabler　イプセン作『ヘッダ・ガブラー』のヒロイン。

（七八）　シューマンの歌曲集『女の愛と生涯』の冒頭の曲。シャミッソーの詩に依っている。

（七九）　Cesare Borgia（一四七六―一五〇七）　フィレンツェの名門ボルジア家出身の権力者。ニーチェは彼を金髪獣の権化として礼賛した。

（八〇）　David Friedrich Strauss（一八〇八―一八七四）　ヘーゲル左派に属する哲学者、神学者。ニーチェは『反時代的考察』の第一論文で彼を槍玉に挙げた。

（八一）　Honoré Daumier（一八〇八―一八七九）　フランスの諷刺画家。

（八二）　ヘーゲルの『エンチクロペディー』における概念。ただしヘーゲルはその領域を法・人倫・国家などに限定しているが、アドルノは必ずしもその規定に従っていないようである。

（八三）　ベルリンの目抜き通り。

（八四）　アメリカやカナダで、色の浅黒い外人、とりわけイタリア人、スペイン人、ポルトガル人を指して侮蔑的に使う。

（八五）　訳注（一一〇）参照。

（八六）　「サウロ、サウロ、何ぞ我を迫害するか、刺ある策《むち》を蹴るは難し」（「使徒行伝」二六章）を踏まえている。「刺ある策を蹴る」は慣用語化して、一般に無益な所業を指す。

（八七）　カール・ハーゲンベック Karl Hagenbeck（一八四四―一九一三）が一九〇七年ハンブルク近郊に創設した動物園。

（八八）　ノアの方舟が乗り上げたと伝えられる山。

（八九）　Alfred Edmund Brehm（一八二九―一八八四）　動物学者、『動物記』六巻によって知られる。

（九〇）　交通、交際、性交などの意味を含む。

（九一）　Thorstein Bunde Veblen（一八五七―一九二九）　アメリカの経済学者、社会学者。主著『有閑階級の理論』。なおアドルノにはヴェブレンを論じたエッセー「ヴェブレンの文化への攻撃」（『プリズム』所収）がある。

(九二)　一八一三年、プロイセン、ロシア、オーストリアなどの連合軍がナポレオン軍を破った戦い。

(九三)　Carl Schmitt（一八八八―一九八五）ドイツの憲法学者、政治思想家。理論の上でファシズムに接近した。著書に『政治的ロマン主義』『政治神学』など。

(九四)　一八九六年、オイゲン・ディーデリヒスによって創立されたドイツの出版社。

(九五)　ゲーテ『ファウスト』（第一部書斎の場）に出てくる「太初《はじめ》に業《わざ》ありき」を踏まえている。

(九六)　Charlie McCarthy アメリカの腹話術師。

(九七)　一九〇〇年頃ドイツに起った青年を中心とした運動。「自然に帰れ」をモットーに世紀末の頽廃した都市文明に背を向け、家庭や学校の権威に反旗をひるがえした。いわゆる「ワンダーフォーゲル」などもこの運動の派生物。

(九八)　アンデルセンに同じ表題の散文詩風の小品集がある。

(九九)　アドルノの念頭には、シカゴの青果業界を背景にヒトラーとその一味の抬頭を描いたブレヒトの芝居『おさえればとまるアルトゥロ・ウイの興隆』（一九四一）があるのであろう。「強請された和解」（『文学ノート』所収）参照。

(一〇〇)　August Stramm（一八七四―一九一五）表現主義の詩人、ダダイスムの先駆者。

(一〇一)　Oskar Kokoschka（一八八六―　）オーストリア出身の画家。彼が一九〇八年に発表した「殺人犯、女たちの希望」はバルラハの『死せる昼』（一九一二）と共に表現主義演劇の先駆と見られている。

(一〇二)　James Fenimore Cooper（一七八九―一八五一）アメリカの小説家。作品に『モヒカン族の最後』（一八二六）などがある。

(一〇三)　Demosthenes（BC三八四―BC三二二）アテナイの政治家、雄弁家。

(一〇四)　Phokion（BC四〇二―BC三一八）アテナイの将軍。

(一〇五)　Epikouros（BC三四一頃―BC二七一頃）サモス島に生れたギリシャの哲学者。

(一〇六)　正確なところは分らないが、イエスの言葉「己が生命を救はんと思ふ者は、これを失い、わがために、己が生命をうしなふ者は、之を得べし」（「マタイ伝」第一六章）のパラフレーズかもしれない。

(一〇七)　Walter Benjamin（一八九二―一九四〇）文芸評論家。アドルノはこの先達から深甚な影響を蒙った。

(一〇八)　Erik Alfred Leslie Satie（一八六六―一九二五）フランスの作曲家。六人組の一人。

(一〇九)　『ニュルンベルクのマイスタージンガー』の大詰でのザックスの演説を指す。

(一一〇)　いわゆる神人同形説。「創世記」第一章の「神言給けるはわれらの像《かたち》の如くにわれら人を造り」に基づく。

(一一一)　モーパッサンの晩年（一八八八）に同名の旅行記がある。

（一一二）　Carl Sternheim（一八七八―一九四二）　ドイツの作家。小説もあるが、戯曲にすぐれた作品を残した。

〔第三部〕

（一一三）　詩集『悪の華』に収められた「虚無の味」と題する詩の結びの一句。

（一一四）　シューベルトの歌曲集『美しき水車小屋の娘』第一八曲「萎める花」の歌い出しの一句。なおこのアフォリズムの終りの部分にも「萎める花」の終結部が反映しているようだ。

（一一五）　いわゆるフォアメルツ（三月革命前の時代一八一五―一八四八）の文化を指す。小市民的な生活感情を写し出した絵画や文学、簡素で機能的な室内調度などに代表される。

（一一六）　『十三人組物語』第二話のヒロイン。バルザックの恋慕の念を玩弄したド・カストリー夫人がモデルになっていると言われる。

（一一七）　ウェーバーのオペラ『プレツィオーザ』のヒロインを指すか。

（一一八）　メーリケの『ペレグリーナ』詩篇に歌われたジプシー娘。青年メーリケは彼女の後を追ったが、失跡する。

（一一九）　プルースト『失われし時を求めて』の作中人物。話者にとっての第二の恋人。「逃れ去る女」として描かれている。

（一二〇）　ゲーテ『ヴィルヘルム・マイスターの修業時代』の作中人物。

（一二一）　モーパッサンに同名の短篇小説がある。

（一二二）　モーツアルトのジングシュピール『後宮よりの逃走』に同名の登場人物がいる。

（一二三）　オウイディウスの『転身譜』にも取り入れられているフリジア伝説の中の老夫婦。偕老同穴の典型。

（一二四）　ウェルギリウス『アエネーイス』第二巻「それが何であろうとも、わしは怖れるダナイー（ギリシャ人）を、――物を贈って来ようとも」。（泉井久之助訳）

（一二五）　レーティシェ・アルペンの中にスヴレッタ山という山がある。スヴレッタハウスはおそらくその山麓の宿。因みにアドルノの母親はイタリア系であり、文中の婦人のモデルは彼にとって母方の叔母に当る人であろう。

（一二六）　南チロルの保養地。

（一二七）　Gregers Werle　イプセン『野鴨』の登場人物。

（一二八）　オーベール Daniel Auber（一七八二―一八七一）のグランド・オペラ（一八二八）。作中の主役は唖の娘で、歌ぬきのパントマイムで演じられる。

（一二九）　Ellery Queen　アメリカの推理作家ダニー（一九〇五―　）とリー（一九〇五―一九七一）が合作のさいに使っている

ペンネーム。
（一三〇）　カントの『実践理性批判』の中の条りを踏まえている。既出。
（一三一）　ペルゴレージ Pergolesi（一七一〇—三六）のオペラ La serva padrona（奥様になった女中）のもじりであろう。
（一三二）　ナチス・ドイツの秘密警察。
（一三三）　Bruno Bettelheim（一九〇三—　）ウィーン生れの心理学者。収容所生活ののちアメリカに亡命。著書に『鍛えられた心——強制収容所における心理と行動——』がある。
（一三四）　イギリスの私立中学。全寮制で上中流家庭の子弟を対象としている。イートン、ラグビーなどが代表校。
（一三五）　シューベルト『美しき水車小屋の娘』第二曲「何処へ」の中の一句。
（一三六）　ニーチェが『道徳の系譜』の中で唱えた概念。
（一三七）　シュトラウス（台本ホフマンスタール）のオペラ（一九一一初演）。マリア・テレジア時代の貴族階級の生活が背景になっている。
（一三八）　Odette　プルースト『失われし時を求めて』の中の人物。もと高等娼婦だが、ブルジョア社交人の典型ともいうべきスワンに愛されて、結婚する。
（一三九）　ホラーティウス『歌唱』Carmina 第三巻第一歌。
（一四〇）　Leporello ドン・ファアンの従者。なおレポレロがドン・ファアンに仕えるわが身の拙ない運命を歎く条りはモーツァルトのオペラ『ドン・ジョヴァンニ』の冒頭に出てくる。
（一四一）　アメリカの映画会社がハリウッドに設けた自主検閲機関。ウィル・ヘイズがそのヘッド。
（一四二）　Evelyn Waugh（一九〇三—一九六六）　イギリスの小説家。『ブライデスヘッド再訪』は一九四五年作。
（一四三）　Heinrich Zille（一八五八—一九二九）　挿画作家。『ユーゲント』『ジンプリチスムス』等の雑誌に寄稿し、もっぱらベルリンのプロレタリアの生活を描いた。なお文中の「尻を叩く」という表現は、「藪を叩いて獲物を駆り出す」という古来の慣用句のひねりであろう。
（一四四）　Max Scheler（一八七六—一九二八）ドイツの哲学者。
（一四五）　Friedrich Detlev von Lilliencron（一八四四—一九〇九）　ドイツの詩人。当時の沈滞した詩壇に新風をもたらした。なお引用された詩の部分は阪本越郎訳による。
（一四六）　Georg Trakl（一八八七—一九一四）　表現主義時代のもっともすぐれた詩人と見られている。ザルツブルクに生まれた。

（一四七）Theodor Däubler（一八七六―一九三四）ドイツの詩人。叙事詩の再興を図った野心作『北の光』（一九一〇）などの作品がある。

（一四八）Rudolf Borchardt（一八七七―一九四五）ドイツの詩人、批評家。アドルノにはその詩集（選集）に寄せたエッセー風の序文がある。

（一四九）Johannes Huss（一三七〇頃―一四一五）ボヘミアの宗教改革家。コンスタンツ公会議で異端者とされ、火刑に処せられた。なお本文中の「二様の形態の下に」sub utraque specie というのは、カトリック教会が「一様の形態の下に」sub una specie 聖餐を信徒に分ち与える、言い換えればパンのみを分ち与えるに対して、改革派がパンとぶどう酒を分ち与えることを指す。

（一五〇）本来 non olet（臭わない）の形で伝えられているヴェスパシアヌス帝（在位六九―七九）の言葉を踏まえている。息子のティトウスが公衆便所に課せられた税金について非を鳴らしたとき、課税によって上った最初の金をその鼻に突きつけて、どうだ、臭わないだろう、と言ったという故事に基づく。爾来、臭わないものが婉曲に金銭を指すようになった。アドルノはもちろんそれをもう一度ひっくり返して、金銭を「臭い」と見ているのである。(Suētonius: Dē vītā caesarum)

（一五一）既出。訳注（一二）参照。

（一五二）Taubert（一八一一―一八九一）ドイツの作曲家。作品に約三〇〇曲に上る歌曲など。

（一五三）ベルンハルト・ショット Bernhard Schott（一七四八―一八〇九）が創立した音楽出版社。

（一五四）ヴィルヘルム・ハウフ作の童話『ちびの鼻吉』の中に出てくる。

（一五五）『ジークフリート』第二幕。

（一五六）「神性」と題するゲーテの詩の冒頭の句。

（一五七）グリム童話の『あかずきん』に出てくるおばあさんに化けた狼。

（一五八）グリム童話『白雪姫』の最後の場面。

（一五九）ドイツの出版社。一九〇四年創業。

（一六〇）ドイツの出版社。一八九七年創業。

（一六一）ニーチェが一八八九年精神錯乱に陥り、廃人となったことを指すのであろう。

（一六二）「ヴェネチア」と題する詩の一節。

（一六三）Juvenalis（五八頃―一四〇頃）ローマの諷刺詩人。

（一六四）Kurt von Schuschnik（一八九七―　）オーストリアの政治家。一九三四年から三八年まで首相。

（一六五）　アウクスブルク在のモーツァルトの従姉妹。彼女にあてた彼の手紙は方言むき出しの卑猥な表現にみちみちている。

（一六六）　『歌の本』に収められたハイネの詩、抒情挿曲三六番に基づいていると思われる。ただしハイネの原詩では、「ぼくの大きな悩みから、小さな歌が生れ出た」。

（一六七）　**Courths Mahler**（一八六七—一九五〇）　ドイツの女流作家。二〇〇冊以上の長篇小説を書き上げ、ドイツの女流作家としては最も多くの読者に親しまれた。

（一六八）　イタリアのファシストの異名。

（一六九）　アメリカの有名な飛行家リンドバーグの夫人であろう。一九二九年彼と結婚し、中国への飛行の際には同行して体験記を残している。

（一七〇）　**Roger Caillois**（一九一三—一九七八）『遊びと人間』などの訳書によってわが国にも知られるフランスの評論家。

（一七一）　ヘルダーリンの長詩「パトモス」の結びの一句。

（一七二）　ヨーハン・シュトラウスのオペレッタを指す。

（一七三）　モーツァルトのジングシュピール。

（一七四）　ドイツ・ヘッセン州にある保養地。

（一七五）　**Adalbert Stifter**（一八〇五—一八六八）　オーストリアの作家。

（一七六）　ギリシャ語の *Τεχνη* は芸術と技術の双方を意味する。

（一七七）　ハイドンがベートーヴェンに「蒙古王」（?）という綽名を奉って敬遠したという逸話と関係があるかもしれない。

（一七八）　**Christian Friedrich Hebbel**（一八一三—一八六三）　ドイツの劇作家。三巻に収められたその日記は、一部では作品以上に高く評価されている。

（一七九）　フランシス・ベーコンの『新機関』**Novum Organum** のもじりであろう。

（一八〇）　**Charles Péguy**（一八七三—一九一四）　フランスの詩人、思想家。『半月手帖』誌を主宰した。

（一八一）　**Edgar Wallace**（一八七五—一九三二）　イギリスのスリラー作家。

（一八二）　『猟師グラックス』と題する遺稿の短篇。

（一八三）　『メエルシュトレエムに呑まれて』と題する短篇小説。

（一八四）　ワーグナー『トリスタンとイゾルデ』（一八五七—五九作曲）。

（一八五）　『悪の華』に収められた「殉教の女」と題する詩。

（一八六）　**Thomas Robert Malthus**（一七六六—一八三四）　イギリスの経済学者。『人口の原理』によって知られる。

（一八七） テーゼ四の中に出てくる「地球外の天体の光線」を捕捉するための道具と思われる。
（一八八） 人間の感覚によっては捕捉することの出来ない世界。叡智界とも訳される。
（一八九） 『家父の心配』と題する短篇に出てくる道具とも人間ともつかぬ存在。
（一九〇） 「ここでお前に出来ることを示せ」という意味。イソップ童話に基づく。
（一九一） Paul Gustave Doré（一八三二—一八八三）フランスの画家、図案家、彫刻家。

補注

（一） ヴォルテール、ディドロなど、十八世紀のフランスの思想家たちが抱いた「善良な未開人」bon sauvage というトポスのもじり。
（二） マルクス・エンゲルスを指す。
（三） シラーの「歓喜の頌」に出てくる詩句。
（四） 墓地を歌った『冬の旅』の第二十一曲は「宿屋」と題されている。
（五） ゲーテ作『ファウスト』第二部に出てくる「たえず努め励むものを／われわれは救うことができる」という詩句を踏まえている。
（六） 56「系図の探究」で取り上げられているハインリヒ・ホフマン作『シュトゥルヴェルペーター』からの引用。
（七） ジンメルからの引用。

訳者あとがき

本書は Theodor W. Adorno: Minima Moralia——Reflexionen aus dem beschädigten Leben——を訳出したものである。訳出に当ってテキストに用いたのは一九六二年のズールカンプ版で(初版は一九五一年)、他にビブリオテーク・ズールカンプ版が現在入手可能だが、前記の版の写真復刻版で内容に変りはない。また目下進行中の全集版の分は未刊である。

本書の成立事情についてはマックス・ホルクハイマーに捧げられた著者の「献辞」に述べられている通りで、訳者としては贅言を要しないであろう。要するにアメリカ亡命中の著者が盟友ホルクハイマーとの間に交した一連の「会話」が土台になってできた本であり、執筆の時期は、大戦末期の一九四四年から戦後の四七年にいたる数年間ということになる。構成について見るなら、年代順に編成された全三部とも、亡命下の知識人の身辺にまつわる省察が文化の諸領域を含めた一般社会の次元に展開され、最後に哲学上の認識に及んで締め括られる仕組みになっている。第一部の「思索のモラルによせて」と題するアフォリズムの中に、弁証法的な媒介を「具体的なもののそれ自体における解体の過程」として捉えた条りが出てくるが、個々の認識のみならず本書の全体がそうした「解体の過程」、言い換えるなら「個別的なものから一般的なものへの移行」を構成の段階においても再現しているわけであり、本書を冒頭から読み進む読者はその過程を自らの読書体験として辿り直すことになると言っていいだろう。

そしてその体験の中で、真理自体がそこにかかっているという「個別的なものにかかずらうテンポと忍耐と根気」を、それこそ各自のテンポと忍耐と根気に応じておのがじし試されることになるだろう。しかし言うまでもなくアフォリズムのアフォリズムたるゆえんは、その一つ一つが、内容と表現を渾然一体化した密度の高さ、凝集力の強さによって、一篇の独立性を保っていることにある。そして、そうした長短まちまちのアフォリズムから成り立つ書物は、体系的著述に見られるような「遺漏」のない首尾一貫性を破り、あまたの空白と飛躍を含んでいる点から言えば開かれた本である。したがって読者の側も、あてずっぽうに開けた箇所を拾い読みする拘束されない気ままな読み方を許容されているわけで、たまたま開いたページの章句のうちに常日頃暗々のうちに探し求めていた思想をゆくりなく発見したりする点に、このジャンル独特の妙味がひそんでいる。そうした場面において読者と著者はいわばさしで向い合うことになる。たとえばアナトール・フランスの『エピクロスの園』に収められたアフォリズムの幾篇かが名ざしで作者の知人たちに個別的に捧げられているのも偶然ではないので——本書がマックス・ホルクハイマーに捧げられ、彼を第一の読み手に想定している点についてはすでに見た通り——アフォリズムを成り立たせている本質的な成分のうちには、対話の延長と内面化が見られると言っていいだろう。そしてその場に招じ入れられているのは、あくまで個人の資格における読者——本書に即して言うなら、「解体期に遭遇した個人が自分自身と自分の身に生ずることについて重ねる経験はある種の認識に資するところがある」わけで、その意味での個人ということになるだろう。

表題の Minima Moralia は、アリストテレス作と伝えられる Magna Moralia にあやかったものと考えられる。アリストテレスの倫理学が政治学の一環としてポリスを場とした「正しい生活」の追求を意図していたとすれば、

「個人生活をその隠微な襞にいたるまで規定しているさまざまの客観的な力の探求」を通じて行われる本書の模索も、その点において遠く古代ギリシャのモラリアに呼応しているのである。ただマグナがミニマに変っていることには、たんなる量的な対比の域をこえて、プラスがマイナスに転じたほどの相違、もっと言えば現在のポリスにおける正しい生活の不可能ということが寓意されているかもしれない。ところで本書はもう一つ隠れた表題を持っている。「献辞」の中に出てくる「憂鬱な学問」がそれで、こちらはニーチェの『楽しい学問』、通称『悦ばしき知識』の、これまた原題のもつイメージを暗転させたもじりである。そしてこの隠された表題の方が本当を言えばこの本の性格にふさわしいかもしれない。アドルノの資質のうちには、強靱な思考力の圧倒的な印象のために見失われがちであるけれども、極度に鋭敏な、鋭敏なるがゆえに傷つきやすい感受性がひそんでいる。また本書の中でも、ノアの方舟を動物園の原型に見立てた箇所に現われているような秀抜な想像力に恵まれた一面がある。知性のテクノクラートたちの憫笑や冷笑を買いかねないそうした感受性や想像力の在り方において、また、なんといっても曖昧さを免れぬそれらの能力が認識の有力な発条となっている点において、アドルノはニーチェの同族である。ハバーマスによれば、アドルノは一九六二年の講演の中で、馭者が馬を虐待する場面を目撃し、見かねて神経性のパニックを起こす通行人たちを描いたペーター・アルテンベルクの文章を引用し、「神経の弱い」デカダンな未来人の想像図のうちに人間性の進歩の例証を読み取ってみせたという。そこで思うのは、アルテンベルクを引用するアドルノの脳裡には、トリノの街頭で行きずりの馬に抱きついた錯乱のニーチェの姿が陰画のように甦っていなかったであろうか、ということだ。そこにはエコーのように呼応する場面の照応が見られるではないか。もっともアドルノのニーチェに寄せる共感は、しばしば加えられる表立った批判の蔭に隠れて見えにくいし、資質のうちに認められる同族性などということも、それだけではとりとめない類型学の域を遠く出ないだろう。しかしアドルノはまさしくアフォリズムをおのれの思想を盛る器として選び取ることによって、自らをアフォリズム作家ニーチェの系譜につらなるものとして位置づけているのであり、——「憂鬱な学問」という命名にはそうした含蓄がこめられていると見ていいだろう——その選択によって自らの精神的な出自を明らかにしているのだ。言うまでもなく哲学の表現ジャンルとしてのアフォリズムの水脈は遠くパスカルやベーコンにまで遡る。だから『ミニマ・モラリア』も、最も身近なニーチェを介して長い伝統に棹さす哲学のテキストということになるだろうが、見方、読み方によっては、アドルノの残した唯一の文学作品である。文学と哲学の境界を取り払っている点においても本書は開かれた本ということになるかもしれない。

私事にわたるけれども、校了に当って訳者としては多少の感慨を覚えずにはいられない。この本を手にして、数日間憑かれたように読み耽った記憶は十二年ばかり前に帰っていく。そのように一冊の書物にとりつかれる経験は残念ながらその後二度とめぐって来なかったし、——それはアドルノ自身の他の著作についても同様である——それ以前に遡ってみても二、三の指を屈するにとどまるだろう。『ファウスト博士』の制作に乗り出すために音楽上の相談役を探していたトーマス・マンは、アドルノの論文を読んで、「この人だ」、と思わず膝を叩いたということだが、『ミニマ・モラリア』にも、一読、これだ、と思わせるところがあったのである。

しかし、それからいたずらに歳月が流れた。法政大学出版局から翻訳の依頼を受けたのが、十年前、翻訳にかかったのが五年前。その間、翻訳仕事にそれだけの時間と精力をかけることに内心の抵抗がなかったと言ったら嘘になるだろう。しかし、これがアドルノの最上の著作であるという確信はいつか訳者の内心の声と化していたのであって、――それにこれを「主著」という観念を認めなかったこの特異な思想家の主著と見るハバーマスなどの外部の声も加わって――その声に励まされ、鞭打たれながら、訳者としてはおのれの持てる力のある限りを傾注して最善を尽す以外になかったのである。通常の引用という体裁を取らないで引用されている章句や詩句、数多く鏤められた固有名詞を掘り起こす作業にしても、そこら中に敷設された地雷を掘り当てるような困難を伴った。それやこれやで、多くの友人や同僚からさまざまの教示を受け、博覧強記の友を持った身の果報を痛感したことも一再ならずあった。日頃の誼みに甘えて一々その名をここには挙げないけれども、その中から早稲田大学のギュンター・ツォーベル氏の名だけをここに記して、心からなる謝意を表しておきたい。氏は多忙のなかから時間を割いて、とりわけ引用や固有名詞にかかわるような事柄について辛抱強く訳者の疑義に付き合って下さったのである。

稲義人氏や藤田信行氏を始めとする法政大学出版局の方々には一方ならぬお世話を頂いた。竹内豊治氏も、いわば局外から、陰に陽に精神的な支援を与えられた。訳者の側はそれらの好意にぬくぬくとして遅怠をむさぼった嫌いすらある。稲さんにいたっては、年々恒例のように訳者を酒席に招きながら、この長かった歳月の間、ほとんど一度として催促めいたことを口にされなかったのであった。

三光長治

《叢書・ウニベルシタス 87》
ミニマ・モラリア
傷ついた生活裡の省察

1979年 1 月10日　初版第 1 刷発行
2009年11月13日　新装版第 1 刷発行
2022年 5 月19日　第 2 刷発行

テーオドル・W．アドルノ
三光長治 訳
発行所　一般財団法人　法政大学出版局
〒102-0071 東京都千代田区富士見2-17-1
電話 03(5214)5540　振替 00160-6-95814
製版，印刷：三和印刷／製本：誠製本

Printed in Japan
ISBN978-4-588-09915-1

著　者

テーオドル・W. アドルノ（Theodor W. Adorno）
1903–1969．ドイツの哲学者・社会学者・美学者．フランクフルトの裕福なユダヤ系の家庭に生まれる．20代にアルバン・ベルクに作曲を学び，早くから音楽批評で活躍．W. ベンヤミンの影響を色濃く受けて，独自の思想を形成する．1930年代にM. ホルクハイマーの主宰する「社会研究所」のメンバーとなり，ナチスの政権獲得後は，イギリス，のちにアメリカへ亡命．戦後帰国して「社会研究所」の再建に努め，J. ハーバーマスらフランクフルト学派第二世代の俊英を育てた．ズールカンプ社から全20巻の「全集」のほかに，膨大な遺稿集が刊行されている．邦訳には，『啓蒙の弁証法』（ホルクハイマーとの共著，岩波書店），『楽興の時』（白水社），『アドルノ　文学ノート（全2巻）』（みすず書房），『ゾチオロギカ』（ホルクハイマーとの共著），『不協和音』（以上，平凡社），『三つのヘーゲル研究』（筑摩書房），『美の理論』（河出書房新社），『本来性という隠語』（未來社），『否定弁証法』（作品社），『アルバン・ベルク』，『認識論のメタクリティーク』，『マーラー』，『アドルノ音楽論集　幻想曲風に』（以上，法政大学出版局）などがある．

訳　者

三光長治（さんこう・ながはる）
1928年広島県に生まれる．1952年京都大学文学部独文科卒業，愛知大学講師，神戸大学助教授，埼玉大学教授，神戸松蔭女子学院大学教授を歴任し，現在，埼玉大学名誉教授．著書に『エルザの夢』（1987），『アドルノのテルミノロギー』（1987），『知られざるワーグナー』（1997），『晩年の思想』（2004，以上，法政大学出版局），『ワーグナー』（1990，新潮社／2013，平凡社）ほか．共訳書にアドルノ『楽興の時』（1969，白水社），『ゾチオロギカ』（1970，イザラ書房／2012，平凡社），『不協和音』（1971，音楽之友社／1998，平凡社），『アドルノ　文学ノート（全2巻）』（2009，みすず書房），ヴェステルンハーゲン『ワーグナー』（1973），ワーグナー『トリスタンとイゾルデ』（1990），『ニーベルングの指環（四部作）』（1992–1996，以上，白水社），『友人たちへの伝言』（2012），『ベートーヴェン』（2018，以上，法政大学出版局），コジマ・ワーグナー『コジマの日記（全3巻）』（2007–2017，東海大学出版会／部）などがある．